KB210794

상공회의소 한자 3_급

시대에듀

不經一事, 不長一智
한 가지 일을 경험해 보지 않으면, 한 가지 지혜가 자라지 않는다.

– ≪명심보감(明心寶鑑)≫, 〈성심편(省心篇)〉

시대에듀 상공회의소 한자 3급 2주 격파
Always **with you**

사람의 인연은 길에서 우연하게 만나거나 함께 살아가는 것만을 의미하지는 않습니다.
책을 펴내는 출판사와 그 책을 읽는 독자의 만남도 소중한 인연입니다.
시대에듀는 항상 독자의 마음을 헤아리기 위해 노력하고 있습니다. 늘 독자와 함께하겠습니다.

머리말

PREFACE

한자는 왜 이렇게 어려울까?

우리가 한자를 사용한 역사만 무려 2천여 년, 우리말 중 한자어가 차지하는 비율은 약 70%! 이 정도면 우리의 모든 학문과 생활에 한자가 끼치는 영향은 무궁무진하다고 볼 수 있습니다. 그런데 왜 많은 사람이 한자를 어렵고 따분하다고 생각할까요? 공부를 할 때 '한자는 분명히 어려울 거야'라는 고정관념과 걱정에서 출발하기 때문입니다.

편저자 역시 그런 과정을 겪어 온 경험이 있기에 책을 펴기에 앞서 수험생들이 어떻게 하면 한자를 쉽고 효과적으로 공부할 수 있을지 항상 고민하고 연구하였습니다. 그리고 그 결과 가장 효율적이고 체계적인 학습 방법을 구성하여 본서를 출간하게 되었습니다. 그렇다면 한자 시험의 '합격'이라는 여행을 떠나기 전 갖추어야 할 준비물을 알아볼까요?

합격에 필요한 준비물

합 격 = 배정한자 학습 + 출제 유형 파악 + 모의고사 풀이 + CBT 훈련

❶ 배정한자 익히기는 기본!
배정한자를 모두 익혀 자신감을 키우고 시작하는 것이 좋습니다.

❷ 출제 경향 파악은 필수!
기출문제를 통해 출제 유형을 미리 숙지하는 것이 합격의 비법입니다.

❸ 모의고사를 통한 다양한 문제 풀이!
유형 파악만으로 방심은 금물! 출제될 만한 다양한 유형의 예상 문제를 많이, 그리고 반복해서 풀어 보는 것이 바람직합니다.

❹ CBT 모의고사로 실전 감각 기르기!
CBT로 진행되는 상공회의소 한자 시험! CBT 시험 형식에 대한 이해도가 높아야 당황하지 않고 시험에 임할 수 있습니다.

시대에듀에서는 대한상공회의소 한자 시험을 준비하는 수험생들을 위해 단 한 권으로 모든 준비를 완벽하게 마무리할 수 있도록 책을 만들었습니다. 이 책을 통해 수험생이 합격의 영광과 함께할 수 있기를 바라며, 진심으로 여러분을 응원합니다.

편저자 씀

상공회의소 한자 시험이란?

상공회의소 한자 시험은 중국, 대만, 일본 등 한자 문화권 국가와의 수출 및 투자가 증가함에 따라 이에 필요한 기업 업무 및 일상생활에 사용 가능한 한자의 이해 및 구사 능력을 평가하는 시험이다. 또한 대부분 쓰기 위주의 능력을 평가하는 다른 한자검정시험과 달리, 상공회의소 한자 시험은 기업 위주의 실무 능력을 위해 읽기 능력을 중점적으로 평가하는 시험이다.

자격 특징

상공회의소 한자는 부분국가공인 자격이다. 1급, 2급, 3급은 국가 공인자격이지만 나머지 급수는 상공회의소 자격으로 민간자격이다.

❶ 상공회의소 한자 민간 자격: 9급~4급
❷ 상공회의소 한자 공인 자격: 3급~1급

인터넷 접수

대한상공회의소 자격평가사업단(licence.korcham.net)

검정 기준

급 수	한자능력수준에 따른 검정 기준	급수별 배정한자에 따른 검정 기준
1급	전문적 한자어가 사용된 국한혼용의 신문이나 잡지, 서류, 서적 등을 능숙하게 읽고 이해할 수 있는 최상급의 한자 능력 수준	교육부가 제정한 중·고등학교 한문교육용 기초한자 1,800자와 국가 표준의 KSX1001한자 4,888자 및 대법원이 제정한 인명용 한자 3,153자(중복 한자를 제외하면 3,108자) 중 4,908자를 이해하고 국어생활에서 활용할 수 있다.
2급	전문적 한자어가 사용된 국한혼용의 신문이나 잡지, 서류, 서적 등을 별 무리 없이 읽고 이해할 수 있는 상급의 한자 능력 수준	교육부가 제정한 중·고등학교 한문교육용 기초한자 1,800자와 국가 표준의 KSX1001한자 4,888자 및 대법원이 제정한 인명용 한자 3,301자를 이해하고 국어생활에서 활용할 수 있다.
3급	고등학교 수준의 일상적인 한자어가 사용된 국한혼용의 신문이나 잡지, 서류, 서적 등을 어느 정도 읽고 이해할 수 있는 한자 능력 수준	교육부가 제정한 중·고등학교 한문교육용 기초한자 1,800자를 이해하고 국어생활에서 활용할 수 있다.

▧ 출제 기준

과목	중분류	소분류
한자	❶ 한자의 부수, 획수, 필순	① 한자의 부수
		② 한자의 획수
		③ 한자의 필순
	❷ 한자의 짜임	① 한자의 짜임
	❸ 한자의 음과 뜻	① 한자의 음
		② 음에 맞는 한자
		③ 음이 같은 한자
		④ 한자의 뜻
		⑤ 뜻에 맞는 한자
		⑥ 뜻이 비슷한 한자
어휘	❶ 한자어의 짜임	① 한자어의 짜임
	❷ 한자어의 음과 뜻	① 한자어의 음
		② 음에 맞는 한자어
		③ 음이 같은 한자어
		④ 여러 개의 음을 가진 한자
		⑤ 한자어의 뜻
		⑥ 뜻에 맞는 한자어
		⑦ 3개 어휘에 공통되는 한자
		⑧ 반의어 · 상대어
	❸ 성어	① 성어의 빠진 글자 채워 넣기
		② 성어의 뜻
		③ 뜻에 맞는 성어
독해	❶ 문장에 사용된 한자어의 음과 뜻	① 문장 속 한자어의 음
		② 문장 속 한자어의 뜻
		③ 문장 속 한자어 채워 넣기
		④ 문장 속 틀린 한자어 고르기
		⑤ 문장 속 단어의 한자 표기
		⑥ 문장 속 어구의 한자 표기
	❷ 종합문제	① 종합문제

※ 관련 규정 및 세부 내용은 변경될 수 있으며, 자세한 사항은 시행처 홈페이지(license.korcham.net)를 참고하시기 바랍니다.

시험 일정

상공회의소 한자 상시 시험 일정

❶ 시험 일정: 대한상공회의소(license.korcham.net)에서 확인(지역별 일정 관리)
❷ 시험 접수: 선착순 마감(접수일로부터 4일 이내의 일정은 시험장 준비 관계로 자동 마감되어 접수 불가)
❸ 시험 방법: CBT(Computer-based testing)
❹ 시험 형식: 상시 시험(시험 개설 여부는 시험장 상황에 따라 다름)
❺ 합격자 발표: 시험일 다음날 오전 10시

합격 기준

급 수	과 목	문항 수	배점	과목별 총점	전체 총점	합격 점수
3급	한 자	40	4점	160	720	576
	어 휘	40	6점	240		
	독 해	40	8점	320		

영역별 출제 범위

❶ 한자 영역의 출제 범위

출제 범위	세부 내용	출제 기준별 출제 문항 수		
		3급	2급	1급
한자의 부수, 획수, 필순	한자의 부수	2	–	–
	한자의 획수	2	–	–
	한자의 필순	2	–	–
한자의 짜임	한자의 짜임	2	–	–
한자의 음과 뜻	한자의 음	6	11	11
	음에 맞는 한자	5	7	7
	음이 같은 한자	5	7	7
	한자의 뜻	6	11	11
	뜻에 맞는 한자	5	7	7
	뜻이 비슷한 한자	5	7	7
합 계		40	50	50

❷ 어휘 영역의 출제 범위

출제 범위	세부 내용	출제 기준별 출제 문항 수		
		3급	2급	1급
한자어의 짜임	한자어의 짜임	–	2	3
한자어의 음과 뜻	한자어의 음	–	2	3
	음에 맞는 한자어	–	2	3
	음이 같은 한자어	5	3	5
	여러 개의 음을 가진 한자	2	1	2
	한자어의 뜻	–	2	3
	뜻에 맞는 한자어	–	2	3
	3개의 어휘에 공통되는 한자	10	6	8
	반의어 · 상대어	8	5	5
성 어	성어의 빠진 글자 채워 넣기	5	5	5
	성어의 뜻	5	5	5
	뜻에 맞는 성어	5	5	5
합 계		40	40	50

❸ 독해 영역의 출제 범위

출제 범위	세부 내용	출제 기준별 출제 문항 수		
		3급	2급	1급
문장에 사용된 한자어의 음과 뜻	문장 속 한자어의 음	6	7	10
	문장 속 한자어의 뜻	6	5	5
	문장 속 한자어 채워 넣기	3	5	5
	문장 속 틀린 한자어 고르기	3	5	5
	문장 속 단어의 한자 표기	3	8	10
	문장 속 어구의 한자 표기	3	5	5
종합 문제	종합 문제	16	5	10
합 계		40	40	50

※ 관련 규정 및 세부 내용은 변경될 수 있으며, 자세한 사항은 시행처 홈페이지(license.korcham.net)를 참고하시기 바랍니다.

··· 상공회의소 한자 3급 2주 격파! SCHEDULE

📝 아래 스케줄에 따라 공부하고, 체크해 보세요.

일정	학습 범위	학습한 날	학습 완료 체크
Day 01	9~5급 배정한자 (270자)	/	☐
Day 02	9~5급 배정한자 (330자)	/	☐
Day 03	4급 배정한자 (130자)	/	☐
Day 04	4급 배정한자 (170자)	/	☐
Day 05	3급 배정한자 (118자)	/	☐
Day 06	3급 배정한자 (110자)	/	☐

2주 격파 플랜

상공회의소 한자 3급 초단기 합격을
위한 2주 필승 전략!

DAY 01~02 9~5급 배정한자
완벽복습 600자
DAY 01~02 쪽지시험

DAY 01

家	街	可	歌	加	價	角	各	間	干
집 가	거리 가	옳을 가 허락할 가	노래 가	더할 가	값 가	뿔 각	각각 각 여러 각	사이 간	방패 간 줄기 간

感	江	强	改	個	開	客	去	車	擧
느낄 감	강 강	강할 강 억지 강	고칠 개	낱 개	열 개	손 객 나그네 객	갈 거	수레 거/차	들 거

建	犬	見	決	結	京	景	經	敬	慶
세울 건 일으킬 건	개 견	볼 견 뵈올 현	결단할 결	맺을 결 마칠 결	서울 경	별 경 경치 경	지날 경 글 경	공경 경 삼갈 경	경사 경

9~4급 배정한자

3급 배정한자 학습 전 하위 급수 배정
한자를 완벽히 복습할 수 있도록 DAY
01부터 DAY 04까지 9~4급 배정한자
모두 수록!

DAY 05~12 3급 배정한자
합격확실 900자
DAY 05~12 쪽지시험

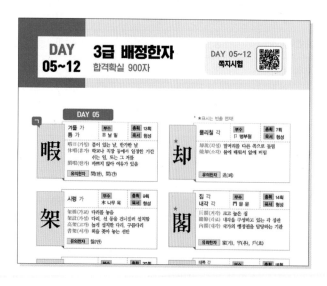

3급 배정한자

3급 배정한자의 훈·음뿐만 아니라
육서와 획수, 활용 어휘까지 수록하여
더욱 꼼꼼하게 학습!

출제 유형별 한자

유의자, 동음이의어, 사자성어 등 출제
유형별로 나누어 전략적 학습!

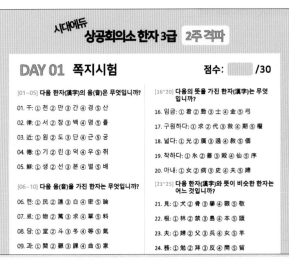

ALL DAY 쪽지시험

각 DAY가 끝나면 PDF로 제공되는
쪽지시험으로 복습&실력 테스트!
(각 DAY 첫 장의 QR코드를 스캔하면
쪽지시험 PDF로 바로 연결됩니다.)

최신 기출 동형 모의고사

최신 기출 동형 모의고사&해설로 출제
경향 완벽히 파악하기!

빈출순으로 정리한 한자

※ 빈칸을 채워서 합격 한자책을 완성해 보세요.

	한자	훈·음		훈·음	한자
1	暑		1	더울 서	
2	霜		2	서리 상	
3	稱		3	일컬을 칭	
4	證		4	증	
5	舍		5	집	
6	私		6	사사	
7	講		7	익	
8	諸		8	모	
9	須		9	모름	
10	鐵		10		

특별 부록

빅데이터 빈출 한자

시험 직전 막판 뒤집기! 빅데이터를 기반으로 시험에 가장 많이 출제된 한자 350자, 한자어 100개, 사자성어 100개 수록!

CBT 모의고사, 이제 선택이 아닌 필수!

40.32%

'2023년 상공회의소 한자 3급 합격률

CBT 모의고사	상공회의소 한자 3급	1회 무료쿠폰	ZZWZ-00000-0BB87

※ CBT모의고사는 쿠폰 등록 후 30일 이내에 사용 가능합니다.

응시방법 01 시대에듀 www.sdedu.co.kr | 02 합격시대 CBT 모의고사 우측 상단배너 클릭 | 03 검색창에 시험명을 입력하세요! 상공회의소 한자 3급 | **시대에듀** www.sdedu.co.kr/pass_sidae

CBT 모의고사 1회 무료 쿠폰 제공

시험 당일처럼 생생하게! CBT 모의고사 1회 무료 쿠폰 제공!

CBT 모의고사

CBT 모의고사 응시 방법

① 시대에듀 합격시대 홈페이지(www.sdedu.co.kr/pass_sidae) 접속
② 검색창 우측 쿠폰 입력 배너 클릭
③ 무료 쿠폰 번호 입력 후 응시(* 무료 쿠폰 번호는 도서 마지막 장 하단에 적혀있습니다.)

🔷 아래 스케줄에 따라 공부하고, 체크해 보세요.

일정	학습 범위	학습한 날	학습 완료 체크
Day 01	9~5급 배정한자 (270자)	/	☐
Day 02	9~5급 배정한자 (330자)	/	☐
Day 03	4급 배정한자 (130자)	/	☐
Day 04	4급 배정한자 (170자)	/	☐
Day 05	3급 배정한자 (118자)	/	☐
Day 06	3급 배정한자 (110자)	/	☐
Day 07	3급 배정한자 (110자)	/	☐
Day 08	3급 배정한자 (110자)	/	☐
Day 09	3급 배정한자 (110자)	/	☐
Day 10	3급 배정한자 (110자)	/	☐
Day 11	3급 배정한자 (110자)	/	☐
Day 12	3급 배정한자 (122자)	/	☐
Day 13	출제 유형별 한자	/	☐
Day 14	출제 유형별 한자	/	☐

2025 시대에듀 상공회의소 한자 3급 2주 격파

한자의 부수

❶ 부수의 정의

부수(部首)란 옥편(玉篇)에서 한자를 찾는 데 필요한 기본 글자로서 214자가 있으며, 한자의 핵심 의미이자 한자 분류의 기본 원칙이다. 부수는 그 글자의 뜻을 함축하고 있는 경우가 많으므로 부수만 알아도 모르는 한자의 뜻을 쉽게 추측할 수 있다.

❷ 부수의 분류와 배열

부수는 현재 1획부터 17획까지 총 214자로 이루어져 있다. '상형자(象形字)'가 149자, '지사자(指事字)'가 17자, '회의자(會意字)'가 21자, '형성자(形聲字)'가 27자이다.

❸ 부수의 위치에 따른 명칭

부수는 글자가 놓이는 위치에 따라 변, 방, 엄, 머리, 몸, 받침, 발, 제부수 8가지로 나뉜다.

• 변(邊) : 부수가 글자의 왼쪽에 있는 경우

|변| | |

㉠ 亻(人) : 사람인변(사람 인) → 休(쉴 휴), 信(믿을 신), 伏(엎드릴 복)
㉡ 氵(水) : 삼수변(물 수) → 江(강 강), 河(물 하), 淸(맑을 청)
㉢ 扌(手) : 재방변(손 수) → 技(재주 기), 指(가리킬 지), 打(칠 타)
㉣ 言 : 말씀 언 → 記(기록할 기), 訓(가르칠 훈, 길 순)

• 방(傍) : 부수가 글자의 오른쪽에 있는 경우

| | |방|

㉠ 刂(刀) : 선칼도방(칼 도) → 別(나눌 별), 判(판단할 판), 利(이로울 리)
㉡ 阝(邑) : 우부방(고을 읍) → 部(떼 부), 郡(고을 군)
㉢ 攵(攴) : 등글월문(칠 복) → 改(고칠 개), 政(정사 정)

• 머리 : 부수가 글자의 위에 있는 경우

|머리| | |
| | | |

㉠ ⧺(艸) : 초두머리(풀 초) → 花(꽃 화), 草(풀 초), 苦(쓸 고)
㉡ 宀 : 갓머리(집 면) → 宙(집 주), 安(편안 안), 家(집 가)
㉢ 竹 : 대 죽 → 簡(대쪽 간), 筆(붓 필), 答(대답할 답)
㉣ 雨 : 비 우 → 露(이슬 로, 이슬 노), 雪(눈 설)

• 발 : 부수가 글자의 아래에 있는 경우

㉠ 灬(火) : 연화발(불 화) → 烈(매울 렬), 熱(더울 열)
㉡ 儿 : 어진사람인발(어진사람 인) → 元(으뜸 원), 兒(아이 아)
㉢ 心 : 마음 심 → 忘(잊을 망), 思(생각 사), 怨(원망할 원)
㉣ 皿 : 그릇 명 → 益(더할 익, 넘칠 일), 盜(도둑 도)

- 받침 : 부수가 왼쪽과 아래에 걸쳐 있는 경우

받침	

- ㉠ 辶(辵) : 책받침(쉬엄쉬엄 갈 착) → 道(길 도), 送(보낼 송)
- ㉡ 廴 : 민책받침(길게 걸을 인) → 建(세울 건), 廻(돌 회)
- ㉢ 走 : 달릴 주 → 起(일어날 기), 超(뛰어넘을 초)

- 엄 : 부수가 위쪽과 왼쪽에 걸쳐 있는 경우

엄	

- ㉠ 尸 : 주검시엄(주검 시) → 居(살 거), 尾(꼬리 미), 屋(집 옥)
- ㉡ 广 : 엄호(집 엄) → 店(가게 점), 庭(뜰 정), 府(관청 부)
- ㉢ 戶 : 지게호(집 호) → 房(방 방), 扇(부채 선)
- ㉣ 虍 : 범호엄 → 虎(범 호), 虐(모질 학)

- 엄 : 부수가 글자를 둘러싸고 있는 경우

몸	

- ㉠ 囗 : 큰입구몸(에워쌀 위) → 國(나라 국), 固(굳을 고)
- ㉡ 門 : 문 문 → 間(사이 간), 開(열 개)
- ㉢ 匚 : 감출혜몸(감출 혜) → 匹(짝 필), 區(지경 구)
- ㉣ 行 : 다닐 행 → 街(거리 가), 術(재주 술)

- 제부수 : 부수 자체가 글자인 경우

角 뿔 각	車 수레 거	見 볼 견	高 높을 고	鼓 북 고	谷 골짜기 곡	骨 뼈 골	工 장인 공	口 입 구	金 쇠 금
己 몸 기	女 여자 녀	大 큰 대	豆 콩 두	力 힘 력	老 늙을 로	里 마을 리	立 설 립	馬 말 마	面 낯 면
毛 터럭 모	木 나무 목	目 눈 목	文 글월 문	門 문 문	米 쌀 미	方 모 방	白 흰 백	父 아비 부	比 견줄 비
飛 날 비	非 아닐 비	鼻 코 비	士 선비 사	山 뫼 산	色 색 색	生 날 생	夕 저녁 석	石 돌 석	小 작을 소
水 물 수	首 머리 수	手 손 수	示 보일 시	食 먹을 식	身 몸 신	臣 신하 신	心 마음 심	十 열 십	羊 양 양
魚 고기 어	言 말씀 언	用 쓸 용	龍 용 룡	牛 소 우	雨 비 우	月 달 월	肉 고기 육	瓦 기와 와	音 소리 음
邑 고을 읍	衣 옷 의	二 두 이	耳 귀 이	人 사람 인	一 한 일	日 날 일	入 들 입	子 아들 자	自 스스로 자
長 길 장	赤 붉을 적	田 밭 전	鳥 새 조	足 발 족	走 달릴 주	竹 대나무 죽	至 이를 지	止 그칠 지	辰 별 진
靑 푸를 청	寸 마디 촌	齒 이 치	土 흙 토	八 여덟 팔	風 바람 풍	行 다닐 행	香 향기 향	血 피 혈	火 불 화
黃 누를 황	黑 검을 흑								

＊ 부수의 변형 – 부수로 쓰일 때 본래의 모양과 달라지는 글자

부수	변형	부수	변형	부수	변형
人 인	亻 사람인변	犬 견	犭 개사슴록변	阜 부	阝 좌부변
心 심	忄 심방변	衣 의	衤 옷의변	刀 도	刂 선칼도방
邑 읍	阝 우부방	卩 절	卩 병부절	辵 착	辶 책받침
肉 육	月 육달월	水 수	氵 삼수변	火 화	灬 연화발
艸 초	艹 초두머리	手 수	扌 재방변	老 로	耂 늙을로엄

❹ 획수별 부수

1획					
一	丨	丶	丿	乙	亅
한 일	뚫을 곤	점 주	삐침 별	새 을	갈고리 궐

2획						
二	亠	人(亻)	儿	入	八	冂
두 이	돼지해머리	사람인(사람인변)	어진사람인발	들 입	여덟 팔	멀경 몸
冖	冫	几	凵	刀(刂)	力	勹
민갓머리	이수변	안석 궤	위튼입구몸	칼 도(선칼도방)	힘 력	쌀포몸
匕	匚	匸	十	卜	卩(㔾)	厂
비수 비	터진입구몸	감출혜몸	열 십	점 복	병부절	민엄호
厶	又					
마늘 모	또 우					

3획						
口	囗	土	士	夂	夊	夕
입 구	큰입구 몸	흙 토	선비 사	뒤져올 치	천천히걸을쇠발	저녁 석
大	女	子	宀	寸	小	尢
큰 대	여자 녀	아들 자	갓머리	마디 촌	작을 소	절름발이 왕
尸	屮	山	巛(川)	工	己	巾
주검시엄	왼손 좌	뫼 산	개미허리(내 천)	장인 공	몸 기	수건 건
干	幺	广	廴	廾	弋	弓
방패 간	작을 요	엄호	민책받침	스물입발	주살 익	활 궁
彑(彐)	彡	彳	忄	氵	犭	阝
튼가로왈	터럭 삼	두인변	심방변	삼수변	개사슴록변	우부방
阝	扌					
좌부변	재방변					

4획						
心(忄)	戈	戶	手	支	攵(攴)	文
마음 심(마음심밑)	창 과	지게 호	손 수	지탱할 지	등글월문(칠 복)	글월 문
斗	斤	方	无(旡)	日	曰	月
말 두	날 근	모 방	이미기방	날 일	가로 왈	달 월, 육달월

2025 시대에듀 상공회의소 한자 3급 2주 격파

木 나무 목	欠 하품 흠	止 그칠 지	歹(歺) 죽을사변	殳 갖은등글월 문	毋 말 무	比 견줄 비
毛 터럭 모	氏 성씨 씨	气 기운기엄	水 물 수	火(灬) 불 화(연화발)	爪(爫) 손톱 조	父 아비 부
爻 점괘 효	爿 장수장변	片 조각 편	牙 어금니 아	牛(牜) 소 우	犬 개 견	王 구슬옥변
礻 보일시변	耂 늙을로엄	++ 초두머리	辶 책받침	罒 그물 망		

5획

玄 검을 현	玉 구슬 옥	瓜 오이 과	瓦 기와 와	甘 달 감	生 날 생	用 쓸 용
田 밭 전	疋 짝 필	疒 병질엄	癶 필발머리	白 흰 백	皮 가죽 피	皿 그릇 명
目 눈 목	矛 창 모	矢 화살 시	石 돌 석	示 보일 시	禸 발자국 유	禾 벼 화
穴 구멍 혈	立 설 립	罒 그물망머리	衤 옷의변	氺 아래물수		

6획

竹 대 죽	米 쌀 미	糸 실 사	缶 장군 부	网 그물 망	羊 양 양	羽 깃 우
老 늙을 로	而 말이을 이	耒 가래 뢰	耳 귀 이	聿 붓 율	肉 고기 육	臣 신하 신
自 스스로 자	至 이를 지	臼 절구 구	舌 혀 설	舛 어그러질 천	舟 배 주	艮 괘이름 간
色 빛 색	艸 풀 초	虍 범호엄	虫 벌레 충/훼	血 피 혈	行 다닐 행	衣 옷 의 / 襾 덮을 아

7획

見 볼 견	角 뿔 각	言 말씀 언	谷 골 곡	豆 콩 두	豕 돼지 시	豸 갖은돼지시변
貝 조개 패	赤 붉을 적	走 달릴 주	足 발 족	身 몸 신	車 수레 거/차	辛 매울 신
辰 별 진	辵 쉬엄쉬엄갈 착	邑 고을 읍	酉 닭 유	采 분별할 변	里 마을 리	

8획

金 쇠 금	長 길 장	門 문 문	阜 언덕 부	隶 미칠 이	隹 새 추	雨 비 우
青 푸를 청	非 아닐 비					

9획						
面	革	韋	韭	音	頁	風
낯 면	가죽 혁	가죽 위	부추 구	소리 음	머리 혈	바람 풍
飛	食(𩙿)	首	香			
날 비	밥 식(밥식변)	머리 수	향기 향			

10획							
馬	骨	高	髟	鬥	鬯	鬲	鬼
말 마	뼈 골	높을 고	터럭 발	싸울 투	울창주 창	솥 력	귀신 귀

11획					
魚	鳥	鹵	鹿	麥	麻
물고기 어	새 조	소금밭 로	사슴 록	보리 맥	삼 마

12획				13획			
黃	黍	黑	黹	黽	鼎	鼓	鼠
누를 황	기장 서	검을 흑	바느질할 치	맹꽁이 맹	솥 정	북 고	쥐 서

14획		15획	16획		17획
鼻	齊	齒	龍	龜	龠
코 비	가지런할 제	이 치	용 룡	거북 귀	피리 약

한자의 필순

필순(筆順)은 한자를 쓰는 순서, 즉 획(劃)을 말합니다. 필순에 따라 한자를 쓰면 글자 쓰기가 쉽고 빠르며, 모양도 올바르게 됩니다.

三	총 3획				
	一	二	三		
석 삼	예 三, 工, 言, 客, 花, 志				

▶ 상하 구조일 때 위에서 아래로 쓴다.

川	총 3획				
	丿	丿丨	川		
내 천	예 川, 州, 外, 街, 到				

▶ 좌우 구조일 때 왼쪽에서 오른쪽으로 쓴다.

小	총 3획				
	亅	亅丿	小		
작을 소	예 小, 水, 山, 樂				

▶ 좌우 대칭될 때는 가운데를 먼저 쓰고 왼쪽, 오른쪽의 순서로 쓴다.

十	총 2획
	一 十
열 십	예 十, 木, 支, 干

▶ 가로, 세로가 겹칠 때에는 가로획을 먼저 긋는다.

中	총 4획
	丨 口 口 中
가운데 중	예 中, 事, 手, 平

▶ 가운데를 꿰뚫는 획은 나중에 긋는다.

女	총 3획
	人 女 女
여자 녀	예 每, 母, 子, 舟

▶ 허리를 끊는 획은 나중에 긋는다.

道	총 13획
	丶 丷 丷 䒑 首 首 首 首 首 首 道 道 道
길 도	예 道, 近, 建

▶ 받침은 나중에 긋는다.

犬	총 4획
	一 ナ 大 犬
개 견	예 犬, 代, 成

▶ 오른쪽 위의 점은 맨 마지막에 찍는다.

同	총 6획
	丨 冂 冂 同 同 同
같을 동	예 同, 固, 內, 因

▶ 몸과 안이 있을 때는 몸부터 먼저 긋는다.

人	총 2획
	丿 人
사람 인	예 人, 文, 六, 其

▶ 삐침(丿)과 파임(乀)이 만나면 삐침을 먼저 쓴다.

有	총 6획
	丿 ナ 广 右 有 有
있을 유	예 希

▶ 왼쪽의 삐침이 짧고 가로획이 길면 삐침을 먼저 쓴다.

友	총 4획
	一 ナ 方 友
벗 우	예 存

▶ 왼쪽 삐침이 길고 가로획이 짧으면 가로획을 먼저 쓴다.

也	총 3획
	丁 也 也
어조사 야	

▶ 아래를 여운 획은 나중에 쓴다.

한자의 짜임

한자는 처음엔 사물의 모양을 본떠 만들었으나, 생활 영역 확대, 인류 문화 발달에 따라 수많은 사물과 다양한 생각을 나타내기 위해 많은 수의 글자가 필요하게 되자 점차 다양한 방법을 통해 한자가 만들어지게 되었습니다.

❶ 상형(象形) : 그림 한자

눈에 보이는 구체적인 사물의 모양을 본떠서 만든 글자이다.

> **예시** 日(날 일) : 둥근 해의 모양을 본떠 만든 글자, 木(나무 목) : 나무의 모양을 본떠 만든 글자

❷ 지사(指事) : 부호(기호) 한자

눈에 보이지 않는 추상적인 사물의 개념이나 생각을 기호, 부호 등을 사용해 나타낸다.

> **예시** 本(근본 본) : 나무의 아래에 표(一)를 붙여 근본이나 뿌리를 뜻함
> 久(오랠 구) : 엉덩이를 잡아끌고 오랫동안 놓지 않음

❸ 회의(會意)

상형과 지사의 방법으로 이미 만들어진 두 글자 이상을 결합하되, 그 글자의 뜻을 모아 처음 두 글자와는 다른 새로운 뜻을 가진 글자를 만드는 방법이다.

> **예시** 林(수풀 림) → 木(나무 목)+木(나무 목) : 나무가 많이 있는 숲을 뜻하는 한자
> 孝(효도 효) → 老(늙을 로)+子(아들 자) : 아들이 부모를 머리 위에 받들고 있음을 뜻하는 한자

❹ 형성(形聲)

이미 만들어진 두 개의 글자를 하나로 만들되, 한 글자는 소리(聲)를, 다른 한 글자는 뜻(形)을 나타내도록 한다. 약 70%에 달하는 한자가 형성의 원리에 의해 만들어진다.

> **예시** 洋(큰바다 양) → 水(물 수 – 뜻 부분)+羊(양 양 – 소리 부분)
> 聞(들을 문) → 門(문 문 – 소리 부분)+耳(귀 이 – 뜻 부분)

❺ 전주(轉注)

한자의 원뜻이 유추·확대·변화되어 새로운 뜻으로 바뀌는 것인데, 뜻뿐만 아니라 음까지 바뀌는 경우도 있다.

> **예시** 革(가죽 혁) : 원뜻은 가죽이나, 가죽의 털을 벗기면 훌륭한 모피로 변한다는 의미에서 '변화'의 뜻으로 전용되어 改革(개혁), 革命(혁명) 등으로 쓰인다.
> 樂(풍류 악) : 원뜻은 '풍류'이고 음은 '악'이지만 '즐긴다'는 뜻일 때의 음은 '락', '좋아한다'는 뜻일 때는 '요'이다.

❻ 가차(假借)

한자의 원뜻과 소리에 상관없이 소리(음)만 빌려 사용하는 한자이다. 외국어·외래어 표기에 많이 사용하고, 의성어·의태어 같은 부사적 표현에 쓰인다.

> **예시** 堂堂(당당 – 의태어) : 모습이 매우 씩씩한 모양
> 佛陀(불타 – 외래어) : 부다(Budda = 부처)를 한자로 표현

◥ 한자어의 구성 관계

두 자 이상의 한자가 결합하여 한 단위의 의미를 형성하는 것을 말한다.

❶ 주술(主述) 관계

'주어+서술어' 관계로 결합된 한자어

예시 日出(일출) : 해가 뜨다, 性急(성급) : 성질이 급하다

❷ 술목(述目) 관계

'서술어+목적어' 관계로 결합된 한자어

예시 讀書(독서) : 책을 읽다, 投票(투표) : 표를 던지다

❸ 술보(述補) 관계

'서술어+보어' 관계로 결합된 한자어

예시 登山(등산) : 산에 오르다, 歸家(귀가) : 집에 돌아가다

❹ 수식(修飾) 관계

'수식어+피수식어' 관계로 결합된 한자어

- 관형어+체언

  예시 落葉(낙엽) : 떨어지는 잎, 確答(확답) : 확실한 대답

- 부사어+용언

  예시 順從(순종) : 고분고분 따르다, 徐行(서행) : 천천히 가다

❺ 병렬(竝列) 관계

- 대립(對立) 관계

  예시 往來(왕래) : 가고 옴, 强弱(강약) : 강함과 약함

- 유사(類似) 관계

  예시 道路(도로) : 길, 出生(출생) : 사람이 태어남

- 대등(對等) 관계

  예시 父母(부모) : 아버지와 어머니, 富貴(부귀) : 재산이 많고 지위가 높음

- 첩어(疊語) 관계

  예시 年年(연년) : 해마다, 正正堂堂(정정당당) : 태도나 수단이 바르고 떳떳함

- 융합(融合) 관계

  예시 春秋(춘추) : 나이, 연세, 역사, 矛盾(모순) : 말이나 행동의 앞뒤가 서로 일치하지 않음

이 책의 목차 CONTENTS

DAY 01~02

9~5급 배정한자
완벽복습 600자

합격 Tip!

합격을 위한 완벽 복습!
낮은 급수도 두드려 보고 건너자!

學而不思則罔, 思而不學則殆.

"배우기만 하고 생각하지 않으면 어리석어지고, 생각만 하고 배우지 않으면 위태롭다."

– ≪논어≫, 〈위정(爲政)〉

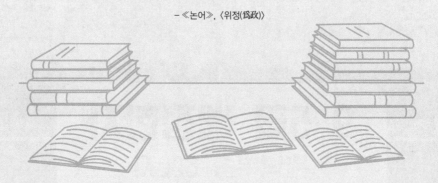

DAY 01

家	街	可	歌	加	價	角	各	間	干
집 가	거리 가	옳을 가 허락할 가	노래 가	더할 가	값 가	뿔 각	각각 각 여러 각	사이 간	방패 간 줄기 간

感	江	强	改	個	開	客	去	車	擧
느낄 감	강 강	강할 강 힘쓸 강	고칠 개	낱 개	열 개	손 객 나그네 객	갈 거	수레 거/차	들 거

建	犬	見	決	結	京	景	經	敬	慶
세울 건 일으킬 건	개 견	볼 견 뵈올 현	결단할 결	맺을 결 마칠 결	서울 경	볕 경 경치 경	지날 경 글 경	공경 경 삼갈 경	경사 경

競	季	界	計	古	故	固	考	高	告
다툴 경 겨룰 경	계절 계	지경 계	셀 계	옛 고 오래될 고	연고 고 옛 고	굳을 고	생각할 고 살필 고	높을 고	고할 고 알릴 고

曲	谷	骨	工	功	空	共	公	果	課
굽을 곡 가락 곡	골 곡 곡식 곡	뼈 골	장인 공 솜씨 좋을 공	공 공	빌 공	한가지 공 함께 공	공평할 공	열매 과 과연 과	부과할 과 과정 과

科	過	官	觀	光	廣	交	校	敎	九
과목 과	지날 과 허물 과	벼슬 관 관가 관	볼 관 관념 관	빛 광 영화 광	넓을 광	사귈 교	학교 교	가르칠 교 종교 교	아홉 구

口	救	究	句	求	久	國	君	軍	郡
입 구	구원할 구	연구할 구 궁구할 구	글귀 구	구할 구	오랠 구	나라 국	임금 군	군사 군	고을 군

弓	權	貴	近	勤	根	金	今	禁	記
활 궁	권세 권	귀할 귀	가까울 근	부지런할 근 근무할 근	뿌리 근 근본 근	쇠 금 성씨 김	이제 금 오늘 금	금할 금	기록할 기

期	基	氣	技	己	起	其	吉	難	南
기약할 기 기간 기	터 기	기운 기	재주 기	몸 기 자기 기	일어날 기	그 기	길할 길	어려울 난	남녘 남

男	內	女	年	念	勞	農	能	多	單
사내 남	안 내	여자 녀	해 년 나이 년	생각 념	일할 노/로	농사 농	능할 능	많을 다	홑 단

短	丹	達	談	答	堂	大	對	代	德
짧을 단 허물 단	붉을 단	통달할 달 이를 달	말씀 담	대답할 답	집 당 당당할 당	큰 대	대할 대 대답할 대	대신할 대 대 대	덕 덕 큰 덕

到	度	道	島	都	刀	圖	獨	讀	同
이를 도	법도 도 정도 도	길 도 도리 도	섬 도	도읍 도	칼 도	그림 도 꾀할 도	홀로 독	읽을 독	한가지 동 화할 동

洞	童	冬	東	動	頭	斗	豆	得	等
동네 동 골 동 밝을 통	아이 동 어린이 동	겨울 동	동녘 동	움직일 동	머리 두 우두머리 두	말 두	콩 두	얻을 득	무리 등 가지런할 등

登	落	樂	卵	來	冷	良	量	旅	力
오를 등 기재할 등	떨어질 락/낙	즐길 락 노래 악 좋아할 요	알 란	올 래	찰 랭	좋을 량 어질 량	헤아릴 량 용량 량	나그네 려 군대 려	힘 력

歷	連	列	令	例	禮	路	老	論	料
지날 력	잇닿을 련	벌일 렬 줄 렬	명령할 령 하여금 령	법식 례 보기 례	예도 례	길 로	늙을 로	논의할 론 논할 논	헤아릴 료

流	留	陸	律	里	理	利	林	立	馬
흐를 류	머무를 류	뭍 륙	법률 률 절제할 률	마을 리	다스릴 리 이치 리	이로울 리	수풀 림	설 립	말 마

萬	滿	末	望	亡	每	賣	勉	面	名
일만 만	찰 만 풍족할 만	끝 말	바랄 망	망할 망	매양 매	팔 매	힘쓸 면 부지런할 면	낮 면 얼굴 면	이름 명

命	明	母	毛	木	目	武	務	無	舞
목숨 명 명령할 명	밝을 명	어머니 모	터럭 모	나무 목	눈 목	굳셀 무 호반 무	힘쓸 무 일 무	없을 무	춤출 무

門	問	聞	文	物	美	米	未	味	民
문 문	물을 문	들을 문	글월 문	물건 물	아름다울 미	쌀 미	아닐 미	맛 미	백성 민

密	反	半	發	方	放	訪	防	拜	白
빽빽할 밀 비밀할 밀 친할 밀	돌이킬 반	반 반	필 발 쏠 발 나타날 발	모 방 본뜰 방	놓을 방	찾을 방	막을 방	절 배 공경할 배	흰 백 말할 백

百	番	法	變	別	病	兵	保	步	報
일백 백	차례 번	법 법	변할 변	나눌 별 다를 별	병 병	군사 병	지킬 보	걸음 보	갚을 보 알릴 보

福	服	復	本	奉	夫	父	富	婦	北
복 복	옷 복 일 복 다스릴 복	다시 부 회복할 복	근본 본	받들 봉	지아비 부 사나이 부	아비 부	부유할 부	며느리 부 아내 부	북녘 북 달아날 배

分	不	比	非	備	飛	氷	四	士	史
나눌 분 신분 분	아닐 불/부	견줄 비	아닐 비	갖출 비	날 비	얼음 빙	넉 사	선비 사	역사 사 사기 사

師	死	思	事	仕	使	寺	射	山	産
스승 사 군사 사	죽을 사	생각 사	일 사 섬길 사	섬길 사 벼슬 사	하여금 사 부릴 사	절 사	쏠 사	뫼 산 메 산	낳을 산 재산 산

算	殺	三	上	尙	賞	商	相	想	色
셈 산	죽일 살 빠를 쇄	석 삼	윗 상 오를 상	오히려 상 숭상할 상	상 줄 상	장사 상 헤아릴 상	서로 상 재상 상	생각 상	빛 색

生	西	序	書	夕	石	席	先	線	善
날 생 자랄 생	서녘 서	차례 서 실마리 서	글 서 문서 서	저녁 석	돌 석	자리 석	먼저 선 앞설 선	줄 선	착할 선

選	鮮	船	仙	雪	說	設	姓	性	成
가릴 선	고울 선 생선 선	배 선	신선 선	눈 설	말씀 설 달랠 세	베풀 설	성씨 성	성품 성	이룰 성

城	省	星	誠	聲	世	洗	勢	歲	小
성 성 재 성	살필 성 덜 생	별 성	정성 성	소리 성 명예 성	인간 세 대 세	씻을 세	형세 세	해 세	작을 소

少	所	消	素	俗	速	孫	送	水	手
적을 소 젊을 소	바 소 곳 소	사라질 소	본디 소 흴 소	풍속 속	빠를 속	손자 손 자손 손	보낼 송	물 수	손 수

受	授	守	收	數	首	順	習	勝	市
받을 수	줄 수	지킬 수	거둘 수	셈 수 자주 삭	머리 수 우두머리 수	순할 순 순종할 순	익힐 습	이길 승	저자 시

示	是	時	詩	視	始	施	食	植	識
보일 시 지시할 시	옳을 시 이 시	때 시 철 시	시 시	볼 시	처음 시 비로소 시	베풀 시	먹을 식 밥 식	심을 식 식물 식	알 식 적을 지

式	身	神	臣	信	新	失	室	實	心
법 식 예식 식	몸 신	귀신 신 정신 신	신하 신	믿을 신 편지 신	새 신	잃을 실 그르칠 실	집 실	열매 실 사실 실	마음 심

十	氏	兒	安	案	愛	夜	野	約	藥
열 십	성씨 씨	아이 아	편안 안	책상 안 생각 안	사랑 애	밤 야	들 야	맺을 약	약 약

弱	若	羊	洋	養	陽	兩	魚	語	漁
약할 약	같을 약 반야 야	양 양	큰 바다 양 서양 양	기를 양	볕 양	두 양/량	물고기 어	말씀 어	고기 잡을 어

言	業	易	逆	然	研	熱	永	英	榮
말씀 언	업 업	바꿀 역 쉬울 이	거스를 역	그럴 연 불탈 연	갈 연 벼루 연 연구할 연	더울 열	길 영	꽃부리 영 뛰어날 영	영화로울 영 꽃 영

藝	五	午	烏	玉	屋	溫	完	王	往
재주 예	다섯 오	낮 오	까마귀 오	구슬 옥	집 옥	따뜻할 온	완전할 완	임금 왕	갈 왕

外	要	浴	用	勇	容	右	牛	友	雨
바깥 외	요긴할 요	목욕할 욕	쓸 용	날랠 용 용감할 용	얼굴 용 용서할 용	오른쪽 우	소 우	벗 우	비 우

宇	雲	運	雄	元	原	遠	園	願	月
집 우	구름 운	옮길 운	수컷 웅 뛰어날 웅	으뜸 원	근원 원 언덕 원	멀 원	동산 원	원할 원	달 월

位	爲	由	油	有	遺	肉	育	六	恩
자리 위 신분 위	할 위	말미암을 유	기름 유	있을 유	남길 유 따를 수	고기 육	기를 육	여섯 육	은혜 은

銀	飮	音	邑	應	衣	義	議	醫	意
은 은	마실 음	소리 음	고을 읍	응할 응	옷 의	옳을 의	의논할 의	의원 의	뜻 의

二	耳	移	以	益	人	因	引	仁	一
두 이	귀 이	옮길 이	써 이	더할 익 유익할 익	사람 인	인할 인 까닭 인	끌 인	어질 인	한 일 첫째 일

日	入	子	字	自	者	作	將	長	場
날 일 해 일	들 입	아들 자 사람 자	글자 자	스스로 자 자기 자	놈 자	지을 작	장수 장 장차 장	길 장 어른 장	마당 장

章	材	財	在	再	才	爭	貯	的	田
글 장 무늬 장	재목 재 재능 재	재물 재	있을 재	두 재 거듭 재	재주 재	다툴 쟁	쌓을 저 저축할 저	과녁 적	밭 전

全	前	展	電	傳	典	戰	節	絶	店
온전할 전	앞 전	펼 전	번개 전	전할 전	법 전 법식 전	싸움 전	마디 절 절기 절	끊을 절	가게 점

接	正	政	定	情	庭	精	弟	題	製
이을 접	바를 정	정사 정 다스릴 정	정할 정	뜻 정	뜰 정	깨끗할 정 찧을 정 정할 정	아우 제	제목 제	지을 제

第	帝	早	造	鳥	調	朝	助	祖	兆
차례 제	임금 제	이를 조	지을 조	새 조	고를 조	아침 조	도울 조	조상 조	조짐 조 조 조

足	族	存	卒	種	宗	左	罪	主	注
발 족	겨레 족	있을 존	군사 졸 마칠 졸	씨 종 종류 종	마루 종 사당 종	왼 좌	허물 죄	주인 주 임금 주	부을 주

住	晝	走	宙	竹	中	衆	重	增	止
살 주	낮 주	달릴 주	집 주	대 죽 대나무 죽	가운데 중 맞을 중	무리 중	무거울 중	더할 증	그칠 지 머무를 지

知	地	指	支	志	至	紙	直	眞	進
알 지	땅 지	가리킬 지 손가락 지	지탱할 지	뜻 지	이를 지	종이 지	곧을 직 바로 직	참 진	나아갈 진

質	集	次	着	察	參	唱	窓	責	冊
바탕 질	모을 집	버금 차	붙을 착 이를 착	살필 찰	참여할 참 석 삼	부를 창	창문 창	꾸짖을 책 책임 책 빚 채	책 책

處	千	天	川	靑	淸	體	初	草	村
곳 처	일천 천	하늘 천	내 천	푸를 청	맑을 청	몸 체	처음 초	풀 초	마을 촌

寸	最	秋	追	祝	春	出	充	忠	蟲
마디 촌	가장 최	가을 추	쫓을 추 따를 추	빌 축	봄 춘	날 출	채울 충	충성 충	벌레 충

取	治	致	齒	則	親	七	快	打	太
가질 취	다스릴 치	이를 치	이 치 나이 치	법칙 칙 곧 즉	친할 친	일곱 칠	쾌할 쾌	칠 타	클 태

宅	土	通	統	退	特	波	判	八	敗
집 택 댁 댁	흙 토	통할 통	거느릴 통	물러날 퇴	특별할 특	물결 파	판단할 판	여덟 팔	패할 패

貝	便	片	平	表	品	風	豊	皮	必
조개 패	편할 편 똥오줌 변	조각 편	평평할 평 다스릴 편	겉 표	물건 품	바람 풍 풍속 풍	풍년 풍	가죽 피	반드시 필

筆	下	夏	河	學	韓	漢	限	合	海
붓 필 글씨 필	아래 하	여름 하	물 하 강 하	배울 학	나라 이름 한	한수 한 한나라 한	한정할 한	합할 합	바다 해

解	害	行	幸	香	鄕	向	革	現	血
풀 해	해할 해	다닐 행 항렬 항	다행 행	향기 향	시골 향	향할 향	가죽 혁 고칠 혁	나타날 현	피 혈

協	兄	形	惠	好	號	湖	虎	婚	火
화합할 협	형 형	모양 형	은혜 혜	좋을 호	부르짖을 호 이름 호	호수 호	범 호	혼인할 혼	불 화

化	花	和	話	貨	畫	患	活	黃	皇
될 화	꽃 화	화할 화	말씀 화	재물 화	그림 화	근심 환	살 활	누를 황	임금 황

回	會	孝	效	後	訓	休	凶	興	希
돌아올 회	모일 회	효도 효	본받을 효 효과 효	뒤 후	가르칠 훈	쉴 휴	흉할 흉	일 흥	바랄 희

不患人之不己知, 患其無能也.

"남이 나를 알아주지 않음을 걱정하지 말고, 내가 능력이 없음을 걱정하라."

− 《논어》, 〈학이(學而)〉

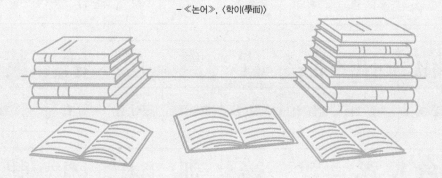

DAY 03~04

4급 배정한자
합격보장 300자

합격 Tip!

총 120문제 중 110문제가 9~4급에서 출제!

4급 배정한자만 완벽히 익혀도 합격 보장!

學而不思則罔, 思而不學則殆.

"배우기만 하고 생각하지 않으면 어리석어지고, 생각만 하고 배우지 않으면 위태롭다."

– 《논어》, 〈위정(爲政)〉

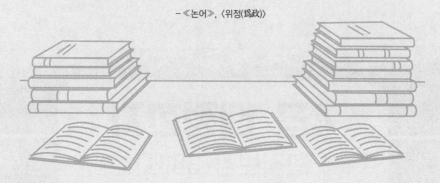

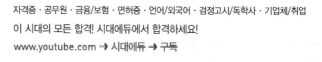

DAY 03

佳	假	脚	看	渴	減	甘	敢	甲	降
아름다울 가	거짓 가 빌릴 가	다리 각	볼 간	목마를 갈	덜 감	달 감	감히 감	갑옷 갑	내릴 강 항복할 항

講	皆	更	居	巨	乾	堅	潔	庚	耕
외울 강	다 개	다시 갱 고칠 경	살 거	클 거	하늘 건 마를 건	굳을 견	깨끗할 결	별 경 나이 경	밭갈 경

驚	輕	溪	鷄	癸	苦	穀	困	坤	關
놀랄 경	가벼울 경	시내 계	닭 계	북방 계	쓸 고	곡식 곡	곤할 곤	땅 곤	관계할 관

橋	舊	卷	勸	歸	均	極	急	及	給
다리 교	옛 구	책 권	권할 권	돌아갈 귀	고를 균	극진할 극 다할 극	급할 급	미칠 급	줄 급

幾	旣	暖	乃	怒	端	但	當	待	徒
몇 기	이미 기	따뜻할 난	이에 내	성낼 노	끝 단	다만 단 거짓 탄	마땅 당	기다릴 대	무리 도 헛되이 도

燈	浪	郎	凉	練	烈	領	露	綠	柳
등잔 등	물결 랑	사내 랑	서늘할 량	익힐 련	매울 렬	거느릴 령	이슬 로	푸를 록	버들 류

倫	李	莫	晩	忙	忘	妹	買	麥	免
인륜 륜	오얏 리 성씨 리	없을 막	늦을 만	바쁠 망	잊을 망	누이 매	살 매	보리 맥	면할 면

眠	鳴	暮	卯	妙	戊	茂	墨	勿	尾
잘 면	울 명	저물 모	토끼묘 넷째 지지 묘	묘할 묘	천간 무	무성할 무	먹 묵	말 물	꼬리 미

朴	飯	房	杯	伐	凡	丙	伏	逢	扶
성씨 박 순박할 박	밥 반	방 방	잔 배	칠 벌	무릇 범	남녘 병	엎드릴 복	만날 봉	도울 부

否	部	浮	佛	朋	悲	鼻	貧	私	謝
아닐 부	떼 부 나눌 부 거느릴 부	뜰 부	부처 불	벗 붕	슬플 비	코 비	가난할 빈	사사로울 사	사례할 사

舍	巳	絲	散	常	霜	傷	喪	暑	昔
집 사	뱀 사	실 사	흩을 산	떳떳할 상 항상 상	서리 상	다칠 상	잃을 상	더울 서	옛 석 섞일 착

惜	舌	盛	聖	稅	細	笑	續	松	修
아낄 석	혀 설	성할 성	성인 성	세금 세	가늘 세	웃음 소	이을 속	소나무 송	닦을 수

樹	愁	壽	秀	誰	雖	須	叔	宿	淑
나무 수	근심 수	목숨 수	빼어날 수	누구 수	비록 수	모름지기 수	아저씨 숙	잘 숙	맑을 숙

純	戌	崇	拾	乘	承	試	申	辛	甚
순수할 순	개 술	높을 숭	주울 습 열 십	탈 승	이을 승	시험 시	거듭 신 펼 신	매울 신	심할 심

深	我	惡	眼	顔	巖	暗	仰	哀	也
깊을 심	나 아	악할 악 미워할 오	눈 안	얼굴 안	바위 암	어두울 암	우러를 앙	슬플 애	어조사 야

讓	揚	於	憶	億	嚴	餘	與	余	汝
사양할 양	날릴 양	어조사 어	생각할 억	억 억	엄할 엄	남을 여	더불 여 줄 여	나 여	너 여

如	亦	煙	悅	炎	葉	迎	吾	悟	誤
같을 여	또 역	연기 연	기쁠 열	불꽃 염	잎 엽	맞을 영	나 오	깨달을 오	그르칠 오

瓦	臥	曰	欲	于	憂	又	尤	遇	云
기와 와	누울 와	가로 왈	하고자할 욕	어조사 우	근심 우	또 우	더욱 우	만날 우	이를 운

怨	圓	危	偉	威	酉	猶	唯	遊	柔
원망할 원	둥글 원	위태할 위	클 위	위엄 위	닭 유	오히려 유	오직 유	놀 유	부드러울 유

幼	乙	吟	陰	泣	依	矣	已	而	異
어릴 유	새 을	읊을 음	그늘 음	울 읍	의지할 의	어조사 의	이미 이	말이을 이	다를 이

忍	寅	印	認	壬	慈	姉	昨	壯	栽
참을 인	범 인	도장 인	알 인	북방 임	사랑 자	손위 누이 자	어제 작	장할 장	심을 재

哉	著	低	敵	適	赤	錢	丁	頂	停
어조사 재	나타날 저	낮을 저	대적할 적	맞을 적	붉을 적	돈 전	고무래 정	정수리 정	머무를 정

井	貞	靜	淨	除	祭	諸	尊	從	終
우물 정	곧을 정	고요할 정	깨끗할 정	덜 제	제사 제	모두 제	높을 존	좇을 종	마칠 종

鐘	坐	酒	朱	卽	曾	證	只	枝	持
쇠북 종	앉을 좌	술 주	붉을 주	곧 즉	일찍 증	증거 증	다만 지	가지 지	가질 지 유지할 지

之	辰	盡	執	此	借	且	昌	採	菜
갈 지	별 진 때 신	다할 진	잡을 집	이 차	빌릴 차	또 차	창성할 창	캘 채	나물 채

妻	尺	淺	泉	鐵	聽	晴	請	招	推
아내 처	자 척	얕을 천	샘 천	쇠 철	들을 청	갤 청	청할 청	부를 초	밀 추/퇴

丑	就	吹	針	他	脫	探	泰	投	破
소 축	나아갈 취	불 취	바늘 침	다를 타	벗을 탈	찾을 탐	클 태	던질 투	깨뜨릴 파

篇	閉	布	抱	暴	彼	匹	何	賀	寒
책 편	닫을 폐	펼 포 베 포 보시 보	안을 포	사나울 폭/포 쬘 폭	저 피	짝 필	어찌 하	하례할 하	찰 한

恨	閑	恒	亥	虛	許	賢	刑	乎	戶
한 한	한가할 한	항상 항	돼지 해	빌 허	허락할 허	어질 현	형벌 형	어조사 호	집 호 지게 호

呼	或	混	紅	華	歡	厚	胸	黑	喜
부를 호	혹시 혹	섞을 혼	붉을 홍	빛날 화	기쁠 환	두터울 후	가슴 흉	검을 흑	기쁠 희

日知其所亡 月無忘其所能 可謂好學也已矣.

"날마다 자기에게 없는 것을 알아가고,

달마다 자기가 잘하는 것을 잊지 않는다면,

배움을 좋아한다고 할 수 있다."

- ≪논어≫, 〈자장(子張)〉

DAY 05~12

합격 Tip!

총 120문제 중 10문제가 3급에서 출제!
3급 한자까지 완벽하게 익힌다면 합격 확실!

人無遠慮, 必有近憂.
"사람이 먼 앞날을 걱정하지 않으면 반드시 가까운 시일에 근심이 생긴다."

– ≪논어≫, 〈위령공(衛靈公)〉

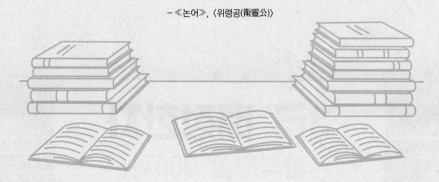

DAY 05~12

3급 배정한자
합격확실 900자

DAY 05

* ★ 표시는 빈출 한자!

暇
겨를 가 / 틈 가
부수 日 날 일
총획 13획
육서 형성

暇日(가일) 틈이 있는 날. 한가한 날
休暇(휴가) 학교나 직장 등에서 일정한 기간 쉬는 일. 또는 그 겨를
閑暇(한가) 바쁘지 않아 여유가 있음

유의한자 閑(한), 間(간)

却 ★
물리칠 각
부수 卩 병부절
총획 7획
육서 형성

却說(각설) 말머리를 다른 쪽으로 돌림
燒却(소각) 불에 태워서 없애 버림

유의한자 退(퇴)

架
시렁 가
부수 木 나무 목
총획 9획
육서 형성

架橋(가교) 다리를 놓음
架設(가설) 다리, 선 등을 건너질러 설치함
高架(고가) 높게 설치한 다리. 구름다리
書架(서가) 책을 꽂아 놓는 선반

유의한자 盤(반)

閣 ★
집 각 / 내각 각
부수 門 문 문
총획 14획
육서 형성

巨閣(거각) 크고 높은 집
閣僚(각료) 내각을 구성하고 있는 각 장관
內閣(내각) 국가의 행정권을 담당하는 기관

유의한자 家(가), 宇(우), 戶(호)

覺 ★
깨달을 각
부수 見 볼 견
총획 20획
육서 형성

發覺(발각) 숨겨 있던 사실이 드러남. 또는 드러냄

유의한자 警(경), 感(감), 悟(오)

簡 ★
대쪽 간 / 편지 간 / 간략할 간
부수 竹 대 죽
총획 18획
육서 형성

簡略(간략) 단출하고 복잡하지 아니함
書簡(서간) 편지

刻
새길 각
부수 刂 선칼도방
총획 8획
육서 형성

刻苦(각고) 몹시 애씀
刻薄(각박) 혹독하고 인정이 없음
刻印(각인) 도장을 새김. 머릿속에 깊이 새겨진 기억

유의한자 刊(간)

刊
새길 간 / 책 펴낼 간
부수 刂 선칼도방
총획 5획
육서 형성

刊行(간행) 인쇄하여 발행함
發刊(발간) 책, 신문 등을 만들어 냄
新刊(신간) 출판물을 새로 간행함. 또는 그 책

유의한자 刻(각), 銘(명)

肝

간 간

부수	月 육달월	총획	7획
		육서	형성

肝腸(간장) 간과 창자. 몹시 애타는 마음
肝炎(간염) 간에 생긴 염증

유의한자 腸(장)

姦

간음할 간

부수	女 여자 녀	총획	9획
		육서	회의

姦通(간통) 배우자 있는 사람이 배우자 이외의
사람과 맺는 간음 행위
姦淫(간음) 부부가 아닌 남녀의 성관계
强姦(강간) 폭행, 협박 등으로 간음함

유의한자 淫(음), 邪(사)

幹

줄기 간
주관할 관

부수	干 방패 간	총획	13획
		육서	형성

才幹(재간) 일을 적절히 잘 처리하는 능력
主幹(주간) 어떤 일을 주장하여 맡아 처리함
根幹(근간) 뿌리와 줄기. 사물의 중심을 이루
는 중요한 것

유의한자 根(근)

懇

간절할 간
정성 간

부수	心 마음 심	총획	17획
		육서	형성

懇曲(간곡) 간절한 마음으로 정성을 다함
懇談(간담) 서로 정답게 이야기를 나눔
懇切(간절) 마음이 매우 정성스럽고 지극함

유의한자 切(절)

鑑

거울 감
살필 감

부수	金 쇠 금	총획	22획
		육서	형성

鑑査(감사) 사물을 검사하여 적부, 우열을 분
별함
鑑別(감별) 감정하여 분별함. 작품의 가치를
분별함

유의한자 鏡(경)

監

★ 볼 감

부수	皿 그릇 명	총획	14획
		육서	회의

監司(감사) 조선 시대 관찰사의 다른 이름. 현
'도지사'에 해당함
監査(감사) 감독하고 검사함

유의한자 觀(관), 視(시), 檢(검), 察(찰)

康

★ 편안 강

부수	广 엄호	총획	11획
		육서	회의

小康(소강) 병이 조금 나아진 기색. 소란·혼
란이 그치고 안정됨
健康(건강) 정신적·육체적으로 아무 탈 없이
튼튼함

유의한자 安(안), 全(전), 健(건)

剛

굳셀 강

부수	刂 선칼도방	총획	10획
		육서	형성

剛健(강건) 의지나 기상이 굳세고 건전함
剛直(강직) 기질이 꿋꿋하고 곧음
剛度(강도) 금속의 단단한 정도

유의한자 强(강), 健(건) 반의한자 柔(유)

鋼

강철 강

부수	金 쇠 금	총획	16획
		육서	형성

鋼鐵(강철) 기계·기구로 쓰이는 철강
製鋼(제강) 시우쇠(무른 철)를 불려 강철을 만듦
鐵鋼(철강) 철과 강을 합쳐서 일컫는 말

유의한자 鐵(철), 金(금)

綱

벼리 강

부수	糸 실 사	총획	14획
		육서	형성

綱領(강령) 일의 으뜸이 되는 큰 줄거리
紀綱(기강) 으뜸이 되는 규율과 질서
大綱(대강) 사건이나 이야기 등의 자세하지
않은 기본적인 줄거리

유의한자 維(유), 紀(기)

| 介 | 낄 개 | **부수** 人 사람 인 | **총획** 4획 |
| | | **육서** 회의 | |

介入(개입) 어떤 일에 끼어들어 관계함
仲介(중개) 제삼자의 입장에서 두 당사자 사이에서 일을 주선함

| 慨 | 슬퍼할 개
분개할 개 | **부수** ↑ 심방변 | **총획** 14획 |
| | | **육서** 형성 | |

慨歎(개탄) 분하고 못마땅해 탄식함
感慨(감개) 마음속에 감격하여 사무친 느낌

유의한자 悲(비), 哀(애)

| 槪 | 대개 개
절개 개 | **부수** 木 나무 목 | **총획** 15획 |
| | | **육서** 형성 | |

槪念(개념) 대강의 뜻이나 일반적인 관념
槪要(개요) 추리어 낸 주요 내용
節槪(절개) 옳은 일을 지키어 뜻을 굽히지 않는 마음

유의한자 綱(강), 節(절)

| 蓋 | 덮을 개
대개 개 | **부수** ⧺ 초두머리 | **총획** 14획 |
| | | **육서** 형성 | |

蓋然(개연) 불확실하지만 그럴 것 같음
覆蓋(복개) 뚜껑이나 덮개를 덮음
大蓋(대개) 일의 큰 원칙으로 말하자면

유의한자 槪(개), 綱(강)

| 距 | 떨어질 거
상거할 거 | **부수** 足 발 족 | **총획** 12획 |
| | | **육서** 형성 | |

距離(거리) 두 곳 사이의 떨어진 길이. 서로 어울리지 못한 간격
距今(거금) 지금으로부터 지나간 어느 때까지 거슬러 올라가서

유의한자 離(이)

| 拒 | 막을 거 | **부수** 扌 재방변 | **총획** 8획 |
| | | **육서** 형성 | |

拒否(거부) 승낙하지 않고 물리침
抗拒(항거) 대항함. 맞서 버팀
拒否權(거부권) 거부할 수 있는 권리

유의한자 障(장), 防(방)

| 據 | 근거 거
의지할 거 | **부수** 扌 재방변 | **총획** 16획 |
| | | **육서** 형성 | |

據點(거점) 전투 등의 활동의 근거가 되는 지점
割據(할거) 땅을 분할하여 웅거(雄據)함
證據(증거) 어떤 일을 참이라고 증명할 수 있는 근거

유의한자 依(의)

| 健 | 굳셀 건
건강할 건 | **부수** 亻 사람인변 | **총획** 11획 |
| | | **육서** 형성 | |

健康(건강) 정신적·육체적으로 아무 탈 없이 튼튼함
健全(건전) 의지가 확고하고 중용(中庸)을 잃지 않은 상태

유의한자 強(강), 康(강), 剛(강)

| 件 | 물건 건
사건 건 | **부수** 亻 사람인변 | **총획** 6획 |
| | | **육서** 형성 | |

事件(사건) 사회적 관심이나 주목을 끌 만한 일
物件(물건) 일정한 형체가 있는 물질적 대상

| 傑 | 뛰어날 걸 | **부수** 亻 사람인변 | **총획** 12획 |
| | | **육서** 형성 | |

傑作(걸작) 매우 훌륭한 작품
豪傑(호걸) 자질구레한 일에 구애되지 않는, 도량이 넓고 기개가 있는 사람

유의한자 秀(수), 俊(준)

乞	빌 걸	**부수** 乙 새 을	**총획** 3획 **육서** 가차

乞食(걸식) 빌어먹음
哀乞(애걸) 애처롭게 사정하여 빎
求乞(구걸) 남에게 돈, 물건 따위를 빌어서 얻음

유의한자 求(구)

擊	칠 격 마주칠 격	**부수** 手 손 수	**총획** 17획 **육서** 형성

擊滅(격멸) 전쟁·전투에서 적을 없앰
目擊(목격) 눈으로 직접 봄
擊退(격퇴) 적을 쳐서 물리침

유의한자 攻(공), 打(타), 伐(벌)

儉	검소할 검	**부수** 亻 사람인변	**총획** 15획 **육서** 형성

儉素(검소) 수수하고 사치하지 않음
儉約(검약) 검소하고 절약함
儉葬(검장) 검소하게 지내는 장사(葬事)

유의한자 素(소), 朴(박)

激	격할 격	**부수** 氵 삼수변	**총획** 16획 **육서** 형성

激勵(격려) 마음이나 기운을 북돋아 힘쓰도록 함
感激(감격) 마음에 깊이 느끼어 크게 감동함

유의한자 衝(충)

劍	칼 검	**부수** 刂 선칼도방	**총획** 15획 **육서** 형성

劍道(검도) 검술과 심신을 단련하는 운동
劍術(검술) 검을 이용하여 싸우는 기술 또는 경기
劍客(검객) 검술에 능한 사람

유의한자 刀(도)

★隔	사이 뜰 격	**부수** 阝 좌부변	**총획** 13획 **육서** 형성

隔離(격리) 멀리 떨어지게 함
間隔(간격) 시공간적으로 벌어진 사이
遠隔(원격) 거리가 멀리 떨어져 있음

유의한자 間(간)

檢	검사할 검	**부수** 木 나무 목	**총획** 17획 **육서** 형성

檢問(검문) 검사하고 물음
檢定(검정) 어떤 일에 필요한 자격이나 조건을 검사하여 결정함

유의한자 觀(관), 督(독), 監(감), 察(찰)

絹	비단 견	**부수** 糸 실 사	**총획** 13획 **육서** 형성

絹絲(견사) 고치실로 만든 비단
純絹(순견) 순 명주실로 짠 명주
絹布(견포) 비단과 포목
人造絹(인조견) 인조 견사로 짠 비단

유의한자 錦(금)

★格	격식 격	**부수** 木 나무 목	**총획** 10획 **육서** 형성

格言(격언) 사리에 맞아 교훈이 될 만한 짧은 말
合格(합격) 격식이나 조건에 맞음. 시험에 급제함

유의한자 法(법), 式(식), 典(전)

肩	어깨 견	**부수** 月 육달월	**총획** 8획 **육서** 회의

肩骨(견골) 어깨뼈
肩章(견장) 옷의 어깨에 붙이는 계급장
比肩(비견) 낫고 못함이 없이 서로 비슷함
肩羽(견우) 어깨깃

遣	보낼 견	**부수** 辶 책받침	**총획** 14획 **육서** 형성
	派遣(파견) 일정한 임무를 주어 보냄 消遣(소견) 어떠한 것에 재미를 붙여 심심하지 않게 보냄		
	유의한자 送(송) **반의한자** 受(수), 納(납)		

竟	마침내 경 다할 경	**부수** 立 설 립	**총획** 11획 **육서** 회의
	畢竟(필경) 마침내. 결국에는 究竟(구경) 마지막에 이르는 것 竟夜(경야) 밤새도록		
	유의한자 畢(필)		

牽	끌 견	**부수** 牛 소 우	**총획** 11획 **육서** 형성
	牽牛(견우) 견우성. 나팔꽃 牽引(견인) 끌어당김 牽制(견제) 끌어당기어 자유롭지 못하게 함		
	유의한자 引(인) **반의한자** 推(추)		

境	지경 경 경계 경	**부수** 土 흙 토	**총획** 14획 **육서** 형성
	境界(경계) 지역의 분계. 일정한 표준에 의해 분간되는 한계		
	유의한자 界(계), 域(역)		

★ 缺	이지러질 결 모자랄 결	**부수** 缶 장군 부	**총획** 10획 **육서** 형성
	缺勤(결근) 근무처를 비움. 근무처에 나가지 아니함 缺陷(결함) 흠이 있어 완전하지 못함		
	반의한자 足(족), 滿(만)		

鏡	거울 경	**부수** 金 쇠 금	**총획** 19획 **육서** 형성
	鏡鑑(경감) 거울 破鏡(파경) 깨어진 거울. 부부 사이가 깨어져 서 이혼하는 일		
	유의한자 鑑(감)		

兼	겸할 겸	**부수** 八 여덟 팔	**총획** 10획 **육서** 회의
	兼備(겸비) 두 가지 이상을 갖추고 있음 兼用(겸용) 하나를 가지고 둘 이상 씀 兼任(겸임) 두 가지 이상의 직무를 겸함		

頃	잠깐 경 반걸음 규	**부수** 頁 머리 혈	**총획** 11획 **육서** 회의
	頃刻(경각) 아주 짧은 시간. 삽시간 食頃(식경) 한 끼의 밥을 먹을 만한 시간 頃步(규보) 반걸음		
	유의한자 暫(잠) **반의한자** 久(구), 永(영)		

謙	겸손할 겸 사양할 겸	**부수** 言 말씀 언	**총획** 17획 **육서** 형성
	謙虛(겸허) 자신을 낮추어 겸손함 謙讓(겸양) 겸손하게 남에게 양보하거나 사 양함		
	유의한자 讓(양) **반의한자** 慢(만), 傲(오)		

傾	기울 경	**부수** 亻 사람인변	**총획** 13획 **육서** 형성
	傾向(경향) 사상, 행동 및 기타 현상이 일정한 방향으로 기울어지는 일 傾斜(경사) 비스듬히 기울어진 상태나 정도		
	유의한자 偏(편) **반의한자** 平(평)		

硬

굳을 경

부수	총획 12획
石 돌 석	육서 형성

硬直(경직) 굳어서 뻣뻣하게 됨
生硬(생경) 세상의 사정에 어둡고 완고함
强硬(강경) 성품이 단단하고 꿋꿋함

유의한자 堅(견), 固(고) **반의한자** 軟(연)

係

맬 계

부수	총획 9획
亻 사람인변	육서 형성

係員(계원) 어느 기관의 어떤 계의 일을 맡아
　　　　　보는 사람
關係(관계) 사람들 사이에 서로 얽혀진 연관

유의한자 繫(계), 關(관)

警

경계할 경
깨우칠 경

부수	총획 20획
言 말씀 언	육서 형성

警戒(경계) 잘못되는 일이 생기지 않도록 미리
　　　　　조심함
警鐘(경종) 비상사태. 위급한 일을 알리는 종
　　　　　이나 사이렌 따위의 신호

유의한자 覺(각), 戒(계), 悟(오)

戒

경계할 계

부수	총획 7획
戈 창 과	육서 회의

戒嚴(계엄) 일정 지역을 병력으로 경계함
訓戒(훈계) 타일러서 경계함
警戒(경계) 예상 외의 사고가 생기지 않도록
　　　　　조심함

유의한자 警(경)

徑

지름길 경
길 경

부수	총획 10획
彳 두인변	육서 형성

半徑(반경) 원의 중심에서 원주까지의 선분
徑路(경로) 오솔길. 지름길

유의한자 道(도), 路(로)

械

기계 계
틀 계

부수	총획 11획
木 나무 목	육서 형성

機械(기계) 동력으로 움직여서 일정한 일을 하
　　　　　게 만든 장치
器械(기계) 도구, 기물, 간단한 기계를 통틀어
　　　　　이르는 말

유의한자 機(기)

卿

벼슬 경

부수	총획 12획
卩 병부절	육서 회의

卿相(경상) 3정승과 6판서
公卿(공경) 三公(삼공)과 九卿(구경)
卿宰(경재) 재상

유의한자 仕(사), 官(관)

繼

이을 계

부수	총획 20획
糸 실 사	육서 형성

繼母(계모) 아버지의 재혼으로 생긴 어머니
繼承(계승) 뒤를 이어받음
繼續(계속) 끊기지 않음. 끊어졌던 행위나 상
　　　　　태를 다시 이어나감

유의한자 續(속), 絡(낙), 連(연), 接(접)

系

이을 계
맬 계

부수	총획 7획
糸 실 사	육서 상형

系譜(계보) 혈연관계, 사제 관계 등의 계통을
　　　　　도표로 나타낸 것
系統(계통) 一族(일족)의 혈통. 개개의 사물 사
　　　　　이의 관계를 원칙에 따라 벌인 것

유의한자 統(통)

★契

맺을 계

부수	총획 9획
大 큰 대	육서 형성

契機(계기) 어떤 일의 결정적인 기회
契約(계약) 둘 이상이 약정의 합치를 봄
契合(계합) 사물·현상이 서로 꼭 들어맞음

유의한자 結(결), 約(약)

桂	계수나무 계	**부수** 木 나무 목	**총획** 10획 **육서** 형성

桂樹(계수) 계수나무
桂皮(계피) 계수나무의 껍질
月桂冠(월계관) 고대 그리스에서 경기의 우승
　　　　　　자에게 씌워 주던 관

姑	시어미 고	**부수** 女 여자 녀	**총획** 8획 **육서** 형성

姑婦(고부) 시어머니와 며느리
姑娘(고낭) 고모. 시집을 안 간 여자
姑從四寸(고종사촌) 고모의 아들과 딸

반의한자 婦(부), 夫(부)

啓	열 계 인도할 계	**부수** 口 입 구	**총획** 11획 **육서** 형성

啓蒙(계몽) 바른 길을 깨우쳐 줌
啓示(계시) 능력 밖의 진리를 신이 알려줌
啓發(계발) 사상, 지능 등을 깨우쳐 열어 줌

유의한자 開(개)　　**반의한자** 閉(폐)

庫	곳집 고	**부수** 广 엄호	**총획** 10획 **육서** 회의

金庫(금고) 돈이나 그 밖의 귀중품을 넣어두는
　　　　　쇠로 만든 궤
在庫(재고) 창고에 있는 것

유의한자 倉(창)

階	섬돌 계 계단 계	**부수** 阝 좌부변	**총획** 12획 **육서** 형성

階級(계급) 관위·신분 등의 상하 등급
階段(계단) 층층대. 순서·단계
階層(계층) 사회적 지위가 비슷한 사람들의 층

유의한자 級(급), 段(단)

孤	외로울 고 부모 없을 고	**부수** 子 아들 자	**총획** 8획 **육서** 형성

孤獨(고독) 외로움. 부모 없는 어린이와 자식
　　　　　없는 늙은이
孤立(고립) 외롭게 있음. 외따로 있음

유의한자 獨(독), 單(단)

繫	맬 계	**부수** 糸 실 사	**총획** 19획 **육서** 형성

繫累(계루) 다른 일이나 사물에 얽매임
繫留(계류) 붙잡아 매어 놓음. 사건이 해결되
　　　　　지 않고 걸려 있음

유의한자 束(속)　**반의한자** 解(해), 裂(렬)

鼓	북 고 두드릴 고	**부수** 鼓 북 고	**총획** 13획 **육서** 회의

鼓動(고동) 심장이 뜀. 북 치고 춤을 춤
鼓舞(고무) 격려하여 사기를 북돋움
鼓吹(고취) 용기나 기운을 북돋아 일으킴
鼓掌(고장) 손바닥을 침

유의한자 拍(박)

枯	마를 고	**부수** 木 나무 목	**총획** 9획 **육서** 형성

枯木(고목) 말라 죽은 나무
枯渴(고갈) 물이 말라서 없어짐
枯旱(고한) 풀과 나무가 말라죽을 정도의 극심
　　　　　한 가뭄

유의한자 燥(조), 渴(갈)　**반의한자** 榮(영)

稿	원고 고	**부수** 禾 벼 화	**총획** 15획 **육서** 형성

遺稿(유고) 죽은 사람이 생전에 남긴 원고
草稿(초고) 시나 문장의 초벌 원고
脫稿(탈고) 원고 쓰기를 끝냄
原稿料(원고료) 저서나 쓴 글에 대한 보수

顧	돌아볼 고 생각할 고	**부수** 頁 머리 혈 **육서** 형성	**총획** 21획

顧客(고객) 단골 손님
顧慮(고려) 다시 돌이켜 생각하여 봄
回顧(회고) 지나간 일들을 다시 돌아봄

유의한자 巡(순)

攻	칠 공 닦을 공	**부수** 攵 등글월문 **육서** 형성	**총획** 7획

攻擊(공격) 적을 침
專攻(전공) 전문적으로 연구함

유의한자 討(토), 鼓(고), 擊(격)

哭	울 곡	**부수** 口 입 구 **육서** 회의	**총획** 10획

哭聲(곡성) 곡하는 소리
痛哭(통곡) 소리를 높여 슬피 욺
哭泣(곡읍) 소리 내어 슬프게 욺

유의한자 泣(읍)

恐	두려울 공	**부수** 心 마음 심 **육서** 형성	**총획** 10획

恐妻家(공처가) 아내에게 눌려 지내는 남편
恐怖(공포) 두렵고 무서움
恐喝(공갈) 공포를 느끼도록 윽박지르며 을러댐

유의한자 畏(외)

孔	구멍 공 매우 공	**부수** 子 아들 자 **육서** 회의	**총획** 4획

孔劇(공극) 몹시 지독함
多孔(다공) 구멍이 많음

유의한자 穴(혈)

貢	바칠 공	**부수** 貝 조개 패 **육서** 형성	**총획** 10획

貢物(공물) 궁중이나 나라에 바치는 물건
貢獻(공헌) 힘을 써 이바지함
貢納品(공납품) 예전에 나라나 종주국에 바치
　　　　　　　던 물품

유의한자 獻(헌)

供	이바지할 공	**부수** 亻 사람인변 **육서** 형성	**총획** 8획

供給(공급) 물건을 제공하여 줌
提供(제공) 갖다 주어 이바지함
供養(공양) 웃어른을 모시면서 이바지함

유의한자 貢(공), 奉(봉)

寡	적을 과 과부 과	**부수** 宀 갓머리 **육서** 형성	**총획** 14획

寡默(과묵) 말이 적고 침착함
寡少(과소) 아주 적음
寡婦(과부) 남편이 죽어서 홀로 된 여자

유의한자 少(소)　**반의한자** 衆(중), 多(다)

恭	공손할 공	**부수** 忄 마음심밑 **육서** 형성	**총획** 10획

恭敬(공경) 공손히 섬김
恭順(공순) 공손하고 온순함

유의한자 敬(경), 尊(존)

誇	자랑할 과	**부수** 言 말씀 언 **육서** 형성	**총획** 13획

誇大(과대) 사실 이상으로 지나치게 과장함
誇示(과시) 뽐내어 보임
誇張(과장) 사실보다 불려서 나타냄
誇負(과부) 뽐내며 자부함

반의한자 謙(겸)

郭

외성 곽
둘레 곽

부수 ß 우부방
총획 11획
육서 형성

城郭(성곽) 내성과 외성을 아울러 말함
内郭(내곽) 안쪽 테두리

유의한자 圍(위)

冠

갓 관
우두머리 관

부수 冖 민갓머리
총획 9획
육서 회의

弱冠(약관) 스무 살 전후를 이르는 말
王冠(왕관) 왕이 머리에 쓰는 관
衣冠(의관) 남자의 웃옷과 갓. 남자가 정식으로 갖추어 입은 옷차림

館

집 관

부수 飠 밥식변
총획 17획
육서 형성

館長(관장) 도서관, 학관 등의 장
美術館(미술관) 그림, 조각 등의 미술품을 전시하여 사람들의 관람 및 연구가 이루어지는 장소

유의한자 閣(각), 院(원), 宙(주)

寬

너그러울 관

부수 宀 갓머리
총획 15획
육서 형성

寬大(관대) 마음이 너그럽고 큼
寬容(관용) 너그럽게 용서하고 용납함
寬貸(관대) 너그럽게 용서함

유의한자 恕(서)　　**반의한자** 猛(맹)

管

대롱 관
주관할 관

부수 竹 대 죽
총획 14획
육서 형성

管制(관제) 관리하여 통제함. 특히 국가가 필요에 따라 강제적으로 관리·제한하는 일
主管(주관) 책임지고 맡아 관리함

鑛

쇳돌 광
광석 광

부수 金 쇠 금
총획 23획
육서 형성

鑛山(광산) 광물을 캐내는 곳
採鑛(채광) 광산에서 광물을 캐냄
鑛夫(광부) 광산에서 광물을 캐는 직업을 가진 사람

유의한자 金(금)

貫

꿸 관

부수 貝 조개 패
총획 11획
육서 형성

貫祿(관록) 상당한 경력으로 생긴 위엄
本貫(본관) 시조가 난 땅
貫入(관입) 꿰뚫어 들어감
貫乳(관유) 도자기 표면의 미세한 금

유의한자 徹(철)

狂

미칠 광

부수 犭 개사슴록변
총획 7획
육서 형성

狂奔(광분) 미쳐 날뜀. 어떤 일에 미친 듯이 분주함
狂信(광신) 종교나 미신 따위를 미칠 정도로 지나치게 믿음

慣

익숙할 관

부수 ↑ 심방변
총획 14획
육서 형성

慣例(관례) 관습이 되어버린 전례
慣行(관행) 전부터 관례가 되어 행해 옴
慣用(관용) 오랫동안 써서 굳어진 대로 쓰는 것. 습관이 되어 쓰는 것

유의한자 習(습), 熟(숙)

掛

걸 괘

부수 扌 재방변
총획 11획
육서 형성

掛念(괘념) 마음에 두고 잊지 아니함
掛圖(괘도) 걸어 놓고 보는 학습용 그림이나 도표
掛鐘(괘종) 벽이나 기둥에 걸게 된 자명종

유의한자 懸(현)

塊

덩어리 괴
흙덩이 괴

부수	土 흙 토	총획	13획
		육서	형성

金塊(금괴) 황금의 덩이
土塊(토괴) 흙덩이
大塊(대괴) 큰 덩어리. 지구. 대지. 대자연

유의한자 束(속), 群(군)

較

비교할 교

부수	車 수레 거	총획	13획
		육서	형성

比較(비교) 둘을 서로 견주어 봄
較正(교정) 기계의 정밀도 등을 표준기와 비교
　　　　하여 바로 잡음
較量(교량) 견주어 비교하여 헤아림

유의한자 比(비)

愧

부끄러울 괴

부수	↑ 심방변	총획	13획
		육서	형성

慙愧(참괴) 부끄럽게 여김
愧心(괴심) 부끄러워하는 마음
愧服(괴복) 부끄럽게 여기어 따름

유의한자 慙(참), 恥(치)

巧

공교할 교
교묘할 교

부수	工 장인 공	총획	5획
		육서	형성

巧妙(교묘) 솜씨나 재주가 약삭빠르고 묘함
精巧(정교) 정밀하고 교묘함
巧手(교수) 교묘한 솜씨

유의한자 妙(묘)　　반의한자 拙(졸)

怪

괴이할 괴

부수	↑ 심방변	총획	8획
		육서	형성

怪變(괴변) 괴상한 변고
怪漢(괴한) 차림새와 행동이 괴상한 사람
怪物(괴물) 괴상하게 생긴 물체

유의한자 異(이), 奇(기)

矯

바로잡을 교

부수	矢 화살 시	총획	17획
		육서	형성

矯正(교정) 틀어진 것을 곧게 바로잡음
矯世(교세) 세상의 나쁜 것을 바로잡음
矯導(교도) 잘못을 바로잡아 가르쳐 이끎

유의한자 訂(정)

壞

무너질 괴

부수	土 흙 토	총획	19획
		육서	형성

壞滅(괴멸) 파괴되어 멸망함
破壞(파괴) 때려 부수거나 헐어 버림
壞死(괴사) 몸의 어떤 부분의 조직이나 세포가
　　　　죽는 일

유의한자 崩(붕)

丘

언덕 구
무덤 구

부수	一 한 일	총획	5획
		육서	상형

丘墓(구묘) 무덤
丘陵(구릉) 언덕. 땅이 비탈지고 많이 높지 않
　　　　은 나직한 산

유의한자 陵(능), 岸(안), 原(원)

郊

들 교
교외 교

부수	阝 우부방	총획	9획
		육서	형성

郊外(교외) 들이나 논밭이 많은 시외
遠郊(원교) 도시에서 멀리 떨어진 시골
近郊(근교) 도시 변두리에 있는 마을이나 들

유의한자 野(야)

俱

함께 구
갖출 구

부수	亻 사람인변	총획	10획
		육서	형성

俱存(구존) 양친이 다 살아 계심
俱現(구현) 내용이 다 드러남
俱備(구비) 필요한 것을 모두 골고루 갖춤
俱全(구전) 모두 갖추어 온전함

유의한자 與(여)

懼	두려워할 구 조심할 구	**부수** ↑ 심방변	**총획** 21획 **육서** 형성

恐懼(공구) 몹시 두려움
疑懼(의구) 의심하고 두려워함
懼憂(구우) 두려워하고 근심함

유의한자 畏(외), 恐(공)

具	갖출 구	**부수** 八 여덟 팔	**총획** 8획 **육서** 회의

具備(구비) 빠짐없이 갖춤
具體(구체) 형상이 나타나서 분명히 알 수 있는 것
器具(기구) 세간·그릇·도구 등을 이르는 말

유의한자 備(비), 俱(구)

狗	개 구	**부수** 犭개사슴록변	**총획** 8획 **육서** 형성

走狗(주구) 사냥개. 남의 사주를 받고 앞잡이 노릇을 하는 사람
狗足盤(구족반) 상다리의 모양이 개의 다리처럼 생긴 개다리소반

區	구역 구 구분할 구	**부수** ㄷ 감출혜몸	**총획** 11획 **육서** 회의

區內(구내) 구역의 안
區別(구별) 성질이나 종류에 따라 갈라놓음

유의한자 別(별), 分(분)

龜	땅 이름 구 거북 귀 터질 균	**부수** 龜 거북 귀	**총획** 16획 **육서** 상형

龜甲(귀갑) 거북이의 등 껍데기
龜占(귀점) 거북점
龜鑑(귀감) 거북등과 거울. 본받을 만한 모범. 본보기

拘	잡을 구	**부수** 扌 재방변	**총획** 8획 **육서** 형성

拘禁(구금) 신체의 자유를 구속·유치함
拘束(구속) 마음대로 못하게 얽어맴
拘置(구치) 범죄자를 구속하여 가둠

유의한자 操(조), 捕(포), 捉(착)

驅	몰 구	**부수** 馬 말 마	**총획** 21획 **육서** 형성

驅迫(구박) 못 견디게 굶
驅使(구사) 자유자재로 다루어 씀
先驅(선구) 다른 사람에 앞서서 무슨 일을 함

유의한자 走(주), 奔(분)

球	공 구	**부수** 王 구슬옥변	**총획** 11획 **육서** 형성

球根(구근) 둥글게 되어 있는 식물의 뿌리
球技(구기) 공을 가지고 하는 운동 경기

유의한자 丸(환)

構	얽을 구	**부수** 木 나무 목	**총획** 14획 **육서** 형성

構成(구성) 짜서 맞춤. 또는 짜서 맞춘 것
構想(구상) 목표에 대해 실현하기 위해 어떻게 할지 생각함

유의한자 絡(락), 糾(규)

苟	진실로 구 구차할 구	**부수** ++ 초두머리	**총획** 9획 **육서** 형성

苟免(구면) 겨우 액을 벗어남
苟且(구차) 군색스럽고 구구함
苟命(구명) 구차한 목숨

유의한자 且(차)

	국화 국	부수 ++ 초두머리	총획 12획			집 궁	부수 ⼧ 갓머리	총획 10획
			육서 형성					육서 회의

菊

菊花(국화) 국화과의 여러해살이풀
野菊(야국) 들국화. 들에 핀 국화
墨菊(묵국) 먹물로 그린 국화
菊秋(국추) 국화꽃이 피는 가을. 음력 9월

宮

宮合(궁합) 혼인할 신랑·신부의 사주를 오행
　　　　에 맞춰 길흉을 점치는 방술
宮中(궁중) 대궐 안

유의한자 家(가), 屋(옥), 殿(전)

局

판 국	부수 尸 주검시엄	총획 7획
		육서 회의

局面(국면) 일이 벌어져 있는 상태. 바둑·장
　　　　기를 둘 때의 승부의 형편
局限(국한) 사물·사건 등의 범위를 일정한 부
　　　　분에 한정함

유의한자 部(부)

劵

문서 권	부수 刀 칼 도	총획 8획
		육서 형성

割引券(할인권) 할인을 증명하는 표
文券(문권) 땅이나 집 등의 권리를 증명하는
　　　　문서

유의한자 籍(적)

群

무리 군	부수 羊 양 양	총획 13획
		육서 형성

群鷄(군계) 닭의 무리
群衆(군중) 무리 지어 모여 있는 많은 사람
群像(군상) 모여 있는 많은 사람

유의한자 類(류), 衆(중), 隊(대), 徒(도)

拳

주먹 권	부수 手 손 수	총획 10획
		육서 형성

拳銃(권총) 작고 짧은 호신용 총
拳鬪(권투) 주먹으로 치고 막고 하는 경기
拳法(권법) 주먹을 사용하는 운동. 또는 무예
　　　　의 한 종류

屈

굽힐 굴	부수 尸 주검시엄	총획 8획
		육서 형성

屈曲(굴곡) 이리저리 구부러짐
屈指(굴지) 손가락을 꼽거나 꼽을 만함. 여럿
　　　　중에서 몇째 감

유의한자 曲(곡), 折(절)　반의한자 伸(신)

厥

그 궐	부수 厂 민엄호	총획 12획
		육서 형성

厥者(궐자) 그 사람
厥明(궐명) 다음날 날이 밝을 무렵
厥公(궐공) 그분
突厥(돌궐) 6세기경. 튀르크계의 유목민

유의한자 其(기)

窮

다할 궁 궁할 궁	부수 穴 구멍 혈	총획 15획
		육서 형성

窮理(궁리) 사물을 처리하거나 밝히기 위하여
　　　　따져 헤아리며 깊이 생각함
窮地(궁지) 어려움이나 곤란함에 처한 상태

유의한자 貧(빈), 盡(진), 困(곤)

軌

바퀴 자국 궤	부수 車 수레 거	총획 9획
		육서 형성

軌道(궤도) 수레가 지나간 바큇자국이 난 길
軌跡(궤적) 수레바퀴가 지나간 자국. 선인(先
　　　　人)의 행적
軌範(궤범) 본보기가 되는 규범이나 법도

유의한자 輪(륜)

鬼

귀신 귀

부수	鬼 귀신 귀
총획	10획
육서	상형

鬼神(귀신) 죽은 사람의 넋이나 망령
惡鬼(악귀) 악하고 아주 몹쓸 귀신
鬼哭(귀곡) 귀신의 울음

유의한자 魂(혼), 靈(령), 神(신)

克

이길 극

부수	儿어진사람인발
총획	7획
육서	상형

超克(초극) 어려움을 이겨 냄
克服(극복) 싸움에 이겨서 적을 굴복시킴. 고
생을 이겨냄

유의한자 忍(인), 勝(승)   반의한자 敗(패)

規

법 규

부수	見 볼 견
총획	11획
육서	회의

規格(규격) 일정한 표준. 공업 제품의 품질·
형식·치수 따위를 규정한 표준
規制(규제) 규정에 따라 한도를 정하여 통제

유의한자 格(격), 法(법), 式(식), 則(칙)

劇

심할 극
연극 극

부수	刂 선칼도방
총획	15획
육서	형성

劇烈(극렬) 과격하고 맹렬함. 정도에 지나치게
맹렬함
劇場(극장) 영화를 상영하거나 연극을 상연하
는 곳

유의한자 甚(심)

叫

부르짖을 규
울 규

부수	口 입 구
총획	5획
육서	형성

絶叫(절규) 힘을 다해 부르짖음
叫號(규호) 큰소리로 부르짖음
叫聲(규성) 부르짖는 소리

유의한자 號(호)

斤

근 근
도끼 근

부수	斤 날 근
총획	4획
육서	상형

斤量(근량) 저울로 단 무게
斤數(근수) 저울로 단 무게의 수치
半斤(반근) 한 근의 반

糾

얽힐 규
모을 규

부수	糸 실 사
총획	8획
육서	형성

糾明(규명) 철저히 조사하여 그릇된 사실을
밝힘
糾彈(규탄) 죄를 적발하여 비난하고 탄핵함
糾合(규합) 흩어진 사람을 한데 모음

유의한자 構(구), 綿(면), 絡(락)

僅

겨우 근
적을 근

부수	亻 사람인변
총획	13획
육서	형성

僅少(근소) 아주 적어서 얼마 되지 않음
僅僅(근근) 겨우. 간신히

유의한자 只(지)

菌

버섯 균
세균 균

부수	++ 초두머리
총획	12획
육서	형성

病菌(병균) 병의 원인이 되는 균
細菌(세균) 박테리아
殺菌(살균) 병원체인 세균을 죽이는 것
菌毒(균독) 세균에 들어 있는 독

謹

삼갈 근

부수	言 말씀 언
총획	18획
육서	형성

謹愼(근신) 언행을 삼가고 조심함
謹嚴(근엄) 신중하고 엄격함
謹弔(근조) 삼가 조상함
謹厚(근후) 조심스럽고 중후함

유의한자 禁(금), 戒(계)

琴	거문고 금	부수 王 구슬옥변	총획 12획 육서 상형

彈琴(탄금) 거문고, 가야금 따위를 탐
琴操(금조) 거문고 소리를 연주로 하여 부르는 노래
琴絃(금현) 거문고의 줄

유의한자 絃(현)

禽	새 금 사로잡을 금	부수 内 짐승발자국 유	총획 13획 육서 형성

飛禽(비금) 날아다니는 새
禽獲(금획) 사로잡음
禽獸(금수) 날짐승과 길짐승의 총칭
禽鳥(금조) 새. 날짐승

유의한자 鳥(조)

錦	비단 금	부수 金 쇠 금	총획 16획 육서 형성

錦衣(금의) 비단옷
錦冠(금관) 비단에 아름다운 무늬를 수놓은 관
錦帳(금장) 비단으로 만든 휘장 또는 장막

유의한자 絹(견)

級	등급 급	부수 糸 실 사	총획 10획 육서 형성

級數(급수) 일정한 법칙에 의하여 증가하는 수를 차례로 배열한 수열의 합
級友(급우) 같은 학급의 벗
首級(수급) 싸움터에서 벤 적의 목

유의한자 第(제), 番(번), 序(서)

肯	즐길 긍	부수 月 육달월	총획 8획 육서 회의

肯定(긍정) 그러하다고 인정. 또는 승인함
首肯(수긍) 그러하다고 고개를 끄덕임
肯首(긍수) 맞다고 고개를 끄덕임. 또는 승낙함

유의한자 樂(락), 娛(오)

忌	꺼릴 기 기일 기	부수 心 마음 심	총획 7획 육서 형성

忌避(기피) 꺼리어 피함
忌日(기일) 사람이 죽은 날

유의한자 嫌(혐), 憎(증), 惡(오), 警(경)

棄	버릴 기	부수 木 나무 목	총획 12획 육서 회의

棄權(기권) 권리를 버리고 행사하지 않음
廢棄(폐기) 못 쓸 것이나 효력을 버림
棄兒(기아) 버림받은 아이. 또는 아이를 버림

유의한자 捨(사)　　반의한자 取(취)

祈	빌 기	부수 示 보일 시	총획 9획 육서 형성

祈願(기원) 바라는 일이 이루어지기를 빎
祈祝(기축) 빌고 바람
祈雨(기우) 가뭄일 때 비 내리기를 빎

유의한자 祝(축)

豈	어찌 기	부수 豆 콩 두	총획 10획 육서 상형

豈敢(기감) 어찌 감히
豈不(기불) 어찌 … 않으랴

유의한자 那(나), 奈(내), 何(하)

機	틀 기 기회 기	부수 木 나무 목	총획 16획 육서 형성

機械(기계) 교묘한 구조의 기구
機密(기밀) 중요하고도 비밀로 되어 있어 함부로 드러내지 못할 일

유의한자 械(계)

騎

말탈 기

부수 馬 말 마 | **총획** 18획 | **육서** 형성

騎馬(기마) 말을 탐. 또는 그 말. 승마
騎士(기사) 중세 유럽의 무사
騎手(기수) 경마에서 전문적으로 말을 타는 사람

企

꾀할 기
바랄 기

부수 人 사람 인 | **총획** 6획 | **육서** 회의

企業(기업) 영리를 목적으로 하는 사업
企劃(기획) 일이나 사업을 계획함
企待(기대) 바라는 일이 이루어지기를 기다림

유의한자 計(계), 劃(획), 希(희), 望(망)

紀

벼리 기
해 기

부수 糸 실 사 | **총획** 9획 | **육서** 형성

紀元(기원) 나라를 세운 첫 해. 연대를 세는 기초가 되는 해
風紀(풍기) 풍습이나 사회 도덕에 관한 기율
紀念(기념) 오래도록 잊지 않고 마음에 간직함

유의한자 維(유), 綱(강)

奇

기이할 기

부수 大 큰 대 | **총획** 8획 | **육서** 형성

奇數(기수) 둘로 나눌 수 없는 정수. 홀수
奇事(기사) 기이한 일

유의한자 怪(괴)

飢

주릴 기

부수 食 밥식변 | **총획** 11획 | **육서** 형성

飢餓(기아) 굶주림
飢死(기사) 굶어 죽음

유의한자 餓(아) **반의한자** 飽(포)

寄

부칠 기

부수 宀 갓머리 | **총획** 11획 | **육서** 형성

寄稿(기고) 신문·잡지 등에 싣기 위해 원고를 써서 보냄
寄宿(기숙) 남의 집에 몸을 붙여 먹고 자고 함

유의한자 付(부)

旗

기 기

부수 方 모 방 | **총획** 14획 | **육서** 형성

國旗(국기) 국가를 상징하는 기
旗下(기하) 깃발 아래. 장군의 지휘 아래
旗手(기수) 기를 들고 신호를 보내는 사람. 앞장서서 이끄는 사람

器

그릇 기

부수 口 입 구 | **총획** 16획 | **육서** 회의

器具(기구) 세간·그릇·연장 등의 총칭
大器(대기) 큰 그릇. 넓은 기량 또는 그러한 인재
器機(기기) 기구. 기계

欺

속일 기

부수 欠 하품 흠 | **총획** 12획 | **육서** 형성

詐欺(사기) 꾀로 남을 속임
欺心(기심) 양심을 속임
欺笑(기소) 남을 속이고 웃음. 또는 업신여기며 비웃음

유의한자 詐(사)

畿

경기 기
지경 기

부수 田 밭 전 | **총획** 15획 | **육서** 형성

京畿(경기) 서울을 중심으로 한 가까운 지역
畿內(기내) 서울을 중심으로 뻗은 가까운 행정 구역
畿近(기근) 서울 또는 경기도 부근

★緊	긴할 긴	부수 糸 실 사	총획 14획 육서 형성
	緊張(긴장) 마음과 정신을 바짝 차림 要緊(요긴) 매우 중요함 緊密(긴밀) 몹시 긴하고 가까움		
	유의한자　要(요), 急(급), 縮(축)		

寧	편안할 녕	부수 宀 갓머리	총획 14획 육서 회의
	康寧(강녕) 건강하고 마음이 편안함 安寧(안녕) 무사히 잘 있음		
	유의한자　安(안), 康(강), 平(평), 便(편)		

ㄴ

那	어찌 나	부수 阝 우부방	총획 7획 육서 형성
	那邊(나변) 어느 곳. 그곳 那中(나중) 그 속. 그곳 那間(나간) 그동안. 언제쯤		
	유의한자　豈(기), 奈(내), 何(하)		

努	힘쓸 노	부수 力 힘 력	총획 7획 육서 형성
	努力(노력) 힘을 씀. 힘을 다함 努目(노목) 화를 내어 눈을 부라림		
	유의한자　務(무), 勉(면), 力(력)		

納	들일 납 바칠 납	부수 糸 실 사	총획 10획 육서 형성
	納得(납득) 말이나 행동을 잘 이해함 出納(출납) 금전·물품 따위를 내어주고 받아 　　　　들임. 또는 그 직위		
	유의한자　入(입)		

奴	종 노	부수 女 여자 녀	총획 5획 육서 회의
	奴婢(노비) 사내종과 계집종의 총칭 奴主(노주) 주인과 종		
	반의한자　主(주)		

奈	어찌 내 어찌 나	부수 大 큰 대	총획 8획 육서 형성
	奈落(나락) 지옥. 벗어나기 힘든 절망적 상황 奈何(내하) 어찌함. 어떻게		
	유의한자　豈(기), 那(나), 何(하)		

★腦	골 뇌	부수 月 육달월	총획 13획 육서 형성
	頭腦(두뇌) 뇌. 사물을 판단하는 슬기 洗腦(세뇌) 어떤 사상을 주입하는 일 腦出血(뇌출혈) 고혈압, 동맥 경화 등으로 뇌 　　　　　속 출혈이 있는 경우		

耐	견딜 내	부수 而 말이을 이	총획 9획 육서 회의
	忍耐(인내) 참고 견딤 耐久(내구) 오래 견딤 耐性(내성) 약을 꾸준히 복용하여 약효가 떨어 　　　　지는 현상		
	유의한자　忍(인), 勝(승), 克(극)		

惱	번뇌할 뇌	부수 忄 심방변	총획 12획 육서 형성
	苦惱(고뇌) 괴로워하고 번뇌함 煩惱(번뇌) 마음이 시달려서 괴로움 惱心(뇌심) 마음속으로 괴로워함		
	유의한자　煩(번)		

泥
진흙 니 | 부수: 氵 삼수변 | 총획: 8획 | 육서: 형성

泥路(이로) 진흙길
泥土(이토) 진흙
沙泥(사니) 모래와 진흙
丸泥(환니) 흙덩어리

斷 ★
끊을 단 | 부수: 斤 날 근 | 총획: 18획 | 육서: 회의

斷食(단식) 일정한 기간 동안 의식적으로 음식
　　　　 을 먹지 아니함
斷切(단절) 끊어짐. 잘라 버림

유의한자 絶(절), 決(결) ｜ 반의한자 繼(계)

ㄷ

茶
차 다 / **차 차** | 부수: ++ 초두머리 | 총획: 10획 | 육서: 형성

茶道(다도) 차에 관한 예의
茶禮(다례) 간단한 낮 제사
茶園(다원) 차를 재배하는 밭
茶果(다과) 차와 과실

段
층계 단 | 부수: 殳 갖은등글월문 | 총획: 9획 | 육서: 형성

階段(계단) 층층대. 순서·단계
手段(수단) 어떤 목적을 이루기 위한 방법. 어
　　　　 떤 활동을 위한 설비나 도구

유의한자 階(계)

旦
아침 단 | 부수: 日 날 일 | 총획: 5획 | 육서: 회의

旦暮(단모) 아침과 저녁
元旦(원단) 설날 아침
旦明(단명) 새벽. 아침

유의한자 朝(조) ｜ 반의한자 暮(모), 夕(석)

檀
박달나무 단 | 부수: 木 나무 목 | 총획: 17획 | 육서: 형성

檀君(단군) 신화로서의 우리 겨레의 시조. 신
　　　　 의 아들로 태백산의 단목 아래에
　　　　 내려왔다고 함
檀木(단목) 박달나무

團
둥글 단 | 부수: □ 큰입구몸 | 총획: 14획 | 육서: 형성

團結(단결) 많은 사람이 한마음으로 뭉침
團體(단체) 모임. 같은 목적을 가진 사람들끼
　　　　 리 모인 집단
集團(집단) 모임. 단체. 떼

유의한자 集(집), 會(회), 圓(원)

淡
맑을 담 / **싱거울 담** | 부수: 氵 삼수변 | 총획: 11획 | 육서: 형성

淡白(담백) 맛이나 빛이 깨끗함
淡水(담수) 짠맛이 없는 맑은 물
淡墨(담묵) 진하지 않은 먹물

유의한자 淸(청), 淨(정) ｜ 반의한자 濁(탁)

壇
단 단 | 부수: 土 흙 토 | 총획: 16획 | 육서: 형성

文壇(문단) 문학인들의 사회
祭壇(제단) 제사를 지내기 위하여 만들어 놓
　　　　 은 단
壇上(단상) 교단이나 강단 등의 위

擔
멜 담 | 부수: 扌 재방변 | 총획: 16획 | 육서: 형성

擔任(담임) 어떤 학급, 학년 따위를 책임지고
　　　　 맡아봄
負擔(부담) 어떤 의무나 책임을 짐.

유의한자 負(부)

畓

논 답

부수 田 밭 전   **총획** 9획

水畓(수답) 물이 여유 있고 기름진 논
田畓(전답) 밭과 논
民畓(민답) 백성이 소유하고 있는 논
畓穀(답곡) 벼

유의한자 田(전)

踏

밟을 답

부수 足 발 족   **총획** 15획   **육서** 형성

踏査(답사) 현장에 가서 직접 조사함
踏襲(답습) 선인의 행적을 따라 행함
踏步(답보) 제자리걸음

유의한자 履(리)

唐

당나라 당
당황할 당

부수 口 입 구   **총획** 10획   **육서** 형성

唐突(당돌) 꺼리거나 어려워함 없이 올차고 다부짐
荒唐(황당) 말, 행동 등이 터무니없음

糖

엿 당
엿 탕

부수 米 쌀 미   **총획** 16획   **육서** 형성

糖分(당분) 당류의 성분
製糖(제당) 사탕이나 설탕을 만듦
雪糖(설탕) 맛이 달고 물에 잘 녹는 무색의 결정

黨

무리 당

부수 黑 검을 흑   **총획** 20획   **육서** 형성

黨派(당파) 어떤 목적으로 뭉쳐진 무리. 당의 분파
鄕黨(향당) 자기가 태어났거나 사는 시골 마을. 또는 그 마을 사람들

유의한자 隊(대), 類(류), 衆(중), 群(군)

貸

빌릴 대

부수 貝 조개 패   **총획** 12획   **육서** 형성

貸出(대출) 대부하기 위해 지출함
賃貸(임대) 임금을 받고 물건을 빌려줌
貸室(대실) 돈을 받고 빌려주는 방

유의한자 借(차)   **반의한자** 償(상)

臺

대 대

부수 至 이를 지   **총획** 14획   **육서** 형성

臺帳(대장) 상업상 계산을 기록한 장부
土臺(토대) 흙바탕. 사물의 기초
臺上(대상) 하인이 주인을 높여 부르는 말
臺本(대본) 연극, 영화, 드라마 등의 각본

隊

무리 대

부수 阝 좌부변   **총획** 12획   **육서** 회의

隊列(대열) 대를 지어 늘어선 행렬
軍隊(군대) 육·해·공·해병대 등 국가의 무장력의 총칭

유의한자 類(류), 衆(중), 群(군), 部(부)

帶 ★

띠 대
찰 대

부수 巾 수건 건   **총획** 11획   **육서** 상형

帶妻僧(대처승) 살림을 차리고 가족을 거느린 중
地帶(지대) 한정된 땅의 구역
帶同(대동) 함께 데리고 감

桃

복숭아 도

부수 木 나무 목   **총획** 10획   **육서** 형성

桃李(도리) 복숭아와 오얏
桃花(도화) 복숭아꽃
木桃(목도) 큰 복숭아
桃紅色(도홍색) 복숭아꽃 같은 엷은 분홍색

稻

	벼 도	부수 禾 벼 화	총획 15획	육서 형성

稻作(도작) 벼농사
早稻(조도) 제철보다 일찍 여무는 벼
水稻(수도) 논에 물을 대어 심는 벼

유의한자 禾(화)

倒

	넘어질 도	부수 亻 사람인변	총획 10획	육서 형성

倒錯(도착) 상하 전도로 서로 어긋남
倒置(도치) 뒤바꾸어 놓음
倒産(도산) 재산을 탕진함. 사업이 망하여 쓰러짐. 파산

跳

	뛸 도	부수 足 발 족	총획 13획	육서 형성

跳梁(도량) 거리낌 없이 함부로 날뜀
跳躍(도약) 뛰어오름

유의한자 躍(약)

導

	인도할 도	부수 寸 마디 촌	총획 16획	육서 형성

指導(지도) 가르쳐 주어 일정한 방향으로 나아가게 이끎
誘導(유도) 사람, 물건 등을 목적한 장소나 방향으로 이끌어냄

유의한자 訓(훈), 敎(교), 引(인)

途

	길 도	부수 辶 책받침	총획 11획	육서 형성

途上(도상) 길 위. 중도. 도중
前途(전도) 앞으로 나아갈 길
途中(도중) 길을 가고 있는 동안. 일이 끝나지 않은 중간

유의한자 路(로), 街(가), 道(도), 巷(항)

挑

	돋울 도	부수 扌 재방변	총획 9획	육서 형성

挑發(도발) 집적거려 일을 일으킴
挑戰(도전) 정면으로 맞서 싸움을 걺
挑出(도출) 시비나 싸움을 걺

陶

	질그릇 도	부수 阝 좌부변	총획 11획	육서 형성

陶器(도기) 오지그릇. 흙으로 만든 그릇
陶工(도공) 옹기를 만드는 사람
陶成(도성) 만들어 냄. 심신을 닦아서 성취함

盜

	도둑 도	부수 皿 그릇 명	총획 12획	육서 회의

盜聽(도청) 몰래 엿들음. 금지하는 것을 몰래 들음
竊盜(절도) 물건을 몰래 훔침. 또는 도둑

유의한자 賊(적)

逃

	달아날 도 도망할 도	부수 辶 책받침	총획 10획	육서 형성

逃走(도주) 도망쳐 뛰어감. 피하거나 쫓겨서 달아남
逃避(도피) 도망하여 피함
逃亡(도망) 피하여 달아남

유의한자 避(피)

渡

	건널 도	부수 氵 삼수변	총획 12획	육서 형성

渡江(도강) 강을 건너는 일
過渡(과도) 다음 과정으로 넘어가는 도중
渡來(도래) 외국에서 건너옴
渡河(도하) 강을 건넘

유의한자 涉(섭)

塗	칠할 도 길 도	**부수** 土 흙 토	**총획** 13획 **육서** 형성
	塗炭(도탄) 진흙물에 빠지고 숯불에 타는 괴로움		
	유의한자 路(로), 街(가), 道(도), 巷(항)		

敦	도타울 돈	**부수** 攵 등글월문	**총획** 12획 **육서** 형성
	敦篤(돈독) 인정이 두터움 敦厚(돈후) 인정(人情)이 많음 敦睦(돈목) 정이 두텁고 화목함		
	유의한자 篤(독), 裕(유), 厚(후)		

★ 毒	독 독	**부수** 毋 말 무	**총획** 9획 **육서** 회의
	毒殺(독살) 독약을 먹여 죽임 毒氣(독기) 사납고 모진 기운. 독살스러운 기운		
	유의한자 甚(심), 慘(참)		

突	갑자기 돌	**부수** 穴 구멍 혈	**총획** 9획 **육서** 회의
	突擊(돌격) 돌진하여 공격함 突發(돌발) 일이 별안간 발생함 突出(돌출) 갑자기 툭 튀어나옴. 쑥 내밂 突然(돌연) 갑자기. 별안간. 뜻밖에		
	유의한자 忽(홀)		

篤	도타울 독	**부수** 竹 대 죽	**총획** 16획 **육서** 형성
	篤實(독실) 열성 있고 성실함 危篤(위독) 병세가 중하여 생명이 위험함 篤信(독신) 독실하게 믿음. 또는 신앙		
	유의한자 敦(돈), 裕(유), 厚(후)		

凍	얼 동	**부수** 冫 이수변	**총획** 10획 **육서** 형성
	凍傷(동상) 피부가 얼어서 상하는 병 凍太(동태) 얼린 명태 凍結(동결) 얼어붙음. 금전의 사용·이동을 한 동안 금지함		
	반의한자 熱(열), 溫(온), 暖(난)		

督	감독할 독	**부수** 目 눈 목	**총획** 13획 **육서** 형성
	督勵(독려) 감독하여 격려함 監督(감독) 보살피어 잘못이 없도록 시킴 督察(독찰) 일을 살피어 밝힘		
	유의한자 檢(검), 監(감), 察(찰)		

銅	구리 동	**부수** 金 쇠 금	**총획** 14획 **육서** 형성
	銅像(동상) 구리로 만든 사람의 형상 靑銅(청동) 구리와 주석의 합금. 옛날부터 미 술품·화폐 등에 많이 쓰였음 銅劍(동검) 청동으로 만든 칼		

★ 豚	돼지 돈	**부수** 豕 돼지 시	**총획** 11획 **육서** 회의
	豚舍(돈사) 돼지우리 養豚(양돈) 돼지를 기름 豚肉(돈육) 돼지고기 豚犬(돈견) 돼지와 개. 미련하고 못난 사람		
	유의한자 亥(해)		

★ 鈍	둔할 둔	**부수** 金 쇠 금	**총획** 12획 **육서** 형성
	鈍感(둔감) 감각이 둔함 鈍才(둔재) 둔한 재주. 둔한 사람 鈍濁(둔탁) 둔하고 탁함		
	반의한자 銳(예), 敏(민)		

屯	진 칠 둔	**부수** 屮 왼손 좌	**총획** 4획 **육서** 회의

屯營(둔영) 군사가 주둔하고 있는 군영
屯衛(둔위) 군영을 지킴

유의한자 陣(진), 陳(진)

亂	어지러울 란 ★	**부수** 乙 새 을	**총획** 13획 **육서** 형성

亂局(난국) 어지러운 판국
避亂(피란) 난리를 피함
混亂(혼란) 질서 없이 어지러움

유의한자 紛(분) **반의한자** 理(리), 治(치)

騰	오를 등	**부수** 馬 말 마	**총획** 20획 **육서** 형성

騰貴(등귀) 물건 값이 오름
騰落(등락) 값의 오름과 내림
騰勢(등세) 가격이 오르는 형세

유의한자 登(등), 昇(승)

欄	난간 란	**부수** 木 나무 목	**총획** 21획 **육서** 형성

欄干(난간) 층계나 다리의 가장자리에 설치한
보호대
空欄(공란) 지면에 내용 없이 비워둔 난

羅	벌일 라 그물 라	**부수** 罒 그물망머리	**총획** 19획 **육서** 회의

新羅(신라) 우리나라 삼국시대의 한 나라

유의한자 列(렬)

蘭	난초 란	**부수** ++ 초두머리	**총획** 21획 **육서** 형성

蘭草(난초) 난초과의 다년초
梅蘭(매란) 매화와 난초
春蘭(춘란) 봄에 꽃이 피는 난초

絡	이을 락	**부수** 糸 실 사	**총획** 12획 **육서** 형성

脈絡(맥락) 사물의 연결. 줄거리

유의한자 續(속), 繼(계), 接(접)

濫	넘칠 람	**부수** 氵 삼수변	**총획** 17획 **육서** 형성

濫用(남용) 마구 함부로 씀
冒濫(모람) 버릇없이 함부로 대함
濫發(남발) 법령·지폐 등을 함부로 공포·발
행하는 깃

반의한자 缺(결)

諾	허락할 락	**부수** 言 말씀 언	**총획** 16획 **육서** 형성

受諾(수락) 요구를 받아 들여 승낙함
承諾(승낙) 청하는 바를 들어줌
許諾(허락) 청하는 바를 하도록 들어줌

유의한자 許(허), 答(답), 對(대)

覽	볼 람	**부수** 見 볼 견	**총획** 21획 **육서** 형성

觀覽(관람) 구경함
閱覽(열람) 책을 훑어서 봄
一覽表(일람표) 여러 가지 사항을 한 번에 알
수 있도록 꾸며 놓은 표

유의한자 觀(관), 監(감), 檢(검), 察(찰)

娘

여자 랑

부수	女 여자 녀	총획	10획
육서	형성		

娘子(낭자) 성숙한 미혼 여성. 처녀
姑娘(고낭) 고모. 첩. 처녀
小娘(소랑) 나이가 어린 여자

廊

행랑 랑
사랑채 랑

부수	广 엄호	총획	13획
육서	형성		

行廊(행랑) 대문간에 붙어 있는 방
柱廊(주랑) 여러 개의 기둥을 세운 복도

略

간략할 략

부수	田 밭 전	총획	11획
육서	형성		

略圖(약도) 간단하게 줄여 대충 그린 그림
省略(생략) 전체에서 일부를 줄이거나 뺌

반의한자 詳(상)

掠

노략질할 략

부수	扌 재방변	총획	11획
육서	형성		

掠奪(약탈) 폭력을 써서 빼앗음
攻掠(공략) 공격하여 약탈함
侵掠(침략) 쳐들어가서 약탈함

유의한자 侵(침), 奪(탈)

梁

들보 량

부수	木 나무 목	총획	11획
육서	형성		

橋梁(교량) 사이를 통행할 수 있는 다리
獨梁(독량) 외나무다리
山梁(산량) 산골짜기를 건너지른 다리

유의한자 橋(교)

糧

양식 량

부수	米 쌀 미	총획	18획
육서	형성		

糧穀(양곡) 양식으로 사용하는 곡식
糧食(양식) 식량. 군량
軍糧(군량) 군대의 양식

유의한자 穀(곡)

諒

살펴 알 량

부수	言 말씀 언	총획	15획
육서	형성		

諒知(양지) 살피어 앎
諒解(양해) 사정을 참작하여 잘 이해함
下諒(하량) 아랫사람의 심정을 살피어줌

유의한자 知(지), 省(성), 考(고), 察(찰)

麗

고울 려

부수	鹿 사슴 록	총획	19획
육서	형성		

麗句(여구) 아름다운 글귀
日月麗天(일월여천) 해와 달이 하늘에 걸려 있음

유의한자 佳(가), 鮮(선), 美(미)

慮

생각할 려
염려할 려

부수	心 마음 심	총획	15획
육서	형성		

考慮(고려) 생각하여 봄
憂慮(우려) 근심과 걱정
配慮(배려) 돕거나 보살펴 주려고 마음을 씀

유의한자 考(고), 想(상), 思(사), 念(념)

勵

힘쓸 려

부수	力 힘 력	총획	17획
육서	형성		

激勵(격려) 용기나 의욕이 솟도록 북돋음
督勵(독려) 감독하며 격려함
勉勵(면려) 스스로 애써 노력함. 남을 고무하여
       힘쓰게 함

유의한자 務(무), 勉(면), 努(노), 力(력)

曆	책력 력	**부수** 日 날 일	**총획** 16획 **육서** 형성

陽曆(양력) 지구가 태양을 한 번 회전하는 시간을 1년으로 삼는 역법
陰曆(음력) 달이 지구를 한 바퀴 도는 시간을 기준으로 삼는 역법

蓮	연꽃 련	**부수** ⺿ 초두머리	**총획** 15획 **육서** 형성

木蓮(목련) 목련과의 낙엽 교목
蓮根(연근) 구멍이 많이 난 연의 뿌리
金蓮(금련) 여자의 예쁜 걸음걸이를 비유하는 말

鍊	불릴 련 단련할 련	**부수** 金 쇠 금	**총획** 17획 **육서** 형성

鍊磨(연마) 심신, 지식, 기능 등을 갈고닦음
修鍊(수련) 닦아서 단련함
訓鍊(훈련) 익숙하도록 가르침

劣	못할 렬	**부수** 力 힘 력	**총획** 6획 **육서** 회의

劣等(열등) 보통 수준이나 등급보다 낮음
劣惡(열악) 몹시 떨어지고 나쁨
下劣(하렬) 하는 행동, 생각 등의 질이 낮고 못됨

유의한자 拙(졸)　　**반의한자** 優(우)

憐	불쌍히 여길 련	**부수** ㅏ 심방변	**총획** 15획 **육서** 형성

憐憫(연민) 불쌍하고 가련함
可憐(가련) 신세가 딱하고 가엾음
憐恕(연서) 불쌍히 여겨 용서함

유의한자 憫(민)

裂	찢을 렬	**부수** 衣 옷 의	**총획** 12획 **육서** 형성

決裂(결렬) 갈래갈래 찢어짐. 의견이 달라 갈라서게 됨
分裂(분열) 하나가 여럿으로 갈라짐

유의한자 割(할)　　**반의한자** 結(결), 係(계)

聯	연이을 련	**부수** 耳 귀 이	**총획** 17획 **육서** 회의

聯關(연관) 서로 걸려 얽힘
聯盟(연맹) 공동 목적으로 맹약하는 것
聯繫(연계) 이어서 맴. 관계를 맺음. 또는 그 관계

유의한자 結(결), 繫(계), 係(계)

廉	청렴할 렴	**부수** 广 엄호	**총획** 13획 **육서** 형성

廉恥(염치) 체면을 차릴 줄 알고 수치를 아는 마음
低廉(저렴) 물건, 상품 등의 값이 쌈
沒廉(몰렴) 염치가 없음

戀	그리워할 련	**부수** 心 마음 심	**총획** 23획 **육서** 형성

失戀(실연) 사랑이 이루어지지 않음
戀愛(연애) 이성간의 사모하는 애정
戀敵(연적) 연애의 경쟁자. 또는 사랑하는 사이를 방해하는 사람

유의한자 慕(모)

獵	사냥 렵	**부수** ⺨ 개사슴록변	**총획** 18획 **육서** 형성

獵銃(엽총) 사냥에 쓰는 총
獵奇(엽기) 기이한 일이나 물건을 즐겨서 찾고 구함
涉獵(섭렵) 널리 이곳저곳을 다니면서 찾음

零

떨어질 령 | 부수 雨 비 우 | 총획 13획 / 육서 형성

零落(영락) 세력이나 살림이 보잘것없이 줄어듦
零細(영세) 보잘것없이 적음

유의한자 落(락) 반의한자 昇(승), 登(등)

祿

녹 록 | 부수 示 보일 시 | 총획 13획 / 육서 형성

福祿(복록) 타고난 복과 녹봉
天祿(천록) 하늘이 준 복록
貫祿(관록) 상당한 경력과 그에 따른 행동에
　　　　　갖추어진 위엄이나 무게

靈

신령 령 | 부수 雨 비 우 | 총획 24획 / 육서 형성

靈感(영감) 심령의 미묘한 작용으로 얻어지는
　　　　　감정
靈長(영장) 가장 귀중하고 영묘한 존재로 인류
　　　　　를 이르는 말

유의한자 魂(혼), 鬼(귀), 神(신)

錄

기록할 록 | 부수 金 쇠 금 | 총획 16획 / 육서 형성

錄音(녹음) 레코드나 테이프에 소리를 기록함
記錄(기록) 메모를 남김. 서류를 작성

유의한자 誌(지), 記(기)

嶺

고개 령 | 부수 山 뫼 산 | 총획 17획 / 육서 형성

嶺東(영동) 강원도 대관령 동쪽의 땅
分水嶺(분수령) 분수계가 되는 산마루나 산맥.
　　　　　　어떤 사물·사건이 발전하는
　　　　　　전환점

鹿

사슴 록 | 부수 鹿 사슴 록 | 총획 11획 / 육서 상형

鹿皮(녹피) 사슴의 가죽. 녹비
逐鹿(축록) 정권과 지위를 얻기 위해 서로 다툼

隷

종 례 | 부수 隶 미칠 이 | 총획 16획 / 육서 형성

奴隷(노예) 종. 국법상의 보호를 받지 못하고
　　　　　자유를 속박당하여 마소같이 부리
　　　　　어지는 사람

유의한자 奴(노), 婢(비) 반의한자 主(주)

弄

희롱할 롱 | 부수 廾 스물입발 | 총획 7획 / 육서 회의

戱弄(희롱) 언행으로 실없이 놀리는 것
愚弄(우롱) 사람을 바보로 만들어 놀림

유의한자 戱(희)

爐

화로 로 | 부수 火 불 화 | 총획 20획 / 육서 형성

香爐(향로) 향을 피우는 조그마한 화로
原子爐(원자로) 원자핵 분열 연쇄 반응의 속도
　　　　　　를 제어하여 원자력을 끌어내
　　　　　　는 장치

賴

의뢰할 뢰 / **의지할 뢰** | 부수 貝 조개 패 | 총획 16획 / 육서 형성

信賴(신뢰) 믿고 의지함
依賴(의뢰) 어떤 일을 남에게 부탁함
安賴(안뢰) 안심하고 의뢰함

유의한자 依(의)

雷

우레 뢰

부수 雨 비 우
총획 13획
육서 형성

雷聲(뇌성) 천둥 치는 소리
地雷(지뢰) 땅속에 묻은 폭약. 그 위를 지나가
면 폭발함

유의한자 震(진)

樓

다락 루

부수 木 나무 목
총획 15획
육서 형성

樓閣(누각) 사방이 트이게 지은 다락집
鐘樓(종루) 종을 달아두는 누각
樓上(누상) 누각의 위

了

마칠 료

부수 亅 갈고리 궐
총획 2획
육서 상형

滿了(만료) 한도, 기한이 꽉 차서 끝남
終了(종료) 일을 마침
修了(수료) 일정한 기간에 학과를 다 배워서
마침

유의한자 終(종), 端(단), 止(지)

累

여러 루
자주 루

부수 糸 실 사
총획 11획
육서 형성

累計(누계) 소계(小計)를 계속하여 덧붙여 합함
緣累(연루) 다른 사람이 저지른 죄에 관계됨
係累(계루) 얽매여 관계됨

유의한자 屢(루)

僚

동료 료
관리 료

부수 亻 사람인변
총획 14획
육서 형성

僚機(요기) 같은 부대의 비행기
同僚(동료) 같은 직장에서 같은 부문의 일을
함께 하는 사람
作僚(작료) 어떤 사람과 동료가 됨

涙

눈물 루

부수 氵 삼수변
총획 11획
육서 형성

血淚(혈루) 피눈물
別淚(별루) 이별할 때의 슬픔의 눈물

龍

용 룡

부수 龍 용 룡
총획 16획
육서 상형

龍馬(용마) 모양이 용같이 생겼다는 상상의 말
龍床(용상) 임금이 앉는 자리
伏龍(복룡) 세상에 드러나지 않은 재주 있는
사람

漏

샐 루

부수 氵 삼수변
총획 14획
육서 형성

漏落(누락) 기입되어야 할 것이 빠짐
脫漏(탈루) 밖으로 빠져서 샘
遺漏(유루) 빠져나가거나 새어나감

屢

여러 루

부수 尸 주검시엄
총획 14획
육서 형성

屢屢(누누) 여러 번
屢次(누차) 여러 차례. 가끔. 때때로
屢回(누회) 여러 차례

유의한자 累(루)

類

무리 류

부수 頁 머리 혈
총획 19획
육서 회의

類似(유사) 서로 비슷함
類推(유추) 서로 비슷한 점을 바탕으로 하여
그 밖의 것을 미루어 헤아림

유의한자 群(군), 輩(배), 衆(중), 隊(대)

輪

바퀴 륜

부수 車 수레 거
총획 15획
육서 형성

輪作(윤작) 같은 땅에 여러 가지 곡식을 해마다 바꾸어 심는 일
競輪(경륜) 자전거 경기
年輪(연륜) 여러 해 쌓은 경력

吏

관리 리

부수 口 입 구
총획 6획
육서 회의

官吏(관리) 관직에 있는 사람
汚吏(오리) 청렴하지 못한 관리
監吏(감리) 특정한 일에 대하여 감독하는 일을 맡아보던 관리

유의한자 官(관)

栗

밤 률

부수 木 나무 목
총획 10획
육서 상형

生栗(생률) 납작하게 쳐서 깎은 날밤
黃栗(황률) 말려서 껍질을 벗긴 밤
甘栗(감률) 단 밤
熟栗(숙률) 삶은 밤

★離

떠날 리

부수 隹 새 추
총획 19획
육서 형성

離散(이산) 떨어져 흩어짐
離脫(이탈) 떨어져 나감
離婚(이혼) 혼인 관계를 끊는 일

유의한자 出(출), 散(산)

★率

비율 률
거느릴 솔

부수 玄 검을 현
총획 11획
육서 상형

比率(비율) 어떤 양이나 수에 대한 다른 양이나 수의 비
率下(솔하) 제 밑에 거느리고 있는 부하

유의한자 部(부), 領(령)

裏

속 리

부수 衣 옷 의
총획 13획
육서 형성

裏面(이면) 속. 안. 내면. 표지의 안쪽
裏書(이서) 수표 등의 뒷면에 기록함
表裏(표리) 속과 겉. 표면과 내면

유의한자 內(내)   **반의한자** 表(표)

隆

높을 륭
성할 륭

부수 阝 좌부변
총획 12획
육서 형성

隆起(융기) 높게 일어나 들뜸
隆盛(융성) 기운차게 일어나거나 대단히 번성함
隆興期(융흥기) 세차게 일어나는 시기

유의한자 盛(성), 昌(창)

履

밟을 리
신 리

부수 尸 주검시엄
총획 15획
육서 회의

履歷(이력) 지금까지의 대략적인 경력
履修(이수) 차례를 밟아 학과를 마침
履行(이행) 실제로 행함
冠履(관리) 관(冠)과 신(신발)

유의한자 踏(답)

陵

언덕 릉

부수 阝 좌부변
총획 11획
육서 형성

丘陵(구릉) 땅이 비탈지고 조금 높은 곳
王陵(왕릉) 임금의 무덤

유의한자 陵(능), 岸(안), 原(원)

梨

배나무 리

부수 木 나무 목
총획 11획
육서 형성

梨園(이원) 배밭. 배나무의 밭
梨花(이화) 배꽃. 배나무의 꽃

隣

이웃 린

부수	ß 좌부변	총획	15획
		육서	형성

隣近(인근) 이웃. 근처. 근방
隣接(인접) 이웃해 있음. 옆에 닿아 있음
近隣(근린) 가까운 이웃. 가까운 곳

漠

넓을 막
사막 막

부수	氵 삼수변	총획	14획
		육서	형성

廣漠(광막) 넓고 아득함
沙漠(사막) 모래나 자갈로 덮인 불모의 벌판
漠漠(막막) 아주 넓거나 멀어 아득함. 막연함

유의한자 普(보), 浩(호), 洪(홍), 廣(광)

臨

임할 림

부수	臣 신하 신	총획	17획
		육서	형성

臨迫(임박) 어떤 시기가 가까이 닥쳐옴
臨時(임시) 정하지 않은 일시적인 기간
臨終(임종) 사람의 목숨이 끊어지려 하는 때

漫

흩어질 만

부수	氵 삼수변	총획	14획
		육서	형성

漫然(만연) 목적 없이 되는 대로
漫醉(만취) 술이 잔뜩 취함
放漫(방만) 제멋대로 풀어져 있음

유의한자 解(해), 散(산), 放(방)

磨

갈 마

부수	石 돌 석	총획	16획
		육서	형성

磨光(마광) (옥이나 돌이나 쇠붙이 따위를)
갈아서 광을 냄. 또는 그 빛

유의한자 費(비), 硏(연), 用(용), 滅(멸)

慢

거만할 만
게으를 만

부수	忄 심방변	총획	14획
		육서	형성

慢性(만성) 어떤 일이 습관이 됨
傲慢(오만) 잘난 체 뽐내며 방자함
怠慢(태만) 게으름을 피움

유의한자 傲(오)

麻

삼 마
저릴 마

부수	麻 삼 마	총획	11획
		육서	회의

麻布(마포) 삼베. 삼으로 짠 베
麻藥(마약) 진통, 환각 등의 작용을 가진 약물
麻醉(마취) 전신이나 국소의 감각을 일시적으
로 마비시키는 일

茫

아득할 망
넓을 망

부수	⺿ 초두머리	총획	10획
		육서	형성

茫漠(망막) 넓고 멂. 뚜렷한 구별이 없음
茫然(망연) 넓고 멀어서 아득한 모양

유의한자 漠(막)

幕

장막 막

부수	巾 수건 건	총획	14획
		육서	형성

懸垂幕(현수막) 선전 문구나 구호 등을 적어 잘
보이게 하여 길게 매단 천
開幕(개막) 막을 열거나 올림

유의한자 帳(장)

妄

망령될 망
허망할 망

부수	女 여자 녀	총획	6획
		육서	형성

妄動(망동) 분수없이 망령되이 행동함
妄想(망상) 이치에 어그러진 생각
妄靈(망령) 늙거나 정신이 흐려져서 말이나 행
동이 이상해진 상태

罔	그물 망 없을 망	**부수** ㄓ 그물 망	**총획** 8획 **육서** 형성

罔極(망극) 은혜가 커 갚을 길이 없음
罔測(망측) 상리에 어긋나 차마 보기 어려움
欺罔(기망) 남을 속여 넘김

孟	맏 맹 맹랑할 맹	**부수** 子 아들 자	**총획** 8획 **육서** 형성

孟冬(맹동) 초겨울의 다른 말. 음력 시월
孟秋(맹추) 초가을의 다른 말. 음력 칠월

유의한자 伯(백), 兄(형)

媒	중매 매	**부수** 女 여자 녀	**총획** 12획 **육서** 형성

媒介(매개) 사이에서 서로 관계를 맺어줌
仲媒(중매) 혼인을 어울리게 하는 일
觸媒(촉매) 촉진 또는 지체시키는 물질

盲	눈 멀 맹	**부수** 目 눈 목	**총획** 8획 **육서** 형성

盲目(맹목) 이성을 잃어 적절한 분별이나 판단을 못함
盲從(맹종) 시시비비를 덮어놓고 따름
色盲(색맹) 색깔을 구별하지 못하는 시각

梅	매화 매	**부수** 木 나무 목	**총획** 11획 **육서** 형성

梅實(매실) 매실나무의 열매
梅花(매화) 매실나무의 꽃. 사군자의 하나
梅雨(매우) 초여름인 유월 상순부터 칠월 상순에 내리는 장마를 이르는 말

盟	맹세 맹	**부수** 皿 그릇 명	**총획** 13획 **육서** 형성

盟誓(맹서) 장래를 다짐하며 약속함. 맹세
盟約(맹약) 굳게 맹세한 약속

유의한자 誓(서)

埋	묻을 매 감출 매	**부수** 土 흙 토	**총획** 10획 **육서** 형성

埋立(매립) 땅을 메워 올림
埋沒(매몰) 파묻음. 또는 파묻힘
埋藏(매장) 광물 등이 땅에 묻혀 있음

★ 猛	사나울 맹	**부수** 犭개사슴록변	**총획** 11획 **육서** 형성

猛攻(맹공) 맹렬한 공격
猛威(맹위) 사나운 위세
猛烈(맹렬) 몹시 사납고 세찬 기세의 모양

유의한자 暴(폭)

脈	줄기 맥 맥 맥	**부수** 月 육달월	**총획** 10획 **육서** 회의

脈管(맥관) 핏줄. 혈관(血管)
山脈(산맥) 여러 산이 이어져서 길게 줄기를 이룬 지대

유의한자 幹(간)

綿	솜 면 얽힐 면	**부수** 糸 실 사	**총획** 14획 **육서** 회의

綿密(면밀) 자세하고 빈틈이 없음
綿織(면직) 무명실로 짠 피륙의 총칭
綿綿(면면) 끊임없음

유의한자 構(구), 絡(락), 糾(규)

滅

꺼질 멸
멸할 멸

부수 氵 삼수변
총획 13획
육서 형성

滅亡(멸망) 망하여 없어짐
滅種(멸종) 생물의 한 종류가 아주 없어짐
消滅(소멸) 자취도 없이 사라져 버림

유의한자 死(사), 消(소), 亡(망)

謀

꾀 모
도모할 모

부수 言 말씀 언
총획 16획
육서 형성

謀略(모략) 남을 못된 구렁에 모는 계책
謀免(모면) 꾀를 써서 벗어남
圖謀(도모) 계획을 이루기 위해서 그 방법을
        꾀함

유의한자 策(책), 企(기)

銘

새길 명

부수 金 쇠 금
총획 14획
육서 형성

銘心(명심) 마음속에 새기어 둠
碑銘(비명) 묘비에 새긴 글
座右銘(좌우명) 자기 의지를 키우는 격언

유의한자 刻(각), 刊(간)

貌

모양 모

부수 豸갖은돼지시변
총획 14획
육서 형성

容貌(용모) 사람 얼굴의 모양
外貌(외모) 겉모양. 겉모습
變貌(변모) 모양이 달라짐

유의한자 樣(양), 形(형), 容(용), 姿(자)

冥

어두울 명

부수 冖 민갓머리
총획 10획
육서 회의

冥福(명복) 사후 저승에서 받는 복
冥想(명상) 고요히 눈을 감고 생각함

유의한자 暗(암), 昏(혼)

慕

그릴 모
생각할 모

부수 忄 마음심밑
총획 15획
육서 형성

思慕(사모) 애틋이 생각하며 그리워함
追慕(추모) 죽은 사람을 기리며 사모함
愛慕(애모) 사랑하고 사모함

募

모을 모
뽑을 모

부수 力 힘 력
총획 13획
육서 형성

募金(모금) 기부금을 모집함
募集(모집) 사물, 사람 등을 뽑아 모음
募兵(모병) 병역에 복무할 사람을 구하여 모음

유의한자 集(집), 團(단)

模

본뜰 모
모호할 모

부수 木 나무 목
총획 15획
육서 형성

模倣(모방) 본떠서 함. 흉내를 냄
模範(모범) 본받을 만한 대상

유의한자 範(범)

某

아무 모

부수 木 나무 목
총획 9획
육서 형성

某年(모년) 아무 해
某處(모처) 아무 곳
某種(모종) 어느 종류

侮

업신여길 모

부수 亻 사람인변
총획 9획
육서 형성

受侮(수모) 남에게 모욕을 받음
侮辱(모욕) 깔보고 욕보임

반의한자 尊(존), 敬(경), 恭(공)

冒	무릅쓸 모	**부수** 冂 멀경몸	**총획** 9획 **육서** 회의

冒險(모험) 위험을 무릅쓰고 어떤 일을 함. 또
　　　　는 그 일
冒瀆(모독) 말이나 행동으로 더럽혀 욕되게 함

蒙	어두울 몽	**부수** ⺿ 초두머리	**총획** 14획 **육서** 형성

蒙利(몽리) 이익을 얻음
啓蒙(계몽) 무식하거나 인습에 빠진 사람을 깨
　　　　우쳐 가르침

유의한자 愚(우), 暗(암), 冥(명)

牧	칠 목 다스릴 목	**부수** 牛 소 우	**총획** 8획 **육서** 회의

牧民(목민) 백성을 다스림
遊牧(유목) 거처를 정하지 않고 물과 풀을 따
　　　　라 옮기며 소·말·양 등의 가축을
　　　　기르는 일

유의한자 統(통), 治(치)

墓	무덤 묘	**부수** 土 흙 토	**총획** 14획 **육서** 형성

墓碑(묘비) 무덤 앞에 세우는 비석
省墓(성묘) 조상의 산소를 찾아가서 살피어
　　　　돌봄
墓地(묘지) 무덤이 있는 땅

유의한자 墳(분)

睦	★화목할 목	**부수** 目 눈 목	**총획** 13획 **육서** 형성

親睦(친목) 서로 친하여 화목함
和睦(화목) 뜻이 맞고 정다움
敦睦(돈목) 정이 두텁고 화목함

유의한자 和(화), 協(협)　**반의한자** 鬪(투)

廟	사당 묘 묘당 묘	**부수** 广 엄호	**총획** 15획 **육서** 형성

廟堂(묘당) 종묘와 명당(明堂)의 뜻
神廟(신묘) 조상의 신주를 모신 사당
文廟(문묘) 공자를 모신 사당

沒	빠질 몰 잠길 몰	**부수** 氵 삼수변	**총획** 7획 **육서** 형성

沒頭(몰두) 어떤 일에 온 정신을 기울임
沒落(몰락) 멸하여 없어짐
沈沒(침몰) 물에 빠져서 가라앉음. 세력이 쇠함

유의한자 沈(침), 浸(침), 潛(잠)

苗	★모 묘	**부수** ⺿ 초두머리	**총획** 9획 **육서** 회의

苗木(묘목) 옮겨 심을 어린 나무
苗板(묘판) 못자리. 모판

夢	꿈 몽	**부수** 夕 저녁 석	**총획** 14획 **육서** 형성

吉夢(길몽) 좋은 조짐이 되는 꿈
惡夢(악몽) 무섭고 불길한 꿈
夢想(몽상) 현실적이지 않은 꿈같은 생각

貿	무역할 무	**부수** 貝 조개 패	**총획** 12획 **육서** 형성

貿穀(무곡) 장사하려고 곡식을 사들임
貿易(무역) 나라와 나라 사이에 서로 물품을
　　　　사고파는 일

유의한자 易(역)

| 霧 | 안개 무 | **부수** 雨 비 우 | **총획** 19획 |
| | | **육서** 형성 | |

霧散(무산) 안개가 걷히듯 흩어짐. 또는 일이
　　　　 그렇게 취소됨
雲霧(운무) 구름과 안개. 사람의 눈을 가리고
　　　　 판단을 흐리게 하는 것

| 敏 | 민첩할 민 | **부수** 攵 등글월문 | **총획** 11획 |
| | | **육서** 형성 | |

敏感(민감) 감각이 예민함
銳敏(예민) 감각이 날카로움
機敏(기민) 눈치가 빠르고 행동이 민첩함

유의한자 速(속)

| 默 | 잠잠할 묵 | **부수** 黑 검을 흑 | **총획** 15획 |
| | | **육서** 형성 | |

默想(묵상) 묵묵히 마음속으로 생각함
默認(묵인) 모른 체하고 슬며시 승인함
默念(묵념) 죽은 사람이 평안히 잠들도록 말없
　　　　 이 마음속으로 기원함

유의한자 靜(정), 寂(적)

| 憫 | 민망할 민
근심할 민 | **부수** ㅏ 심방변 | **총획** 15획 |
| | | **육서** 형성 | |

憫情(민정) 근심스러워 하는 마음
憐憫(연민) 불쌍하고 가련하게 여김

| 微 | 작을 미 | **부수** 彳 두인변 | **총획** 13획 |
| | | **육서** 형성 | |

微動(미동) 미약하게 움직임
微妙(미묘) 야릇하여 잘 알 수 없음
微傷(미상) 가벼운 상처

유의한자 細(세), 小(소)

| 蜜 | 꿀 밀 | **부수** 虫 벌레 훼 | **총획** 14획 |
| | | **육서** 형성 | |

蜜蜂(밀봉) 꿀벌
蜜月(밀월) 결혼 초의 달콤한 시기
蜜丸(밀환) 약 가루를 꿀에 반죽하여 환으로
　　　　 만듦

| 眉 | 눈썹 미 | **부수** 目 눈 목 | **총획** 9획 |
| | | **육서** 상형 | |

眉間(미간) 양미간. 두 눈썹의 사이
愁眉(수미) 근심스러운 기색
頭眉(두미) 처음과 끝
眉目(미목) 눈썹과 눈. 얼굴 모양

ㅂ

| 泊 | 배 댈 박
머무를 박 | **부수** 氵 삼수변 | **총획** 8획 |
| | | **육서** 형성 | |

宿泊(숙박) 여관 등에 들어 자고 머무름
漂泊(표박) 풍랑을 만난 배가 정처 없이 떠도
　　　　 는 것

| 迷 | 미혹할 미 | **부수** 辶 책받침 | **총획** 10획 |
| | | **육서** 형성 | |

迷路(미로) 헷갈리기 쉬운 어지러운 길
迷信(미신) 비과학·비합리적인 믿음
迷息(미식) 못난 자식
迷亂(미란) 정신이 혼미하여 어지러움

유의한자 惑(혹)

| 博 | 넓을 박 | **부수** 十 열 십 | **총획** 12획 |
| | | **육서** 형성 | |

博識(박식) 보고 들은 것이 넓어서 아는 것이
　　　　 많음
博具(박구) 노름에 쓰이는 기구

拍

칠 박	부수	﹅ 재방변	총획	8획
			육서	형성

拍手(박수) 손뼉을 침
拍子(박자) 음악적 시간을 구성하는 기본적 단위
拍笑(박소) 손뼉을 치며 크게 웃음

返

돌이킬 반	부수	⻍ 책받침	총획	8획
			육서	형성

返納(반납) 도로 돌려줌
返償(반상) 꾼 것을 돌려 갚음
返信(반신) 회답하는 편지

유의한자 還(환), 復(복)

薄

★

엷을 박	부수	⺿ 초두머리	총획	17획
			육서	형성

薄待(박대) 푸대접. 무관심한 대접
薄情(박정) 인정이 적음
薄依(박의) 얇은 옷

유의한자 淺(천)　반의한자 厚(후)

盤

쟁반 반 소반 반	부수	皿 그릇 명	총획	15획
			육서	형성

盤石(반석) 넓고 편편하게 된 큰 돌
基盤(기반) 기초가 될 만한 지반
旋盤(선반) 쇠를 깎는 금속 공작 기계

迫

핍박할 박	부수	⻍ 책받침	총획	9획
			육서	형성

迫力(박력) 일을 밀고 나가는 힘
迫害(박해) 못 견디게 굴어서 해롭게 함

유의한자 脅(협)

般

일반 반	부수	舟 배 주	총획	10획
			육서	회의

一般(일반) 한 모양. 같은 모양. 전반
諸般(제반) 모든 것. 여러가지
全般(전반) 통틀어서 모두

叛

배반할 반	부수	又 또 우	총획	9획
			육서	형성

叛逆(반역) 배반하여 모역함
背叛(배반) 믿음과 의리를 저버림
叛人(반인) 반역자
叛亂軍(반란군) 반란을 일으킨 군대

伴

짝 반 따를 반	부수	⺅ 사람인변	총획	7획
			육서	형성

伴奏(반주) 노래나 기악을 연주할 때 다른 악기로 보조하는 연주
隨伴(수반) 붙좇아서 따름. 함께 일어나거나 나타남

유의한자 雙(쌍)

班

나눌 반 반 반	부수	王 구슬옥변	총획	10획
			육서	회의

班長(반장) 반의 우두머리
班村(반촌) 양반이 많이 사는 동네
班位(반위) 같은 지위

유의한자 配(배), 分(분)　반의한자 常(상)

髮

터럭 발 머리털 발	부수	髟 터럭 발	총획	15획
			육서	형성

散髮(산발) 머리를 풀어헤침
髮妻(발처) 맨 처음에 배필이 된 아내

유의한자 毫(호)

拔	뽑을 발	**부수** 扌 재방변	**총획** 8획 / **육서** 형성

拔本(발본) 근본 원인을 뽑아 버림

유의한자 抽(추)

傍	곁 방	**부수** 亻 사람인변	**총획** 12획 / **육서** 형성

傍觀(방관) 곁에서 보고만 있음
傍聽(방청) 회의, 공판 등을 옆에서 들음
傍人(방인) 곁의 사람

倣	본뜰 방 본받을 방	**부수** 亻 사람인변	**총획** 10획 / **육서** 형성

倣似(방사) 어떤 본과 아주 비슷함
模倣(모방) 어떤 것을 본뜨거나 본받음
倣刻(방각) 본디의 모양새를 본떠서 새김

유의한자 模(모)

★培	북을 돋울 배	**부수** 土 흙 토	**총획** 11획 / **육서** 형성

培養(배양) 사람이나 식물을 북돋아 기름
栽培(재배) 식물을 심어서 가꿈
培土(배토) 그루에 흙을 덮어 주는 일
培地(배지) 배양기

芳	꽃다울 방 향기 방	**부수** ++ 초두머리	**총획** 8획 / **육서** 형성

芳年(방년) 20세 전후의 꽃다운 나이
芳草(방초) 꽃다운 풀
芳信(방신) 꽃이 피는 봄소식

輩	무리 배	**부수** 車 수레 거	**총획** 15획 / **육서** 형성

輩出(배출) 인재(人材)가 계속하여 나옴
奴輩(노배) 놈들. 남을 얕잡는 말
輩作(배작) 여러 사람이 함께 지음

유의한자 群(군), 衆(중), 類(류)

邦	나라 방	**부수** 阝 우부방	**총획** 7획 / **육서** 형성

萬邦(만방) 모든 나라. 만국
邦人(방인) 자기 나라 사람
邦俗(방속) 나라의 풍속

유의한자 國(국)

倍	곱 배	**부수** 亻 사람인변	**총획** 10획 / **육서** 형성

倍加(배가) 어떤 수량의 갑절이 되게 더함
倍額(배액) 갑절이 되는 금액
倍入(배입) 정한 수량보다 갑절이 듦
倍出(배출) 갑절이나 더 남

妨	방해할 방 거리낄 방	**부수** 女 여자 녀	**총획** 7획 / **육서** 형성

妨害(방해) 남의 일을 간섭하고 막아 해를 끼침
無妨(무방) 거리낄 것이 없음. 지장이 없음

★排	물리칠 배	**부수** 扌 재방변	**총획** 11획 / **육서** 형성

排斥(배척) 거부하여 밀어 내침
排中(배중) 중간을 배척함
排定(배정) 여러 군데로 갈라서 벌여 놓음

유의한자 斥(척)

配	나눌 배 짝 배	**부수** 酉 닭 유	**총획** 10획 **육서** 회의
	配偶(배우) 짝. 부부 配付(배부) 출판물 같은 문서를 나눠 줌		
	반의한자 集(집)		

繁	번성할 번	**부수** 糸 실 사	**총획** 17획 **육서** 형성
	繁盛(번성) 한창 잘되어 성함 繁昌(번창) 번화하고 창성함 繁劇(번극) 몹시 번거롭고 바쁨		

背	등 배 배반할 배	**부수** 月 육달월	**총획** 9획 **육서** 형성
	背景(배경) 뒤쪽의 경치. 무대 뒤에 꾸며놓은 　　　　장치 背叛(배반) 신의를 저버리고 돌아섬. 서로 용 　　　　납이 되지 않음		
	반의한자 腹(복), 胸(흉)		

罰	벌할 벌	**부수** 罒 그물망머리	**총획** 14획 **육서** 회의
	罰則(벌칙) 죄를 범한 자를 처벌하는 규칙 賞罰(상벌) 상과 벌		
	유의한자 罪(죄), 刑(형)		

伯	맏 백	**부수** 亻 사람인변	**총획** 7획 **육서** 형성
	伯父(백부) 큰아버지 伯仲(백중) 맏이와 둘째. 백중지세(≒난형난제) 伯勞(백로) 까치보다 좀 작은 여름새		
	유의한자 孟(맹)		

★ 範	법 범 한계 범	**부수** 竹 대 죽	**총획** 15획 **육서** 형성
	範圍(범위) 일정하게 한정된 영역 模範(모범) 본받아 배울 만한 대상 範式(범식) 예절이나 기물의 본보기로 삼을 만 　　　　한 양식		
	유의한자 規(규), 模(모), 典(전)		

★ 煩	번거로울 번 번민할 번	**부수** 火 불 화	**총획** 13획 **육서** 회의
	煩忙(번망) 번거롭고 바쁨 煩亂(번란) 괴롭고 어지러운 마음 煩劇(번극) 몹시 바쁘고 번거로움 煩務(번무) 번거롭고 어수선한 일		

犯	범할 범 죄인 범	**부수** 犭 개사슴록변	**총획** 5획 **육서** 형성
	犯罪(범죄) 죄를 지음. 또는 지은 죄 共犯(공범) 두 사람 이상이 공모하여 범한 범 　　　　죄 또는 그러한 사람 犯人(범인) 죄를 범한 자		
	유의한자 侵(침)		

★ 飜	번역할 번 뒤칠 번	**부수** 飛 날 비	**총획** 21획 **육서** 형성
	飜覆(번복) 이리저리 뒤쳐서 고쳐 말함 飜譯(번역) 한 나라의 말로 표현된 문장을 다 　　　　른 나라의 말로 옮겨 해석함		
	유의한자 譯(역)		

壁	벽 벽	**부수** 土 흙 토	**총획** 16획 **육서** 형성
	壁報(벽보) 벽에 써 붙여 여러 사람에게 알리 　　　　는 글 障壁(장벽) 칸막이로 막은 벽		

碧

| 푸를 벽 | 부수 石 돌 석 | 총획 14획 |
| | | 육서 형성 |

碧眼(벽안) 눈동자가 파란 눈. 서양 사람
碧空(벽공) 짙게 푸른 하늘
碧玉婚式(벽옥혼식) 결혼 40주년

辨

| 분별할 변 가릴 변 | 부수 辛 매울 신 | 총획 16획 |
| | | 육서 형성 |

辨明(변명) 잘못이나 실수에 대해 구실을 대며 그 까닭을 말함
辨濟(변제) 빚을 갚음. 변상
辨似(변사) 비슷한 것들을 구별함

辯

| 말씀 변 말 잘할 변 | 부수 辛 매울 신 | 총획 21획 |
| | | 육서 회의 |

辯論(변론) 옳고 그름을 따짐
辯護(변호) 남의 이익을 위해 변명하고 감싸서 도움
辯口(변구) 입담 좋게 말을 잘하는 재주

유의한자 談(담), 語(어), 說(설)

邊

| 가 변 | 부수 辶 책받침 | 총획 19획 |
| | | 육서 형성 |

邊境(변경) 나라의 경계가 되는 곳
身邊(신변) 몸 또는 몸의 주위
邊備(변비) 국경의 경비

유의한자 際(제)

竝

| 나란히 병 함께 병 | 부수 立 설 립 | 총획 10획 |
| | | 육서 상형 |

竝立(병립) 나란히 섬
竝設(병설) 함께 베풂
竝行(병행) 나란히 같이 감

屛

| 병풍 병 | 부수 尸 주검시엄 | 총획 11획 |
| | | 육서 형성 |

屛風(병풍) 바람을 막거나 무엇을 가리기 위해 방에 치장하는 것
枕屛(침병) 머리맡의 병풍
屛人(병인) 좌우의 사람을 물러가게 함

補

| 기울 보 도울 보 | 부수 衤 옷의변 | 총획 12획 |
| | | 육서 형성 |

補給(보급) 물자, 자금을 계속 대어 줌
補償(보상) 남의 손해를 메꾸어 갚아 줌
補任(보임) 어떤 직에 보충하여 임명함
補佐(보좌) 자기보다 지위가 높은 사람을 도움

寶

| 보배 보 | 부수 宀 갓머리 | 총획 20획 |
| | | 육서 회의 |

寶貨(보화) 귀중한 재화(財貨). 보물
國寶(국보) 국가의 보배로 지정한 물건
寶位(보위) 임금의 지위

유의한자 珍(진)

譜

| 문서 보 족보 보 | 부수 言 말씀 언 | 총획 19획 |
| | | 육서 형성 |

系譜(계보) 조상 때부터 내려오는 혈통을 적은 책
樂譜(악보) 악곡을 기호를 써서 기록한 것
譜學(보학) 각 성씨의 계보에 관한 지식

普

| 넓을 보 두루 보 | 부수 日 날 일 | 총획 12획 |
| | | 육서 형성 |

普及(보급) 널리 미침. 널리 퍼뜨려 실행되게 함
普遍(보편) 모든 것에 두루 미치거나 통함
普世(보세) 온 세상

유의한자 廣(광), 博(박)

卜	점 복	**부수** 卜 점 복	**총획** 2획 **육서** 상형

問卜(문복) 점을 치게 하여 길흉을 물음
卜債(복채) 점을 쳐준 값으로 주는 돈
卜人(복인) 점을 치는 사람

★複	겹칠 복	**부수** 衤 옷의변	**총획** 14획 **육서** 형성

複利(복리) 이자에 다시 이자가 붙는 셈
複雜(복잡) 일이나 물건의 갈피가 뒤섞여 어수
선함

반의한자 單(단)

腹	배 복	**부수** 月 육달월	**총획** 13획 **육서** 형성

空腹(공복) 빈속. 배고픔
腹案(복안) 마음속에 품고 있는 생각
腹兒(복아) 뱃속의 아이

반의한자 背(배), 胸(흉)

覆	다시 복 덮을 부	**부수** 襾 덮을 아	**총획** 18획 **육서** 형성

覆蓋(복개) 뚜껑. 뒤덮음
反覆(반복) 생각이나 언행을 자꾸 고침

유의한자 更(갱)

蜂	벌 봉	**부수** 虫 벌레 훼	**총획** 13획 **육서** 형성

蜂蝶(봉접) 벌과 나비
蜂起(봉기) 떼를 지어 벌떼처럼 일어남
蜂兒(봉아) 맵시벌

鳳	봉새 봉	**부수** 鳥 새 조	**총획** 14획 **육서** 형성

鳳仙子(봉선자) 봉선화의 씨를 한방에서 이르
는 말

封	봉할 봉	**부수** 寸 마디 촌	**총획** 9획 **육서** 형성

封送(봉송) 물건을 싸서 보냄
封印(봉인) 봉한 자리에 도장을 찍음
封事(봉사) 상소문. 임금에게 올리는 글

峯	봉우리 봉	**부수** 山 뫼 산	**총획** 10획 **육서** 형성

峯雲(봉운) 산봉우리에 끼어 있는 구름
峯勢(봉세) 산봉우리의 형세

符	부호 부	**부수** 竹 대 죽	**총획** 11획 **육서** 형성

符籍(부적) 잡신을 막기 위해 그린 종이
符號(부호) 어떤 뜻을 나타내는 기호

簿	문서 부	**부수** 竹 대 죽	**총획** 19획 **육서** 형성

名簿(명부) 성명을 기록한 장부
帳簿(장부) 수입·지출을 기록하는 책
置簿(치부) 금전·물품의 출납을 기록함

賦	부세 부	**부수** 貝 조개 패	**총획** 15획 **육서** 형성

賦與(부여) 나눠 줌
天賦(천부) 선천적으로 가지고 있음
賦券(부권) 과거 때 부를 쓰는 글장

유의한자 稅(세), 租(조)

府	마을 부	**부수** 广 엄호	**총획** 8획 **육서** 형성

府君(부군) 남자 조상이나 죽은 아버지를 높여
이르는 말
政府(정부) 행정권의 집행을 맡은 최고의 중앙
기관

유의한자 里(이), 村(촌), 洞(동)

赴	다다를 부	**부수** 走 달릴 주	**총획** 9획 **육서** 형성

赴召(부소) 임금의 명을 좇아 나아옴
赴任(부임) 임명을 받아 임지로 감
赴任地(부임지) 부임하는 곳

副	버금 부	**부수** 刂 선칼도방	**총획** 11획 **육서** 형성

副食(부식) 주식에 딸려 먹게 되는 음식물. 반
찬 따위
副作用(부작용) 약이 가지는 치료적 작용 이외
에 생기는 딴 작용

유의한자 次(차) **반의한자** 正(정), 最(최)

附	붙을 부	**부수** 阝 좌부변	**총획** 8획 **육서** 형성

附着(부착) 들러붙어 떨어지지 않음
附錄(부록) 본문의 끝에 덧붙이는 기록
附設(부설) 어떤 데에 부속시켜 설치함

유의한자 着(착), 屬(속)

負	질 부	**부수** 貝 조개 패	**총획** 9획 **육서** 회의

負擔(부담) 어떤 의무나 책임을 짐. 또는 걸머
진 의무나 책임
勝負(승부) 이김과 짐. 승패(勝敗)
負債(부채) 남에게 진 빚

반의한자 成(성), 勝(승)

付	줄 부 붙일 부	**부수** 亻 사람인변	**총획** 5획 **육서** 회의

交付(교부) 내어 줌
納付(납부) 세금, 공과금 따위를 바침

유의한자 寄(기)

紛	어지러울 분	**부수** 糸 실 사	**총획** 10획 **육서** 형성

紛糾(분규) 뒤얽힌 말썽으로 시끄러움
紛失(분실) 무엇을 잃어버림
紛爭(분쟁) 말썽을 일으켜 시끄럽게 다툼

유의한자 亂(란)

腐	썩을 부 낡을 부	**부수** 肉 고기 육	**총획** 14획 **육서** 형성

腐木(부목) 썩은 나무
腐井(부정) 물이 썩은 우물
腐儒(부유) 생각이 낡아 완고하고 쓸모없는
선비

奮	떨칠 분 성낼 분	**부수** 大 큰 대	**총획** 16획 **육서** 회의

奮怒(분노) 분해 성냄
興奮(흥분) 감정이 북받쳐 일어남
奮鬪(분투) 있는 힘을 다하여 노력함

墳	무덤 분	**부수** 土 흙 토	**총획** 15획 **육서** 형성

墳墓(분묘) 무덤
封墳(봉분) 흙을 쌓아 올려서 무덤을 만듦
墳上(분상) 무덤에서 소복하게 높은 부분

유의한자 墓(묘)

奔	달릴 분 달아날 분	**부수** 大 큰 대	**총획** 8획 **육서** 회의

奔放(분방) 제멋대로 힘차게 달림
狂奔(광분) 미친 듯이 날뜀
奔出(분출) 세게 쏟아져 나옴

유의한자 走(주)

粉	가루 분	**부수** 米 쌀 미	**총획** 10획 **육서** 형성

粉末(분말) 가루
粉紅(분홍) 엷은 붉은색
粉乳(분유) 가루우유

憤	분할 분	**부수** ↑ 심방변	**총획** 15획 **육서** 형성

憤怒(분노) 분하여 몹시 성냄
義憤(의분) 정의를 위해 일어나는 분노
憤事(분사) 실패한 사건이나 틀려 버린 일

拂	떨칠 불	**부수** 扌 재방변	**총획** 8획 **육서** 형성

拂下(불하) 단체의 재산을 민간에 매도함
還拂(환불) 되돌려 줌
支拂(지불) 물건 값이나 셈해야 할 돈을 치르
　　　　는 것

반의한자 受(수)

崩	무너질 붕	**부수** 山 뫼 산	**총획** 11획 **육서** 형성

崩壞(붕괴) 허물어져 무너짐
崩御(붕어) 천자나 임금이 세상을 떠남

卑	낮을 비 천할 비	**부수** 十 열 십	**총획** 8획 **육서** 회의

卑俗(비속) 저열하고 속됨
卑人(비인) 낮고 천한 사람

반의한자 尊(존), 上(상), 高(고)

妃	왕비 비 짝 비	**부수** 女 여자 녀	**총획** 6획 **육서** 형성

王妃(왕비) 임금의 아내
妃偶(비우) 배우자(配偶者)

批	비평할 비 칠 비	**부수** 扌 재방변	**총획** 7획 **육서** 형성

批判(비판) 현상·사물의 시비를 판명하거나
　　　　오류를 지적함
批評(비평) 사물의 시비, 아름다움과 추함 등
　　　　을 분석하여 가치를 논함

유의한자 評(평)

肥	살찔 비 거름 비	**부수** 月 육달월	**총획** 8획 **육서** 회의

肥料(비료) 토지에 뿌려 주는 영양 물질
肥厚(비후) 살이 쪄서 두툼함

碑 비석 비

부수	石 돌 석	총획	13획
		육서	형성

碑銘(비명) 비에 새긴 글
口碑(구비) 대대로 전하여 내려오는 말
墓碑(묘비) 무덤 앞에 세우는 비석

頻 자주 빈

부수	頁 머리 혈	총획	16획
		육서	회의

頻度(빈도) 반복되는 도수. 잦은 도수
頻發(빈발) 일이 자주 생김
頻出(빈출) 자주 외출함. 자주 나오거나 나타남

祕 숨길 비

부수	示 보일 시	총획	10획
		육서	형성

祕事(비사) 숨겨진 일
祕佛(비불) 남에게 보이지 않게 비밀히 모신
불상

聘 부를 빙

부수	耳 귀 이	총획	13획
		육서	형성

聘丈(빙장) 장인의 경칭
招聘(초빙) 예를 갖추어 맞아들임
聘召(빙소) 예를 갖추어 부름

婢 여자 종 비

부수	女 여자 녀	총획	11획
		육서	형성

婢女(비녀) 남의 종이 된 계집
婢夫(비부) 계집종의 지아비

반의한자 奴(노)

人

似 닮을 사
본뜰 사

부수	亻 사람인변	총획	7획
		육서	형성

類似(유사) 서로 비슷함
似類(사류) 서로 비슷함
似而非(사이비) 겉은 비슷하나 속이 다름

費 쓸 비

부수	貝 조개 패	총획	12획
		육서	형성

消費(소비) 돈이나 물건 등을 써서 없앰. 욕망의
충족을 위해 재화를 소모하는 일
費用(비용) 어떤 일을 하는 데 드는 돈

捨 버릴 사
베풀 사

부수	扌 재방변	총획	11획
		육서	형성

喜捨(희사) 기꺼이 재물을 내놓음
取捨(취사) 취할 것만 취하고 버림

유의한자 棄(기)　반의한자 取(취), 用(용)

賓 손님 빈

부수	貝 조개 패	총획	14획
		육서	형성

貴賓(귀빈) 귀한 손님
來賓(내빈) 식장 등에 찾아온 손님. 하객
賓主(빈주) 손님과 주인

유의한자 客(객)　반의한자 主(주)

斯 이 사
어조사 사

부수	斤 날 근	총획	12획
		육서	형성

斯界(사계) 그 사회. 그 전문 방면
斯世(사세) 이 세상
斯學(사학) 이 학문. 그 학문
斯文(사문) 유교의 도의나 또는 문화

沙

모래 사

부수 氵 삼수변
총획 7획
육서 형성

沙工(사공) 뱃사공
沙石(사석) 모래와 돌
沙漠(사막) 아득히 크고 넓은 모래벌판

寫

베낄 사
그릴 사

부수 宀 갓머리
총획 15획
육서 형성

寫眞(사진) 실제의 모양을 그대로 그려 냄
謄寫(등사) 원본에서 그대로 베껴서 씀
寫出(사출) 그대로 베끼어 냄

蛇

뱀 사

부수 虫 벌레 훼
총획 11획
육서 형성

蛇足(사족) 쓸데없는 군더더기를 덧붙임
毒蛇(독사) 독이 있는 뱀

★辭

말씀 사
사양할 사

부수 辛 매울 신
총획 19획
육서 회의

辭讓(사양) 겸손하여 안 받거나 남에게 내줌
辭緣(사연) 편지나 말의 내용

유의한자 辯(변), 談(담)

詐

속일 사
거짓 사

부수 言 말씀 언
총획 12획
육서 형성

詐欺(사기) 꾀로 남을 속여 손해를 입힘
詐取(사취) 남을 속여서 물건을 뺏음
詐善(사선) 뒤로는 못된 짓을 하면서 겉으로 착한 체함

유의한자 欺(기)

邪

간사할 사

부수 阝 우부방
총획 7획
육서 형성

邪術(사술) 요사스런 술법
邪惡(사악) 간사하고 악독함
邪世(사세) 사악한 세상

유의한자 姦(간) **반의한자** 忠(충), 正(정)

詞

말 사
글 사

부수 言 말씀 언
총획 12획
육서 형성

歌詞(가사) 노래 내용이 되는 글
詞人(사인) 시문 등을 짓는 사람. 문사
詞伯(사백) 시문에 능한 사람

查

조사할 사

부수 木 나무 목
총획 9획
육서 형성

查察(사찰) 조사하여 살핌. 주로 사상적인 동태를 살펴 조사하는 경찰 임무의 한 부분

유의한자 閱(열), 觀(관), 覽(남)

賜

줄 사

부수 貝 조개 패
총획 15획
육서 형성

賜藥(사약) 임금이 독약을 내려 줌
下賜(하사) 임금이 신하에게 금품을 줌
賜名(사명) 임금이 신하에게 지어준 이름

유의한자 贈(증)

斜

비낄 사
기울 사

부수 斗 말 두
총획 11획
육서 형성

斜面(사면) 비스듬한 면
傾斜(경사) 비스듬히 기울어짐
斜交(사교) 두 직선이 비스듬하게 교차함

유의한자 傾(경)

	맡을 사 벼슬 사	**부수** 口 입 구	**총획** 5획 **육서** 회의
司	司書(사서) 서적의 정리·보존 및 열람을 맡은 　　　　 직분 司會(사회) 회의 등의 진행을 맡아봄 司令官(사령관) 군·함대를 지휘하는 직책		

	맛볼 상 일찍 상	**부수** 口 입 구	**총획** 14획 **육서** 형성
嘗	未嘗不(미상불) 아닌 게 아니라 과연 嘗味(상미) 맛보기 위하여 조금 먹어봄 嘗敵(상적) 적의 실력을 알기 위하여 조금 싸 　　　　 워 봄		

	모일 사	**부수** 示 보일 시	**총획** 8획 **육서** 회의
★**社**	社交(사교) 사회생활에 있어서의 교제 社會(사회) 같은 무리끼리 모여 이루는 집단. 　　　　 공동생활을 하는 인류의 집단 **유의한자** 會(회)		

	치마 상	**부수** 衣 옷 의	**총획** 14획 **육서** 형성
裳	衣裳(의상) 겉에 입는 저고리와 치마 紅裳(홍상) 여자용 붉은 치마 裳板(상판) 난간의 밑 가장자리에 돌려 붙인 　　　　 널빤지		

	제사 사	**부수** 示 보일 시	**총획** 8획 **육서** 형성
祀	祭祀(제사) 신에게 정성을 표하는 예식 享祀(향사) 신에게 정성을 표하는 제사 祀事(사사) 제사에 관한 사항		

	자세할 상	**부수** 言 말씀 언	**총획** 13획 **육서** 형성
★**詳**	詳細(상세) 속속들이 자세함 詳議(상의) 상세한 의론 詳傳(상전) 상세하게 쓴 전기 **반의한자** 略(약)		

	깎을 삭	**부수** 刂 선칼도방	**총획** 9획 **육서** 형성
削	削減(삭감) 깎아서 줄임 削髮(삭발) 머리털을 깎음 削除(삭제) 깎아 없앰. 지워 버림 **반의한자** 添(첨), 增(증)		

	상서 상 조짐 상	**부수** 示 보일 시	**총획** 11획 **육서** 형성
祥	祥雲(상운) 상서로운 구름 吉祥(길상) 길함과 상서로움		

	초하루 삭 북쪽 삭	**부수** 月 달 월	**총획** 10획 **육서** 형성
朔	朔望(삭망) 음력 초하룻날과 보름날 朔風(삭풍) 겨울철의 북풍 朔參(삭참) 매달 음력 초하룻날 아침에 참배함		

	평상 상	**부수** 广 엄호	**총획** 7획 **육서** 형성
床	起床(기상) 잠자리에서 일어남 溫床(온상) 인공으로 열을 가하여 식물을 기르 　　　　 는 시설		

象	코끼리 상	부수 豕 돼지 시	총획 12획 / 육서 상형

象形(상형) 사물의 형상을 본뜸
現象(현상) 관찰할 수 있는 사물의 형상
象外(상외) 범속과 떨어진 경계

유의한자 形(형)

雙	두 쌍 / 쌍 쌍	부수 隹 새 추	총획 18획 / 육서 회의

雙童(쌍동) 쌍둥이
雙五(쌍오) 단오를 음력 5월 5일에 든다 하여 달리 부르는 말
雙亡(쌍망) 부부 둘 다 죽음

像	모양 상	부수 亻 사람인변	총획 14획 / 육서 형성

偶像(우상) 숭배의 대상이 되는 것
肖像(초상) 사람의 자태를 그린 화상
群像(군상) 많은 사람

유의한자 貌(모)

塞	변방 새 / 막힐 색	부수 土 흙 토	총획 13획 / 육서 형성

塞源(색원) 근원을 아주 없애 버림
要塞(요새) 군사적으로 중요한 곳에 튼튼하게 만들어 놓은 방어시설
堅塞(견새) 방비가 튼튼한 요새

桑	뽕나무 상	부수 木 나무 목	총획 10획 / 육서 상형

桑葉(상엽) 뽕나무의 잎사귀
桑田(상전) 뽕나무 밭
桑園(상원) 뽕나무 밭

索	찾을 색 / 동아줄 삭	부수 糸 실 사	총획 10획 / 육서 회의

索引(색인) 내용을 찾기 쉽게 꾸민 목록
索出(색출) 뒤지어 찾아 냄

유의한자 求(구), 探(탐)

狀	형상 상 / 문서 장	부수 犬 개 견	총획 8획 / 육서 형성

狀態(상태) 사물이나 현상이 처하여 있는 형편이나 모양
行狀(행장) 죽은 사람이 평생 살아온 업적에 대한 기록

유의한자 態(태)

敍	펼 서 / 차례 서	부수 攵 칠 복	총획 11획 / 육서 형성

敍事(서사) 사실을 있는 그대로 적음
敍述(서술) 차례를 좇아 말함
敍上(서상) 위에서 서술한 것

유의한자 級(급), 序(서), 番(번)

償	갚을 상 / 보답할 상	부수 亻 사람인변	총획 17획 / 육서 형성

償還(상환) 대상으로 변환함
補償(보상) 남에게 끼친 재산상의 손해를 금전으로 갚음

徐	천천히 할 서	부수 彳 두인변	총획 10획 / 육서 형성

徐緩(서완) 진행이 더디고 느림
徐行(서행) 천천히 더디게 감
徐事(서사) 태봉의 광평성의 둘째 관직

유의한자 緩(완)

빅데이터 빈출 한자

합격을 위한 **가장 빠르고 확실한 방법!**

① **빅데이터를 기반으로** 상공회의소 한자 **3급 빈출 한자 완벽 분석!**

② **빈출 한자** 350자, **빈출 한자어** 100개, **빈출 사자성어** 100개 정리!

③ **빈출 한자 · 한자어 · 사자성어로** 시험 직전 막판 뒤집기!

빈출순으로 정리한 한자

※ 빈칸을 채워서 합격 한자책을 완성해 보세요.

	한자	훈·음		훈·음	한자
1	暑		1	더울 서	
2	霜		2	서리 상	
3	稱		3	일컬을 칭	
4	證		4	증거 증	
5	舍		5	집 사	
6	私		6	사사로울 사	
7	講		7	익힐 강	
8	諸		8	모두 제	
9	須		9	모름지기 수	
10	鐵		10	쇠 철	
11	回		11	돌아올 회	
12	送		12	보낼 송	
13	起		13	일어날 기	
14	務		14	힘쓸 무	
15	虎		15	범 호	
16	烏		16	까마귀 오	
17	武		17	굳셀 무	

	한자	훈·음
18	卵	
19	勢	
20	增	
21	支	
22	藝	
23	施	
24	若	
25	變	
26	接	
27	貯	
28	射	
29	逆	
30	革	
31	追	
32	湖	
33	製	
34	題	
35	密	
36	判	
37	患	
38	皇	

	훈·음	한자
18	알 란	
19	형세 세	
20	더할 증	
21	지탱할 지	
22	재주 예	
23	베풀 시	
24	같을 약	
25	변할 변	
26	이을 접	
27	쌓을 저	
28	쏠 사	
29	거스를 역	
30	가죽 혁	
31	쫓을 추	
32	호수 호	
33	지을 제	
34	제목 제	
35	빽빽할 밀	
36	판단할 판	
37	근심 환	
38	임금 황	

	한자	훈·음		훈·음	한자
39	量		39	헤아릴 량	
40	責		40	꾸짖을 책	
41	冊		41	책 책	
42	貨		42	재물 화	
43	退		43	물러날 퇴	
44	造		44	지을 조	
45	消		45	사라질 소	
46	舞		46	춤출 무	
47	授		47	줄 수	
48	婦		48	며느리 부	
49	溫		49	따뜻할 온	
50	屋		50	집 옥	
51	研		51	갈 연	
52	洞		52	골 동/밝을 통	
53	洗		53	씻을 세	
54	望		54	바랄 망	
55	願		55	원할 원	
56	連		56	이을 련	
57	列		57	벌릴 렬	
58	罪		58	허물 죄	
59	丹		59	붉을 단	

	한자	훈·음
60	興	
61	易	
62	助	
63	號	
64	祝	
65	察	
66	榮	
67	防	
68	期	
69	敗	
70	鮮	
71	使	
72	驚	
73	異	
74	速	
75	堅	
76	持	
77	暴	
78	露	
79	霧	
80	茂	

	훈·음	한자
60	일어날 흥	
61	쉬울 이/바꿀 역	
62	도울 조	
63	부르짖을 호	
64	빌 축	
65	살필 찰	
66	영화로울 영	
67	막을 방	
68	기약할 기	
69	패할 패	
70	고울 선	
71	부릴/하여금 사	
72	놀랄 경	
73	다를 이	
74	빠를 속	
75	굳을 견	
76	가질 지	
77	사나울 폭	
78	이슬 로	
79	안개 무	
80	무성할 무	

	한자	훈·음		훈·음	한자
81	域		81	지경 역	
82	墓		82	무덤 묘	
83	韻		83	운치 운	
84	致		84	이를 치	
85	睡		85	잠잘 수	
86	眠		86	잠잘 면	
87	殺		87	죽일 살/빠를 쇄	
88	傷		88	상처 상	
89	暗		89	어두울 암	
90	洪		90	넓을 홍	
91	伐		91	칠 벌	
92	衰		92	쇠할 쇠/상복 최	
93	顔		93	얼굴 안	
94	微		94	작을 미	
95	殘		95	잔인할 잔	
96	晝		96	낮 주	
97	爲		97	할 위	
98	經		98	지날 경	
99	實		99	열매 실	
100	淑		100	맑을 숙	
101	表		101	겉 표	

	한자	훈·음
102	處	
103	科	
104	郡	
105	訪	
106	尾	
107	偉	
108	窓	
109	穀	
110	降	
111	獸	
112	麥	
113	猛	
114	禽	
115	敢	
116	斷	
117	存	
118	幸	
119	達	
120	協	
121	對	
122	覺	

	훈·음	한자
102	곳 처	
103	과목 과	
104	고을 군	
105	찾을 방	
106	꼬리 미	
107	클 위	
108	창문 창	
109	곡식 곡	
110	내릴 강	
111	짐승 수	
112	보리 맥	
113	사나울 맹	
114	새 금	
115	감히 감	
116	끊을 단	
117	있을 존	
118	다행 행	
119	통달할 달	
120	화합할 협	
121	대할 대	
122	깨달을 각	

	한자	훈 · 음
123	隨	
124	暖	
125	寒	
126	冷	
127	晨	
128	席	
129	鷄	
130	鳴	
131	迎	
132	採	
133	練	
134	訓	
135	熟	
136	毁	
137	招	
138	待	
139	靜	
140	寂	
141	騷	
142	緊	
143	縮	

	훈 · 음	한자
123	따를 수	
124	따뜻할 난	
125	찰 한	
126	찰 랭	
127	새벽 신	
128	자리 석	
129	닭 계	
130	울 명	
131	맞이할 영	
132	캘 채	
133	익힐 련	
134	가르칠 훈	
135	익을/익숙할 숙	
136	헐 훼	
137	부를 초	
138	기다릴 대	
139	고요할 정	
140	고요할 적	
141	떠들 소	
142	긴할 긴	
143	줄일 축	

	한자	훈·음
144	警	
145	戒	
146	技	
147	檀	
148	隷	
149	漏	
150	苗	
151	憫	
152	傍	
153	譜	
154	頻	
155	裳	
156	僧	
157	審	
158	譽	
159	搖	
160	凝	
161	翼	
162	刺	
163	酌	
164	贈	

	훈·음	한자
144	경계할 경	
145	경계할 계	
146	재주 기	
147	박달나무 단	
148	종 례	
149	샐 루	
150	모 묘	
151	민망할 민	
152	곁 방	
153	문서/족보 보	
154	자주 빈	
155	치마 상	
156	중 승	
157	살필 심	
158	기릴 예	
159	흔들 요	
160	엉길 응	
161	날개 익	
162	찌를 자	
163	술 부을 작	
164	줄 증	

	한자	훈 · 음			훈 · 음	한자
165	慙			165	부끄러울 참	
166	暢			166	화창할 창	
167	罷			167	마칠 파	
168	肺			168	허파 폐	
169	改			169	고칠 개	
170	到			170	이를 도	
171	腦			171	골 뇌	
172	解			172	풀 해	
173	服			173	옷 복	
174	質			174	바탕 질	
175	統			175	거느릴 통	
176	産			176	낳을 산	
177	夜			177	밤 야	
178	展			178	펼 전	
179	素			179	흴/본디 소	
180	指			180	가리킬 지	
181	勉			181	힘쓸 면	
182	唱			182	부를 창	
183	養			183	기를 양	
184	集			184	모을 집	
185	戱			185	희롱할 희	

	한자	훈 · 음		훈 · 음	한자
186	辯		186	말씀/말 잘할 변	
187	默		187	잠잠할 묵	
188	顧		188	돌아볼 고	
189	廉		189	청렴할 렴	
190	損		190	덜 손	
191	勝		191	이길 승	
192	暫		192	잠깐 잠	
193	漸		193	점점 점	
194	閣		194	집 각	
195	驗		195	시험 험	
196	益		196	더할 익	
197	船		197	배 선	
198	操		198	잡을 조	
199	於		199	어조사 어	
200	婢		200	여자 종 비	
201	始		201	비로소 시	
202	運		202	옮길 운	
203	適		203	맞을 적	
204	境		204	지경 경	
205	觀		205	볼 관	
206	假		206	거짓 가	

	한자	훈·음			훈·음	한자
207	廓			207	둘레 곽/클 확	
208	逢			208	만날 봉	
209	震			209	우레 진	
210	奉			210	받들 봉	
211	推			211	밀 추/밀 퇴	
212	結			212	맺을 결	
213	蔽			213	덮을 폐	
214	事			214	일 사	
215	捉			215	잡을 착	
216	慣			216	익숙할 관	
217	族			217	겨레 족	
218	別			218	나눌 별	
219	最			219	가장 최	
220	候			220	기후 후	
221	班			221	나눌 반	
222	備			222	갖출 비	
223	慶			223	경사 경	
224	率			224	비율 률	
225	秀			225	빼어날 수	
226	誠			226	정성 성	
227	麗			227	고울 려	

	한자	훈·음			훈·음	한자
228	烈			228	매울/세찰 렬	
229	倉			229	곳집 창	
230	光			230	빛 광	
231	復			231	다시 부/회복할 복	
232	薦			232	천거할 천	
233	探			233	찾을 탐	
234	聲			234	소리 성	
235	命			235	목숨 명	
236	貌			236	모양 모	
237	龜			237	거북 귀/터질 균	
238	播			238	뿌릴 파	
239	鑑			239	거울 감	
240	出			240	날 출	
241	窮			241	다할 궁	
242	直			242	곧을 직	
243	官			243	벼슬 관	
244	由			244	말미암을 유	
245	意			245	뜻 의	
246	能			246	능할 능	
247	代			247	대신할 대	
248	休			248	쉴 휴	

	한자	훈·음			훈·음	한자
249	種			249	씨 종	
250	伴			250	짝 반	
251	酉			251	닭 유	
252	他			252	다를 타	
253	享			253	누릴 향	
254	戰			254	싸움 전	
255	彈			255	탄알 탄	
256	鬪			256	싸울 투	
257	侵			257	침노할 침	
258	爭			258	다툴 쟁	
259	價			259	값 가	
260	貰			260	세낼 세	
261	用			261	쓸 용	
262	眞			262	참 진	
263	遞			263	갈릴 체	
264	史			264	사기 사	
265	竊			265	훔칠 절	
266	信			266	믿을 신	
267	傳			267	전할 전	
268	語			268	말씀 어	
269	妥			269	온당할 타	

	한자	훈·음		훈·음	한자
270	混		270	섞을 혼	
271	骨		271	뼈 골	
272	野		272	들 야	
273	博		273	넓을 박	
274	活		274	살 활	
275	貴		275	귀할 귀	
276	歸		276	돌아갈 귀	
277	糖		277	엿 당/사탕 탕	
278	構		278	얽을 구	
279	妻		279	아내 처	
280	至		280	이를 지	
281	半		281	반 반	
282	食		282	밥/먹을 식	
283	鄕		283	시골 향	
284	軍		284	군사 군	
285	示		285	보일 시	
286	掃		286	쓸 소	
287	局		287	판 국	
288	波		288	물결 파	
289	的		289	과녁 적	
290	卒		290	마칠 졸	

	한자	훈·음			훈·음	한자
291	害			291	해할 해	
292	論			292	논할 론	
293	弱			293	약할 약	
294	究			294	연구할 구	
295	衆			295	무리 중	
296	舊			296	예 구	
297	空			297	빌 공	
298	地			298	땅 지	
299	士			299	선비 사	
300	行			300	다닐 행	
301	狀			301	문서 장	
302	瞬			302	눈 깜짝일 순	
303	線			303	줄 선	
304	索			304	찾을 색	
305	拓			305	넓힐 척	
306	感			306	느낄 감	
307	紙			307	종이 지	
308	救			308	구원할 구	
309	話			309	말씀 화	
310	特			310	특별할 특	
311	氣			311	기운 기	

	한자	훈·음		훈·음	한자
312	場		312	마당 장	
313	流		313	흐를 류	
314	業		314	일 업	
315	述		315	펼 술	
316	性		316	성품 성	
317	然		317	그럴 연	
318	金		318	쇠 금/성 김	
319	要		319	중요할 요	
320	讀		320	읽을 독	
321	放		321	놓을 방	
322	取		322	취할 취	
323	成		323	이룰 성	
324	固		324	굳을 고	
325	段		325	층계 단	
326	法		326	법 법	
327	修		327	닦을 수	
328	獨		328	홀로 독	
329	說		329	말씀 설/달랠 세	
330	數		330	셀 수/자주 삭	
331	凶		331	흉할 흉	
332	通		332	통할 통	

	한자	훈·음		훈·음	한자
333	念		333	생각 념	
334	答		334	대답할 답	
335	熱		335	더울 열	
336	神		336	귀신 신	
337	無		337	없을 무	
338	歷		338	지낼 력	
339	安		339	편안할 안	
340	便		340	편할 편/똥오줌 변	
341	保		341	지킬 보	
342	次		342	버금 차	
343	目		343	눈 목	
344	從		344	좇을 종	
345	全		345	온전할 전	
346	曲		346	굽을 곡	
347	勤		347	부지런할 근	
348	初		348	처음 초	
349	志		349	뜻 지	
350	肯		350	즐길 긍	

빈출순으로 정리한 한자어

	한자어	독음	뜻풀이
1	淸廉	청렴	성품과 행실이 높고 맑으며, 탐욕이 없음.
2	損害	손해	물질적으로나 정신적으로 밑짐. 해를 입음.
3	勝敗	승패	승리와 패배.
4	自覺	자각	현실을 판단하여 자기의 입장이나 능력 등을 스스로 깨달음.
5	責任	책임	맡아서 해야 할 임무나 의무.
6	肯定	긍정	그러하다고 생각하여 옳다고 인정함.
7	漸次	점차	차례를 따라 진행됨. 차례를 따라 조금씩.
8	慣行	관행	오래전부터 해 오는 대로 함. 또는 관례에 따라서 함.
9	行爲	행위	분명한 목적이나 동기를 가지고 생각과 선택, 결심을 거쳐 의식적으로 행하는 인간의 의지적인 언행.
10	事件	사건	사회적으로 문제를 일으키거나 주목을 받을 만한 뜻밖의 일.
11	詩歌	시가	가사를 포함한 시 문학. 시와 노래.
12	是非	시비	옳음과 그름. 옳고 그름을 따지는 말다툼.
13	短期	단기	짧은 기간.
14	念頭	염두	생각의 시초. 마음의 속.
15	變數	변수	어떤 상황의 가변적 요인. 어떤 관계나 범위 안에서 여러 가지 값으로 변할 수 있는 수.
16	方今	방금	말하고 있는 시점과 같은 때에.

	한자어	독음	뜻풀이
17	運送	운송	사람을 태워 보내거나 물건 등을 실어 보냄.
18	意識	의식	깨어 있는 상태에서 자기 자신이나 사물에 대하여 인식하는 작용.
19	新鮮	신선	새롭고 산뜻함.
20	期間	기간	어느 때부터 다른 어느 때까지의 동안.
21	勞使	노사	노동자와 사용자.
22	驚異	경이	놀랍고 신기하게 여김. 또는 그럴 만한 일.
23	急速	급속	급하고 빠름.
24	暴露	폭로	알려지지 않았거나 감춰져 있던 사실을 드러냄. 흔히 나쁜 일이나 음모 등을 사람들에게 알리는 일.
25	霧散	무산	안개가 걷히듯 흩어져 없어짐. 또는 그렇게 흐지부지 취소됨.
26	韻致	운치	고상하고 우아한 멋.
27	睡眠	수면	잠을 자는 일.
28	殺到	쇄도	전화, 주문 등이 한꺼번에 세차게 몰려듦.
29	殺伐	살벌	행동이나 분위기가 거칠고 무시무시함.
30	衰殘	쇠잔	쇠하여 힘이나 세력이 점점 약해짐.
31	晝夜	주야	낮과 밤. 쉬지 아니하고 계속함.
32	夜半	야반	밤이 깊은 때.
33	的中	적중	예상이나 추측 또는 목표 등에 꼭 들어맞음.
34	卒業	졸업	학생이 규정에 따라 소정의 교과 과정을 마침. 어떤 일이나 기술, 학문 등에 통달하여 익숙해짐.
35	害蟲	해충	인간의 생활에 해를 끼치는 벌레.

	한자어	독음	뜻풀이
36	論理	논리	말이나 글에서 사고나 추리 등을 이치에 맞게 이끌어 가는 과정이나 원리.
37	弱骨	약골	몸이 약한 사람. 약한 골격.
38	勇猛	용맹	용감하고 사나움.
39	改良	개량	나쁜 점을 보완하여 더 좋게 고침.
40	發達	발달	신체, 정서, 지능 등이 성장하거나 성숙함. 학문, 기술, 문명, 사회 등의 현상이 보다 높은 수준에 이름.
41	來歷	내력	지금까지 지내온 경로나 경력. 부모나 조상으로부터 내려오는 유전적인 특성.
42	協助	협조	힘을 보태어 도움.
43	告白	고백	마음속에 생각하고 있는 것이나 감추어 둔 것을 사실대로 숨김없이 말함.
44	容易	용이	어렵지 아니하고 매우 쉬움.
45	立證	입증	어떤 증거 등을 내세워 증명함.
46	憐憫	연민	불쌍하고 가련하게 여김.
47	歲拜	세배	섣달그믐이나 정초에 웃어른께 인사로 하는 절.
48	遺傳	유전	물려받아 내려옴. 또는 그렇게 전해짐. 어버이의 성격, 체질, 형상 등의 형질이 자손에게 전해짐.
49	追究	추구	근본까지 깊이 캐어 들어가 연구함.
50	例示	예시	예를 들어 보임.
51	家屋	가옥	사람이 사는 집.
52	最近	최근	얼마 되지 않은 지나간 날부터 현재 또는 바로 직전까지의 기간.
53	樂曲	악곡	음악의 곡조. 곧 성악곡, 기악곡, 관현악곡 등을 통틀어 말함.

	한자어	독음	뜻풀이
54	目禮	목례	눈짓으로 가볍게 하는 인사.
55	對比	대비	두 가지의 차이를 밝히기 위하여 서로 맞대어 비교함.
56	意圖	의도	무엇을 하고자 하는 생각이나 계획. 또는 무엇을 하려고 꾀함.
57	節約	절약	함부로 쓰지 아니하고 꼭 필요한 데에만 써서 아낌.
58	藥師	약사	국가의 면허를 받아 약에 관한 일을 맡아보는 사람.
59	烈士	열사	나라를 위하여 절의를 굳게 지키며 충성을 다하여 싸운 사람.
60	敍事	서사	사실을 있는 그대로 적음.
61	飜譯	번역	어떤 언어로 된 글을 다른 언어의 글로 옮김.
62	演劇	연극	배우가 무대 위에서 대본에 따라 관객에게 연기를 보이는 예술.
63	誘導	유도	사람이나 물건을 목적한 장소나 방향으로 이끎.
64	額數	액수	돈의 머릿수.
65	疑惑	의혹	의심하여 수상히 여김. 또는 그런 마음.
66	檢索	검색	범죄나 사건을 밝히기 위한 단서나 증거를 찾기 위하여 살펴 조사함. 책이나 컴퓨터에서, 목적에 따라 필요한 자료들을 찾아내는 일.
67	索寞	삭막	쓸쓸하고 막막함. 잊어버리어 생각이 아득함.
68	必要	필요	반드시 요구되는 바가 있음.
69	模倣	모방	다른 것을 본뜨거나 본받음.
70	假設	가설	임시로 설치함. 실제로 없는 것을 있는 것으로 침.
71	利益	이익	물질적으로나 정신적으로 보탬이 되는 것. 일정 기간의 총수입에서 그것을 위하여 들인 비용을 뺀 차액.

	한자어	독음	뜻풀이
72	輕率	경솔	말이나 행동이 조심성 없이 가벼움.
73	賣買	매매	물건을 팔고 사는 일.
74	可觀	가관	행동이나 모습 등이 마음에 들지 않거나 우스운 상태를 비웃는 말. 경치 등이 꽤 볼만함.
75	解消	해소	어려운 일이나 문제가 되는 상태를 해결하여 없애 버림. 어떤 관계를 풀어서 없애 버림. 어떤 단체나 조직 등을 없애 버림.
76	年休	연휴	해마다 종업원에게 주도록 정하여진 유급 휴가.
77	常識	상식	사람들이 보통 알고 있거나 알아야 하는 지식.
78	神話	신화	옛날부터 전해 내려오는 이야기로, 나라가 세워진 일 등에 관련된 신성한 이야기.
79	絶妙	절묘	비할 데가 없을 만큼 아주 묘함.
80	對答	대답	부르는 말에 응하여 어떤 말을 함. 상대가 묻거나 요구하는 것에 대하여 해답이나 제 뜻을 말함. 어떤 문제나 현상을 해명하거나 해결하는 방안.
81	所用	소용	어떤 일에 있어서 의미나 의의를 가지거나 쓸모가 되는 바.
82	秋夕	추석	우리나라 명절의 하나. 음력 8월 15일. 한가위.
83	政權	정권	정치상의 권력. 또는 정치를 담당하는 권력.
84	追跡	추적	도망하는 사람의 뒤를 밟아서 쫓음. 사물의 자취를 더듬어 감.
85	從事	종사	어떤 일에 마음과 힘을 다함. 어떤 일을 일삼아서 함. 어떤 사람을 좇아 섬김.
86	要約	요약	말이나 글의 요점을 잡아서 간추림.
87	關聯	관련	둘 이상의 사람, 사물, 현상 등이 서로 관계를 맺어 매여 있음. 또는 그 관계.
88	銘心	명심	잊지 않도록 마음에 깊이 새겨 둠.

	한자어	독음	뜻풀이
89	主婦	주부	한 가정의 살림살이를 맡아 꾸려 가는 안주인.
90	遞減	체감	등수를 따라서 차례로 덜어 감.
91	眞實	진실	거짓이 없는 사실. 마음에 거짓이 없이 순수하고 바름.
92	史閣	사각	사고(史庫) 안의 실록을 넣어 두는 곳.
93	事務的	사무적	사무에 관한 것. 행동이나 태도가 진심이나 성의가 없고 기계적이거나 형식적인 것.
94	消防官	소방관	화재 및 재난, 재해를 예방하고 대응하며 위급한 상황으로부터 구조 구급 활동을 통해 국민의 재산과 신체를 보호하는 것을 주임무로 하는 공무원.
95	大部分	대부분	절반이 훨씬 넘어 전체량에 거의 가까운 정도의 수효나 분량. 일반적인 경우에.
96	使命感	사명감	주어진 임무를 잘 수행하려는 마음가짐.
97	勞動力	노동력	생산품을 만드는 데에 소요되는 인간의 정신적 · 육체적인 모든 능력.
98	韓半島	한반도	우리나라 국토를 지형적으로 일컫는 말.
99	加速化	가속화	속도를 더하게 됨. 또는 그렇게 함.
100	創意力	창의력	새로운 것을 생각해 내는 능력.

빈출순으로 정리한 사자성어

	성어	독음	뜻풀이
1	永久不變	영구불변	오래도록 변하지 아니함.
2	聞一知十	문일지십	하나를 듣고 열 가지를 미루어 안다는 뜻으로, 지극히 총명함.
3	不立文字	불립문자	불도의 깨달음은 마음에서 마음으로 전하는 것이므로 말이나 글에 의지하지 않는다는 말.
4	明若觀火	명약관화	불을 보듯 분명하고 뻔함.
5	無所不爲	무소불위	하지 못하는 일이 없음.
6	權不十年	권불십년	권세는 십 년을 가지 못한다는 뜻으로, 아무리 높은 권세라도 오래가지 못함.
7	萬古不變	만고불변	아주 오랜 세월 동안 변하지 아니함.
8	空前絕後	공전절후	이전에도 없었고 앞으로도 없음.
9	前代未聞	전대미문	이제까지 들어 본 적이 없음.
10	東西古今	동서고금	동양과 서양, 옛날과 지금을 통틀어 이르는 말.
11	骨肉相爭	골육상쟁	가까운 혈족끼리 서로 싸움.
12	敎外別傳	교외별전	선종에서 밀이니 문자를 쓰지 않고, 따로 마음에서 마음으로 진리를 전하는 일.
13	敎學相長	교학상장	가르치고 배우는 과정에서 스승과 제자가 함께 성장함.
14	口耳之學	구이지학	들은 것을 자기 생각 없이 그대로 남에게 전하는 것이 고작인 학문.
15	道聽塗說	도청도설	길에서 듣고 길에서 말한다는 뜻으로, 길거리에 퍼져 돌아다니는 뜬소문.
16	燈火可親	등화가친	등불을 가까이할 만하다는 뜻으로, 서늘한 가을밤은 등불을 가까이 하여 글 읽기에 좋음.

	성어	독음	뜻풀이
17	亡羊之歎	망양지탄	갈림길이 매우 많아 잃어버린 양을 찾을 길이 없음을 탄식한다는 뜻으로, 학문의 길이 여러 갈래여서 한 갈래의 진리도 얻기 어려움.
18	明鏡止水	명경지수	맑은 거울과 고요한 물. 잡념과 가식과 헛된 욕심 없이 맑고 깨끗한 마음.
19	亡子計齒	망자계치	죽은 자식 나이 세기라는 뜻으로, 이미 그릇된 일은 생각하여도 아무 소용이 없음.
20	無骨好人	무골호인	줏대가 없이 두루뭉술하고 순하여 남의 비위를 다 맞추는 사람.
21	無所不知	무소불지	모르는 것이 없음.
22	博覽强記	박람강기	여러 가지의 책을 널리 많이 읽고 기억을 잘함.
23	博而不精	박이부정	널리 알지만 정밀하지는 못함.
24	百年河淸	백년하청	중국의 황허강이 늘 흐려 맑을 때가 없다는 뜻으로, 아무리 오랜 시일이 지나도 어떤 일이 이루어지기 어려움.
25	發憤忘食	발분망식	끼니까지도 잊을 정도로 어떤 일에 열중하여 노력함.
26	松茂柏悅	송무백열	소나무가 무성하면 잣나무가 기뻐한다는 뜻으로, 벗이 잘되는 것을 기뻐함.
27	眼高手卑	안고수비	눈은 높으나 솜씨는 서투르다는 뜻으로, 이상만 높고 실천이 따르지 못함.
28	良藥苦口	양약고구	좋은 약은 입에 쓰다는 뜻으로, 충언(忠言)은 귀에 거슬리나 자신에게 이로움.
29	逆旅過客	역려과객	길 가는 나그네와 같이 아무 관계가 없는 사람. 세상은 여관과 같고 인생은 그곳에 잠시 머무는 나그네와 같음.
30	溫故知新	온고지신	옛것을 익히고 그것을 미루어서 새것을 앎.
31	牛刀割鷄	우도할계	소 잡는 칼로 닭을 잡는다는 뜻으로, 작은 일에 어울리지 아니하게 큰 도구를 씀. 지나치게 과장된 표현이나 몸짓 등을 비유적으로 이르는 말.

	성어	독음	뜻풀이
32	見事生風	견사생풍	일을 당하면 손바람이 난다는 뜻으로, 일을 빨리 처리함.
33	馬耳東風	마이동풍	동풍이 말의 귀를 스쳐 간다는 뜻으로, 남의 말을 귀담아듣지 아니하고 지나쳐 흘려버림.
34	人事不省	인사불성	제 몸에 벌어지는 일을 모를 만큼 정신을 잃은 상태. 사람으로서의 예절을 차릴 줄 모름.
35	春秋筆法	춘추필법	대의명분을 밝혀 세우는 사필의 준엄한 논법.
36	起死回生	기사회생	거의 죽을 뻔하다가 도로 살아남.
37	千客萬來	천객만래	천 명의 손님이 만 번씩 온다는 뜻으로, 많은 손님이 번갈아 계속 찾아옴.
38	玉骨仙風	옥골선풍	살빛이 희고 고결하여 신선과 같은 풍채.
39	言文一致	언문일치	실제로 쓰는 말과 그 말을 적은 글이 일치함.
40	落花流水	낙화유수	떨어지는 꽃과 흐르는 물이라는 뜻으로, 가는 봄의 경치. 남녀가 서로 그리워함.
41	花朝月夕	화조월석	꽃 피는 아침과 달 밝은 밤이라는 뜻으로, 경치가 좋은 시절.
42	樂山樂水	요산요수	산과 물을 좋아함. 한가로이 자연을 즐기는 모습.
43	張三李四	장삼이사	장씨의 셋째 아들과 이씨의 넷째 아들이라는 뜻으로, 이름이나 신분이 특별하지 아니한 평범한 사람들.
44	水魚之交	수어지교	물이 없으면 살 수 없는 물고기와 물의 관계라는 뜻으로, 아주 친밀하여 떨어질 수 없는 사이. 임금과 신하 또는 부부의 친밀함.
45	平地風波	평지풍파	평온한 자리에서 일어나는 풍파라는 뜻으로, 뜻밖에 분쟁이 일어남.
46	朝變夕改	조변석개	아침저녁으로 뜯어고친다는 뜻으로, 계획이나 결정 등을 자주 고침.
47	各自圖生	각자도생	제각기 살아 나갈 방법을 꾀함.
48	朝令暮改	조령모개	아침에 명령을 내렸다가 저녁에 다시 고친다는 뜻으로, 법령을 자꾸 고쳐서 갈피를 잡기가 어려움.

	성어	독음	뜻풀이
49	推己及人	추기급인	자기를 미루어 남에게 미친다는 뜻으로, 자기의 처지에 비추어 다른 사람의 형편을 헤아림.
50	追遠報本	추원보본	조상의 덕을 생각하여 제사에 정성을 다하고 자기가 태어난 근본을 잊지 않고 은혜를 갚음.
51	下厚上薄	하후상박	아랫사람에게 후하고 윗사람에게는 박함.
52	手不釋卷	수불석권	손에서 책을 놓지 아니하고 늘 글을 읽음.
53	養虎遺患	양호유환	범을 길러서 화근을 남긴다는 뜻으로, 화근이 될 것을 길러서 후환을 당하게 됨.
54	指鹿爲馬	지록위마	윗사람을 농락하여 권세를 마음대로 함. 모순된 것을 끝까지 우겨서 남을 속이려는 짓.
55	衆寡不敵	중과부적	적은 수효로 많은 수효를 대적하지 못함.
56	下石上臺	하석상대	아랫돌 빼서 윗돌 괴고 윗돌 빼서 아랫돌 괸다는 뜻으로, 임시변통으로 이리저리 둘러맞춤.
57	堂狗風月	당구풍월	당에서 기르는 개가 풍월을 읊는다는 뜻으로, 그 분야에 대하여 경험과 지식이 전혀 없는 사람이라도 오래 있으면 얼마간의 경험과 지식을 가짐.
58	同工異曲	동공이곡	재주나 솜씨는 같지만 표현된 내용이나 맛이 다름.
59	塗炭之苦	도탄지고	진구렁에 빠지고 숯불에 타는 괴로움.
60	合從連橫	합종연횡	전국 시대에 행해졌던 외교 방식으로 합종책과 연횡책을 말함. 약자끼리 세로로 연합하여 강자에게 대항하거나, 약자들이 가로로 나란히 서서 강자와 화해함.
61	轉禍爲福	전화위복	재앙과 근심, 걱정이 바뀌어 오히려 복이 됨.
62	千慮一失	천려일실	천 번 생각에 한 번 실수라는 뜻으로, 슬기로운 사람이라도 여러 가지 생각 가운데에는 잘못되는 것이 있을 수 있음.
63	羊頭狗肉	양두구육	양의 머리를 걸어 놓고 개고기를 판다는 뜻으로, 겉보기만 그럴듯하게 보이고 속은 변변하지 아니함.

	성어	독음	뜻풀이
64	支離滅裂	지리멸렬	이리저리 흩어지고 찢기어 갈피를 잡을 수 없음.
65	良禽擇木	양금택목	좋은 새는 나무를 가려서 깃들인다는 뜻으로, 훌륭한 사람은 좋은 군주를 가려서 섬김.
66	見利思義	견리사의	눈앞의 이익을 보면 의리를 먼저 생각함.
67	萬頃蒼波	만경창파	만 이랑의 푸른 물결이라는 뜻으로, 한없이 넓고 넓은 바다.
68	孤掌難鳴	고장난명	외손뼉만으로는 소리가 울리지 아니한다는 뜻으로, 혼자의 힘만으로 어떤 일을 이루기 어려움. 맞서는 사람이 없으면 싸움이 일어나지 아니함.
69	浮雲朝露	부운조로	뜬구름과 아침 이슬이라는 뜻으로, 인생의 덧없음.
70	胸有成竹	흉유성죽	대나무 그림을 그리기 이전에 마음속에 이미 완성된 대나무 그림이 있다는 뜻으로, 일을 처리하는 데 있어 이미 계산이 모두 서 있음.
71	後生可畏	후생가외	젊은 후학들을 두려워할 만하다는 뜻으로, 후진들이 선배보다 젊고 기력이 좋아, 학문을 닦음에 따라 큰 인물이 될 수 있으므로 가히 두려움.
72	雪上加霜	설상가상	눈 위에 서리가 덮인다는 뜻으로, 난처한 일이나 불행한 일이 잇따라 일어남.
73	螢窓雪案	형창설안	반딧불이 비치는 창과 눈에 비치는 책상이라는 뜻으로, 어려운 가운데서도 학문에 힘씀.
74	內柔外剛	내유외강	속은 부드러우나 겉으로 보기에는 강함.
75	先公後私	선공후사	공적인 일을 먼저 하고 사사로운 일은 뒤로 미룸.
76	胡蝶之夢	호접지몽	나비에 관한 꿈이라는 뜻으로, 인생의 덧없음.
77	電光石火	전광석화	번갯불이나 부싯돌의 불이 빈쩍거리는 것과 같이 매우 짧은 시간이나 매우 재빠른 움직임 등을 말함.

	성어	독음	뜻풀이
78	他山之石	타산지석	다른 산의 나쁜 돌이라도 자신의 산의 옥돌을 가는 데에 쓸 수 있다는 뜻으로, 본이 되지 않은 남의 말이나 행동도 자신의 지식과 인격을 수양하는 데에 도움이 될 수 있음.
79	快刀亂麻	쾌도난마	잘 드는 칼로 마구 헝클어진 삼 가닥을 자른다는 뜻으로, 어지럽게 뒤얽힌 사물을 강력한 힘으로 명쾌하게 처리함.
80	寸鐵殺人	촌철살인	한 치의 쇠붙이로도 사람을 죽일 수 있다는 뜻으로, 간단한 말로도 남을 감동하게 하거나 남의 약점을 찌를 수 있음.
81	千載一遇	천재일우	천 년 동안 단 한 번 만난다는 뜻으로, 좀처럼 만나기 어려운 좋은 기회.
82	切齒腐心	절치부심	몹시 분하여 이를 갈며 속을 썩임.
83	赤手空拳	적수공권	맨손과 맨주먹이라는 뜻으로, 아무것도 가진 것이 없음.
84	一面之交	일면지교	한 번 만나 본 정도의 친분.
85	藥房甘草	약방감초	무슨 일이나 빠짐없이 끼임. 반시 끼어야 할 사물.
86	安貧樂道	안빈낙도	가난한 생활을 하면서도 편안한 마음으로 도를 즐겨 지킴.
87	我田引水	아전인수	자기 논에 물 대기라는 뜻으로, 자기에게만 이롭게 되도록 생각하거나 행동함.
88	喪家之狗	상가지구	초상집의 개라는 뜻으로, 별 대접을 받지 못하는 사람. 여위고 지칠 대로 지친 수척한 사람. 궁상맞은 초라한 모습으로 이곳저곳 기웃거리며 얻어먹을 것만 찾아다니는 사람.
89	富貴在天	부귀재천	부귀를 누리는 일은 하늘의 뜻에 달려 있어 사람의 힘으로는 어찌할 수 없음.
90	伯牙絶絃	백아절현	자기를 알아주는 참다운 벗의 죽음을 슬퍼함.
91	白面書生	백면서생	한갓 글만 읽고 세상일에는 전혀 경험이 없는 사람.
92	走馬看山	주마간산	말을 타고 달리며 산천을 구경한다는 뜻으로, 자세히 살피지 아니하고 대충대충 보고 지나감.

	성어	독음	뜻풀이
93	門前乞食	문전걸식	이 집 저 집 돌아다니며 빌어먹음.
94	目不識丁	목불식정	아주 간단한 글자인 '丁' 자를 보고도 그것이 '고무래'인 줄을 알지 못한다는 뜻으로, 아주 까막눈임.
95	目不忍見	목불인견	눈앞에 벌어진 상황 등을 눈 뜨고는 차마 볼 수 없음.
96	命在頃刻	명재경각	거의 죽게 되어 곧 숨이 끊어질 지경에 이름.
97	敬天勤民	경천근민	하늘을 공경하고 백성을 위하여 부지런히 일함.
98	鷄卵有骨	계란유골	달걀에도 뼈가 있다는 뜻으로, 운수가 나쁜 사람은 모처럼 좋은 기회를 만나도 역시 일이 잘 안됨.
99	孤軍奮鬪	고군분투	운동 경기나 싸움에서 혼자서 많은 수의 적들을 상대하여 힘들게 싸움. 남의 도움을 받지 아니하고 힘에 벅찬 일을 잘해 나가는 것.
100	言中有骨	언중유골	말 속에 뼈가 있다는 뜻으로, 예사로운 말 속에 단단한 속뜻이 들어 있음.

庶	여러 서	**부수** 广 엄호	**총획** 11획
			육서 회의

庶民(서민) 중류 이하의 일반 백성
庶子(서자) 첩에게서 난 아들
庶僚(서료) 모든 일반 관리
庶兄(서형) 서모에게서 난 형

逝	갈 서	**부수** 辶 책받침	**총획** 11획
			육서 형성

逝去(서거) 상대방의 죽음을 높여서 정중하게
이르는 말
逝川(서천) 흘러가는 냇물. 한 번 가면 다시 돌
아오지 아니함을 비유

유의한자 往(왕), 去(거)

恕	용서할 서	**부수** 心 마음 심	**총획** 10획
			육서 형성

恕思(서사) 남을 동정하는 마음
容恕(용서) 죄를 꾸짖지 않고 덮어 줌
忠恕(충서) 충실하고 인정 많음
寬恕(관서) 너그럽게 용서함

析	쪼갤 석	**부수** 木 나무 목	**총획** 8획
	나눌 석		**육서** 회의

分析(분석) 사물을 요소, 성질에 따라 갈라냄
解析(해석) 사물을 자세하게 풀어 연구함

署	마을/관청 서	**부수** 罒 그물망머리	**총획** 14획
	서명할 서		**육서** 형성

署名(서명) 자기의 성명을 써 넣는 것
部署(부서) 업무 체계에 따라 나뉜 사무의 각
　　　　　부분
官公署(관공서) 관청과 공서

★釋	풀 석	**부수** 釆 분별할 변	**총획** 20획
			육서 형성

釋放(석방) 구속이 풀리고 자유롭게 됨
稀釋(희석) 용액에 용매를 더해 묽게 함

유의한자 解(해), 緩(완)

緒	실마리 서	**부수** 糸 실 사	**총획** 15획
			육서 형성

緒論(서론) 본론에 들어가기 전의 논설
端緒(단서) 일의 처음. 일의 실마리
情緖(정서) 사람의 마음에 일어나는 여러 가지
　　　　　감정

宣	베풀 선	**부수** 宀 갓머리	**총획** 9획
			육서 형성

宣誓(선서) 공개적으로 맹세함
宣言(선언) 널리 밝혀 말함

誓	맹세할 서	**부수** 言 말씀 언	**총획** 14획
	약속 서		**육서** 형성

誓約(서약) 맹세. 굳은 약속
宣誓(선서) 맡은 일에 대하여 성실할 것을 맹
　　　　　세함
誓命(서명) 맹세(盟誓)

유의한자 盟(맹)

禪	좌선할 선	**부수** 示 보일 시	**총획** 17획
	고요할 선		**육서** 형성

坐禪(좌선) 가부좌를 하고 마음을 다스림
參禪(참선) 좌선하여 선(禪)을 닦음
禪代(선대) 시대가 바뀜

旋

돌 선

부수	方 모 방
총획	11획
육서	회의

旋律(선율) 멜로디
旋回(선회) 주변을 빙빙 돎
旋風(선풍) 돌발적 사건으로 동요가 생김

유의한자 回(회), 巡(순)

涉

건널 섭

부수	氵 삼수변
총획	10획
육서	회의

涉外(섭외) 외국과 연락하며 교섭함
干涉(간섭) 직접 관계가 없는 일에 대하여 부당하게 참견함
交涉(교섭) 일을 이루기 위하여 상대편에 절충함

유의한자 渡(도)

攝

다스릴 섭
잡을 섭

부수	扌 재방변
총획	21획
육서	형성

攝取(섭취) 영양분을 빨아들임
攝理(섭리) 신·정령이 인간을 위하여 세상을 다스리는 일

유의한자 治(치), 理(리)

召

부를 소

부수	口 입 구
총획	5획
육서	회의

召集(소집) 불러서 모음
召還(소환) 중도에 불러들임
召募(소모) 필요한 사람을 널리 모음

유의한자 呼(호), 唱(창), 招(초)

昭

밝을 소

부수	日 날 일
총획	9획
육서	형성

昭詳(소상) 밝고 자세함
昭示(소시) 명백히 나타내어 보임
昭光(소광) 밝게 반짝이는 빛

유의한자 明(명), 了(료), 哲(철)

蘇

되살아날 소
깨어날 소

부수	++ 초두머리
총획	20획
육서	형성

蘇復(소복) 병이 나아 전과 같이 회복함
蘇生(소생) 다시 살아남
蘇聯(소련) 소비에트 사회주의 공화국

騷

떠들 소

부수	馬 말 마
총획	20획
육서	형성

騷動(소동) 소란스럽게 떠들어 댐
騷亂(소란) 어수선하고 시끄러움
騷壇(소단) 문필가들의 사회

燒

불사를 소

부수	火 불 화
총획	16획
육서	형성

燒却(소각) 불에 태워서 없애 버림
燒失(소실) 불에 타서 없어짐
燒亡(소망) 불에 타서 없어짐

訴

호소할 소

부수	言 말씀 언
총획	12획
육서	형성

訴訟(소송) 법원에 판결을 요구하는 절차
訴請(소청) 하소연하여 청함
呼訴(호소) 남에게 하소연함

유의한자 訟(송)

掃

쓸 소

부수	扌 재방변
총획	11획
육서	형성

掃除(소제) 쓸어서 깨끗하게 함
掃去(소거) 쓸어 버림
掃地(소지) 땅바닥을 깨끗이 함

疏

소통할 소
성길 소

부수 疋 짝 필
총획 12획
육서 형성

疏遠(소원) 사이가 멀어짐
疏外(소외) 꺼리며 멀리함
疏忽(소홀) 데면데면하고 가벼움

유의한자 放(방), 消(소)

損

덜 손

부수 扌 재방변
총획 13획
육서 형성

損傷(손상) 상하거나 깨어져서 손해가 됨. 또는 그 손해
缺損(결손) 모자람. 수입보다 지출이 많게 됨

유의한자 省(생) **반의한자** 益(익), 登(등)

蔬

나물 소
채소 소

부수 ++ 초두머리
총획 16획
육서 형성

蔬果(소과) 채소와 과실
菜蔬(채소) 밭에서 나는 온갖 푸성귀
蔬店(소점) 채소를 파는 가게

유의한자 菜(채)

訟

송사할 송

부수 言 말씀 언
총획 11획
육서 형성

訟理(송리) 송사하는 이유
訟事(송사) 법원에 판결을 요구하는 절차
訴訟(소송) 재판을 걺
爭訟(쟁송) 서로 다투며 송사를 일으킴

유의한자 訴(소)

束

묶을 속
약속할 속

부수 木 나무 목
총획 7획
육서 회의

約束(약속) 언약하여 정함
拘束(구속) 자유를 억제함
團束(단속) 잡도리를 단단히 함

유의한자 繫(계), 結(결)

誦

외울 송

부수 言 말씀 언
총획 14획
육서 형성

誦詠(송영) 시가(詩歌) 등을 외어 읊음
暗誦(암송) 글을 보지 아니하고 외움
誦功(송공) 자신의 공적을 지나치게 떠벌림

粟

조 속

부수 米 쌀 미
총획 12획
육서 회의

粟米(속미) 좁쌀
粟飯(속반) 조로 지은 밥
粟乳(속유) 좁쌀 가루로 죽을 쑤어 그릇에 담아 굳힌 음식

頌

칭송할 송
기릴 송

부수 頁 머리 혈
총획 13획
육서 형성

頌德(송덕) 공적이나 인격을 기림
稱頌(칭송) 칭찬하고 기림
讚頌(찬송) 덕을 기리고 찬양함
歌頌(가송) 공덕을 칭송하는 노래

유의한자 讚(찬)

屬

무리 속
이을 촉

부수 尸 주검시엄
총획 21획
육서 형성

屬國(속국) 정치적으로 다른 나라에 지배되고 있는 나라

유의한자 群(군), 衆(중), 等(등)

刷

인쇄할 쇄
솔질할 쇄

부수 刂 선칼도방
총획 8획
육서 형성

刷掃(쇄소) 쓸고 닦음
刷新(쇄신) 폐단을 없애고 새롭게 함
印刷(인쇄) 글 등을 종이에 박아내는 일
刷子(쇄자) 갓이나 탕건 등의 먼지를 터는 솔

鎖

| 쇠사슬 쇄 | 부수 | 金 쇠 금 | 총획 | 18획 |
| 잠글 쇄 | | | 육서 | 형성 |

鎖國(쇄국) 다른 나라와의 통교를 금지함
足鎖(족쇄) 죄인의 발에 채우는 쇠사슬
閉鎖(폐쇄) 문을 닫고 자물쇠를 채움

遂

| 드디어 수 | 부수 | 辶 책받침 | 총획 | 13획 |
| 따를 수 | | | 육서 | 형성 |

遂行(수행) 계획한 대로 해냄
未遂(미수) 목적을 이루지 못한 결행
完遂(완수) 완전히 수행함

衰

★

| 쇠할 쇠 | 부수 | 衣 옷 의 | 총획 | 10획 |
| 상복 최 | | | 육서 | 상형 |

衰弱(쇠약) 힘이 쇠해져서 약함
衰退(쇠퇴) 쇠하여 퇴보함
衰亂(쇠란) 쇠하여 어지러워짐

유의한자 軟(연), 柔(유), 弱(약)

隨

| 따를 수 | 부수 | 阝 좌부변 | 총획 | 16획 |
| | | | 육서 | 형성 |

隨伴(수반) 어떤 일과 함께 생김
隨筆(수필) 체험, 감상 등을 생각하는 대로 자
유롭게 적은 글
隨一(수일) 여럿 중 제일

유의한자 巡(순), 追(추), 從(종)

囚

| 가둘 수 | 부수 | 囗 큰입구몸 | 총획 | 5획 |
| 죄수 수 | | | 육서 | 회의 |

罪囚(죄수) 옥에 갇힌 죄인
囚獄(수옥) 옥·감옥
脫獄囚(탈옥수) 감옥에서 빠져 나와 도망한 죄수

帥

| 장수 수 | 부수 | 巾 수건 건 | 총획 | 9획 |
| | | | 육서 | 형성 |

元帥(원수) 군인 중 가장 높은 계급
將帥(장수) 군사를 거느리는 우두머리
帥旗(수기) 수자기(帥字旗)

유의한자 統(통), 將(장)

睡

| 졸음 수 | 부수 | 目 눈 목 | 총획 | 13획 |
| 잠잘 수 | | | 육서 | 형성 |

午睡(오수) 낮잠. 낮에 잠깐 자는 잠
昏睡(혼수) 의식을 잃고 인사불성이 됨
睡夢(수몽) 졸음과 꿈을 이르는 말

獸

| 짐승 수 | 부수 | 犬 개 견 | 총획 | 19획 |
| | | | 육서 | 회의 |

獸醫(수의) 가축의 병을 고치는 의사
獸帶(수대) 짐승의 이름을 띤 별자리가 모여있
는 띠 모양의 천구(天球)의 범위
獸形(수형) 짐승 모양

유의한자 畜(축)   반의한자 人(인)

輸

| 보낼 수 | 부수 | 車 수레 거 | 총획 | 16획 |
| | | | 육서 | 형성 |

輸送(수송) 사람이나 물건을 실어 옮김
輸入(수입) 외국의 물품 등을 사들임
輸出(수출) 실어서 내보냄

유의한자 送(송)

殊

| 다를 수 | 부수 | 歹 죽을사변 | 총획 | 10획 |
| 뛰어날 수 | | | 육서 | 형성 |

殊異(수이) 특별히 다름
特殊(특수) 특별히 다름

유의한자 異(리), 差(차)

| 需 | 쓸 수 | **부수** 雨 비 우 | **총획** 14획 |
| | | | **육서** 회의 |

需要(수요) 필요하여 얻고자 함
婚需(혼수) 혼인에 드는 물품. 또는 비용
需求(수구) 필요하여 찾아 구하는 일
需用(수용) 구하여 씀

반의한자 供(공), 給(급)

| 熟 | 익을 숙 | **부수** ⺣ 연화발 | **총획** 15획 |
| | 익숙할 숙 | | **육서** 형성 |

熟練(숙련) 숙달하게 익힘
熟人(숙인) 가까이 친하게 지내는 사람
熟供(숙공) 익은 음식을 공여함

유의한자 練(련)

| 垂 | 드리울 수 | **부수** 土 흙 토 | **총획** 8획 |
| | | | **육서** 형성 |

垂直(수직) 똑바로 드리움
垂範(수범) 착한 일로써 몸소 남의 모범이 됨
垂天(수천) 하늘을 온통 덮듯이 드리워짐

| 循 | 돌 순 | **부수** 彳 두인변 | **총획** 12획 |
| | 순행할 순 | | **육서** 형성 |

循理(순리) 도리를 좇음
循環(순환) 끊임없이 자꾸 돎
循例(순례) 관례에 따름
循俗(순속) 풍속이나 습속을 좇음

유의한자 巡(순)

| 搜 | 찾을 수 | **부수** 扌 재방변 | **총획** 13획 |
| | | | **육서** 형성 |

搜查(수사) 찾아다니며 조사함
搜索(수색) 범죄와 관련된 물건이나 범죄인 등
을 찾아내기 위하여 뒤져서 찾음

| 旬 | 열흘 순 | **부수** 日 날 일 | **총획** 6획 |
| | | | **육서** 회의 |

七旬(칠순) 70일. 일흔 살
旬葬(순장) 사람이 죽은 지 열흘 만에 지내는 장사
下旬(하순) 한 달 가운데 21일부터 말일까지의
동안

| 孰 | 누구 숙 | **부수** 子 아들 자 | **총획** 11획 |
| | | | **육서** 회의 |

孰若(숙약) 양쪽을 비교해서 묻는 의문사
孰能(숙능) 누가 감히 할 수 있겠는가

유의한자 誰(수)

| 殉 | 따라 죽을 순 | **부수** 歹 죽을사변 | **총획** 10획 |
| | | | **육서** 형성 |

殉國(순국) 나라를 위해 목숨을 바침
殉教(순교) 자기가 믿는 종교를 위해 목숨을
바침
殉利(순리) 이익만 바라보고 몸을 망침

| 肅 | 엄숙할 숙 | **부수** 聿 붓 율 | **총획** 13획 |
| | | | **육서** 회의 |

肅淸(숙청) 어지러운 상태를 바로잡음
肅啓(숙계) 삼가 아룀

| 瞬 | 깜짝일 순 | **부수** 目 눈 목 | **총획** 17획 |
| | 잠깐 순 | | **육서** 형성 |

瞬間(순간) 극히 짧은 시간
轉瞬(전순) 순식간
瞬息間(순식간) 극히 짧은 동안
瞬間的(순간적) 순간인 모양

脣	입술 순	**부수** 月 육달월	**총획** 11획 **육서** 형성

脣音(순음) 'ㅁ, ㅂ, ㅃ, ㅍ' 등의 두 입술 사이
　　　　　에서 나는 소리
脣前(순전) 무덤 앞에 평평한 땅의 앞
脣形(순형) 입술의 모양

襲	엄습할 습	**부수** 衣 옷 의	**총획** 22획 **육서** 형성

奇襲(기습) 갑자기 적을 공격함
世襲(세습) 집안의 신분, 재산, 작위 등을 대를
　　　　　이어 물려받는 것
襲來(습래) 습격해 옴

★巡	돌 순 순행할 순	**부수** 巛 개미허리	**총획** 7획 **육서** 형성

巡訪(순방) 차례로 방문함
巡視(순시) 돌아다니며 사정을 보살핌
巡察(순찰) 돌아다니면서 사정을 살핌

유의한자 循(순)

僧	중 승	**부수** 亻 사람인변	**총획** 14획 **육서** 형성

僧舞(승무) 중처럼 차리고 추는 춤
僧主(승주) 모든 중을 관할하는 승직
僧事(승사) 설교 따위의, 중이 보는 사무

術	재주 술 기술 술	**부수** 行 다닐 행	**총획** 11획 **육서** 형성

術法(술법) 음양과 복술에 관한 이치 또는 그
　　　　　실현 방법
術語(술어) 학술에서의 전문 용어
技術(기술) 어떤 일을 솜씨 있게 하는 재간

유의한자 藝(예), 技(기), 才(재)

昇	오를 승	**부수** 日 날 일	**총획** 8획 **육서** 형성

昇降(승강) 오르고 내림
昇華(승화) 사물이 보다 더 높은 수준으로 발
　　　　　전하는 일

유의한자 登(등)　**반의한자** 降(강)

述	펼 술	**부수** 辶 책받침	**총획** 9획 **육서** 형성

述懷(술회) 마음속의 생각을 말함
著述(저술) 글을 지어 책을 만듦
敍述(서술) 어떤 내용을 차례대로 말하거나 적
　　　　　음

유의한자 技(기)

侍	모실 시	**부수** 亻 사람인변	**총획** 8획 **육서** 형성

侍衛(시위) 임금을 곁에서 모시고 호위함
內侍(내시) 궁중에서 임금의 시중을 들거나 일
　　　　　을 맡아본 벼슬아치

★濕	젖을 습	**부수** 氵 삼수변	**총획** 17획 **육서** 형성

濕氣(습기) 축축한 기운
濕冷(습랭) 질병을 일으키는 차고 축축한 기
　　　　　운. 또는 냉기와 습기 때문에 생기
　　　　　는 병증

반의한자 燥(조), 乾(건)

矢	화살 시	**부수** 矢 화살 시	**총획** 5획 **육서** 상형

毒矢(독시) 촉에 독을 바른 화살
矢人(시인) 화살을 만드는 사람

반의한자 弓(궁)

息

쉴 식
자식 식

부수 心 마음 심
총획 10획
육서 회의

令息(영식) 윗사람의 아들에 대한 존칭
息借(식차) 이자를 주고 돈을 빌림

유의한자 休(휴)

飾

꾸밀 식

부수 食 밥식변
총획 14획
육서 형성

假飾(가식) 언행을 거짓으로 꾸밈
裝飾(장식) 치장하여 꾸밈. 또는 그 꾸밈새
飾僞(식위) 거짓으로 꾸밈
飾履(식리) 이익을 늘림

伸

펼 신

부수 亻 사람인변
총획 7획
육서 형성

伸張(신장) 세력 등을 늘리고 넓게 폄
伸縮(신축) 늘이고 줄임
追伸(추신) 편지 등의 말미에 추가한 글

유의한자 張(장)   **반의한자** 縮(축), 屈(굴)

愼

삼갈 신

부수 忄 심방변
총획 13획
육서 형성

愼重(신중) 매우 조심스러움
謹愼(근신) 과오를 반성하고 언행을 삼감
愼厚(신후) 매우 조심스러움
愼口(신구) 말을 삼감

유의한자 謹(근)

晨

새벽 신

부수 日 날 일
총획 11획
육서 형성

晨星(신성) 샛별
晨光(신광) 아침의 햇빛
晨夕(신석) 아침과 저녁
晨夜(신야) 새벽과 밤

審

살필 심

부수 宀 갓머리
총획 15획
육서 회의

審理(심리) 자세히 조사하여 처리함
審問(심문) 자세히 따져서 물음
審議(심의) 심사하고 토의하는 것
審査(심사) 자세히 조사하여 등급 등을 결정함

유의한자 閱(열), 省(성), 監(감)

尋

찾을 심

부수 寸 마디 촌
총획 12획
육서 회의

尋究(심구) 찾아서 밝힘
尋訪(심방) 방문하여 찾아봄
尋人(심인) 사람을 찾거나 찾는 사람
尋問(심문) 찾아 물음

유의한자 訪(방), 探(탐)

牙

어금니 아

부수 牙 어금니 아
총획 4획
육서 상형

牙城(아성) 성곽의 중심부. 큰 조직이나 단체
        등의 중심이 되는 곳
齒牙(치아) '이'의 점잖은 일컬음
象牙(상아) 코끼리의 어금니

亞

버금 아

부수 二 두 이
총획 8획
육서 상형

亞流(아류) 둘째가는 사람이나 사물
東亞(동아) 동쪽의 아시아
亞鉛(아연) 금속의 한 가지

유의한자 次(차), 副(부)   **반의한자** 惡(악)

芽

싹 아

부수 ++ 초두머리
총획 8획
육서 형성

麥芽(맥아) 엿기름
發芽(발아) 씨앗에서 싹이 나옴

雅

맑을 아

| 부수 | 隹 새 추 | 총획 | 12획 |
| 육서 | 형성 |

雅量(아량) 깊고 너그러운 도량
優雅(우아) 아름다운 품위와 아취가 있음
典雅(전아) 바르고 아담하여 품위가 있음

반의한자 俗(속)

謁

뵐 알

| 부수 | 言 말씀 언 | 총획 | 16획 |
| 육서 | 형성 |

謁見(알현) 지체 높은 사람을 찾아 뵘
拜謁(배알) 지위가 높거나 존경하는 사람을 찾
아가 뵘

유의한자 見(현)

★

餓

주릴 아

| 부수 | 食 밥식변 | 총획 | 16획 |
| 육서 | 형성 |

餓鬼(아귀) 굶주린 귀신. 염치없이 먹을 것만
탐내는 사람
餓死(아사) 굶어 죽음
飢餓(기아) 굶주림

유의한자 飢(기)

壓

누를 압

| 부수 | 土 흙 토 | 총획 | 17획 |
| 육서 | 형성 |

壓倒(압도) 상대편을 눌러 넘어뜨림
壓力(압력) 누르는 힘
壓縮(압축) 눌러서 쭈그러뜨림

유의한자 抑(억), 押(압)

岳

큰 산 악

| 부수 | 山 뫼 산 | 총획 | 8획 |
| 육서 | 회의 |

山岳(산악) 높고 험준하게 솟은 산
冠岳區(관악구) 서울에 있는 행정구

유의한자 陵(릉), 山(산)

押

누를 압
단속할 갑

| 부수 | 扌 재방변 | 총획 | 8획 |
| 육서 | 형성 |

押留(압류) 집행 기관이 특정의 재산, 권리에
대해 개인의 처분을 금하는 행위
押收(압수) 증거물이나 재산을 강제로 빼앗는
행위

유의한자 壓(압), 抑(억)

雁

기러기 안

| 부수 | 隹 새 추 | 총획 | 12획 |
| 육서 | 형성 |

雁書(안서) 먼 곳에 소식을 전하는 편지
雁足(안족) 거문고, 가야금, 아쟁 따위의 줄을
고르는 기러기 발 모양의 기구

유의한자 鴻(홍)

央

가운데 앙

| 부수 | 大 큰 대 | 총획 | 5획 |
| 육서 | 회의 |

中央(중앙) 사방의 한가운데. 중심이 되는 중
요한 곳

유의한자 中(중)

岸

언덕 안

| 부수 | 山 뫼 산 | 총획 | 8획 |
| 육서 | 형성 |

岸壁(안벽) 깎아지른 듯이 험한 물가
沿岸(연안) 육지와 맞닿은 바다 등의 물가
海岸(해안) 바닷가. 또는 바닷가의 기슭

유의한자 陵(릉), 原(원), 丘(구)

殃

재앙 앙

| 부수 | 歹 죽을사변 | 총획 | 9획 |
| 육서 | 형성 |

殃禍(앙화) 죄의 앙갚음으로 받는 재앙
災殃(재앙) 천재지변으로 말미암은 사고

유의한자 災(재), 厄(액), 禍(화)

涯	물가 애	**부수** 氵 삼수변	**총획** 11획 **육서** 형성

生涯(생애) 살아 있는 한평생의 기간
天涯(천애) 하늘 끝. 아득히 멀리 떨어져있는 곳

厄	재앙 액	**부수** 厂 민엄호	**총획** 4획 **육서** 회의

厄運(액운) 액을 당한 운수
橫厄(횡액) 뜻밖에 닥쳐오는 재액

유의한자 禍(화), 災(재), 殃(앙)

額	이마 액 수량 액	**부수** 頁 머리 혈	**총획** 18획 **육서** 형성

額面(액면) 공채·주식·화폐 등의 증서에 적힌 가격
額字(액자) 현판에 쓴 글자
金額(금액) 금전의 액수

耶	어조사 야	**부수** 耳 귀 이	**총획** 9획 **육서** 형성

耶蘇敎(야소교) 기독교. 예수교

유의한자 於(어), 也(야), 矣(의), 乎(호)

躍	뛸 약	**부수** 足 발 족	**총획** 21획 **육서** 형성

躍動(약동) 생기 있고 활발하게 움직임
躍進(약진) 뛰어서 전진함
跳躍(도약) 몸을 위로 솟구쳐 뛰는 것

유의한자 跳(도)

樣	모양 양	**부수** 木 나무 목	**총획** 15획 **육서** 형성

樣式(양식) 일정한 모양과 방식. 예술에 있어서의 스타일
模樣(모양) 모습. 맵시. 생김새
多樣(다양) 여러 가지 모양

유의한자 貌(모), 態(태), 形(형)

壤	흙덩이 양	**부수** 土 흙 토	**총획** 20획 **육서** 형성

土壤(토양) 식물에 영양을 공급하는 흙
平壤(평양) 평안남도 서남부에 있는 도시

유의한자 地(지), 坤(곤), 土(토)

楊	버들 양	**부수** 木 나무 목	**총획** 13획 **육서** 형성

楊柳(양류) 버드나무
垂楊(수양) 수양버들의 준말

유의한자 柳(류)

御	거느릴 어 막을 어	**부수** 彳 두인변	**총획** 11획 **육서** 회의

御命(어명) 임금의 명령. 왕명
制御(제어) 기계 등의 동작을 조절함

유의한자 領(령)

抑	누를 억	**부수** 扌 재방변	**총획** 7획 **육서** 회의

抑留(억류) 억지로 머물게 함
抑壓(억압) 억제하여 압박함
抑制(억제) 억눌러 제지함

유의한자 壓(압) **반의한자** 揚(양)

焉	어찌 언	부수	灬 연화발	총획	11획
		육서	상형		

於焉(어언) 알지 못하는 사이. 어느덧
缺焉(결언) 있어야 할 것이 없거나 모자람

驛	역 역	부수	馬 말 마	총획	23획
		육서	형성		

驛名(역명) 역의 이름
驛前(역전) 정거장이나 역의 앞 광장
電鐵驛(전철역) 전기 철도 노선의 역

予	나 여 줄 여	부수	亅 갈고리 궐	총획	4획
		육서	상형		

予奪(여탈) 주는 일과 빼앗는 일
予曰(여왈) 내가 말하기를

疫	전염병 역	부수	疒 병질엄	총획	9획
		육서	형성		

疫病(역병) 전염으로 생기는 악성 유행병
疫疾(역질) 천연두를 한방에서 이르는 말
防疫(방역) 전염병을 미리 막는 일
免疫(면역) 체내의 병원균에 대한 저항력

輿	수레 여	부수	車 수레 거	총획	17획
		육서	형성		

輿論(여론) 사회 대중의 공통된 의견
輿望(여망) 많은 사람의 기대
輿地(여지) 땅. 대지(大地)

유의한자 車(거)

★譯	번역할 역	부수	言 말씀 언	총획	20획
		육서	형성		

譯詩(역시) 번역한 시
直譯(직역) 글을 그 자구나 어법에 따라 충실
　　　하게 번역함

유의한자 飜(번)

域	지경 역 구역 역	부수	土 흙 토	총획	11획
		육서	형성		

域內(역내) 구역 또는 지역의 안
區域(구역) 일정한 기준에 의하여 갈라놓은
　　　지역
地域(지역) 일정한 땅의 구역

유의한자 界(계), 區(구)

宴	잔치 연	부수	宀 갓머리	총획	10획
		육서	형성		

宴席(연석) 연회를 베푸는 자리
宴會(연회) 축하 등을 위해 베푸는 잔치
宴享(연향) 국빈(國賓)을 대접하는 잔치

役	부릴 역	부수	彳 두인변	총획	7획
		육서	회의		

役事(역사) 토목, 건축 따위의 공사
役割(역할) 맡은 바 직책이나 임무
苦役(고역) 몹시 견디기 어려운 일

유의한자 使(사)

燕	제비 연	부수	灬 연화발	총획	16획
		육서	상형		

燕息(연식) 하는 일 없이 집에 한가히 있음
燕尾服(연미복) 남자 예복의 한 가지

沿	물 따라갈 연 따를 연	**부수** 氵 삼수변	**총획** 8획 **육서** 형성

沿邊(연변) 국경, 강 등의 언저리 일대
沿海(연해) 육지와 가까운 바다
沿岸(연안) 강, 호수, 바닷가를 따라서 잇닿아
　　　　　있는 땅

軟	연할 연	**부수** 車 수레 거	**총획** 11획 **육서** 형성

軟弱(연약) 부드럽고 유약함
柔軟(유연) 부드럽고 연함

유의한자 弱(약)　　**반의한자** 硬(경)

燃	탈 연	**부수** 火 불 화	**총획** 16획 **육서** 형성

燃料(연료) 열을 이용하기 위하여 때는 숯·석
　　　　　탄·나무 따위의 총칭
燃燒(연소) 불에 탐

★ 緣	인연 연	**부수** 糸 실 사	**총획** 15획 **육서** 형성

因緣(인연) 서로의 연분. 어떤 사물에 관계되
　　　　　는 연줄
緣故(연고) 까닭. 사유
學緣(학연) 출신 학교에 따른 연고 관계

유의한자 因(인)

演	펼 연 넓힐 연	**부수** 氵 삼수변	**총획** 14획 **육서** 형성

演技(연기) 배우가 무대 위에서 연출하여 보이
　　　　　는 말이나 동작
講演(강연) 사물의 뜻을 자세히 풀어서 설명
　　　　　함. 청중에게 이야기를 함

閱	볼 열 셀 열	**부수** 門 문 문	**총획** 15획 **육서** 형성

檢閱(검열) 검사함
閱覽(열람) 책이나 문서 따위를 죽 훑어보거나
　　　　　조사하면서 봄

유의한자 觀(관), 覽(람), 監(감)

鉛	납 연	**부수** 金 쇠 금	**총획** 13획 **육서** 형성

鉛筆(연필) 흑연의 가루와 점토를 섞어 구워서,
　　　　　심을 만들어 나무 축에 박은 필기 용구
色鉛筆(색연필) 물감을 섞어 빛깔이 나게 만든
　　　　　연필

染	물들 염	**부수** 木 나무 목	**총획** 9획 **육서** 회의

染料(염료) 물감
染色(염색) 천이나 종이 등에 물을 들임
汚染(오염) 더러워짐

延	늘일 연	**부수** 廴 민책받침	**총획** 7획 **육서** 형성

延期(연기) 기한을 물려서 늘임
遲延(지연) 끌어서 늦춤
延長(연장) 시간이나 물건의 길이를 늘이어 길
　　　　　게 함

鹽	소금 염	**부수** 鹵 짠땅 로	**총획** 24획 **육서** 형성

鹽酸(염산) 염화수소의 수용액
鹽分(염분) 소금기. 짠맛
鹽田(염전) 바닷물로 소금을 만드는 밭

泳	헤엄칠 영	**부수** 氵삼수변	**총획** 8획 **육서** 형성

背泳(배영) 위를 향해 반듯이 누워서 치는 헤엄
水泳(수영) 물속에서 몸을 뜨게 하고 손발을 놀리는 행동

豫	미리 예	**부수** 豕 돼지 시	**총획** 16획 **육서** 형성

豫審(예심) 범죄자를 소추할 것인가를 결정하기 위해 자료를 수집하는 일
豫測(예측) 앞으로 있을 일을 미리 추측함

반의한자 決(결)

詠	읊을 영 / 노래할 영	**부수** 言 말씀 언	**총획** 12획 **육서** 형성

詠歌(영가) 시가(詩歌)를 짓거나 읊음
詠歎(영탄) 감동을 소리로 내어 나타냄

유의한자 招(초), 唱(창), 召(소)

譽	기릴 예 / 명예 예	**부수** 言 말씀 언	**총획** 21획 **육서** 형성

名譽(명예) 사람들로부터 받은 높은 평가와 이에 따른 영광
榮譽(영예) 영광스러운 명예

유의한자 頌(송), 讚(찬) **반의한자** 毁(훼)

映	비칠 영	**부수** 日 날 일	**총획** 9획 **육서** 형성

映像(영상) 영화나 텔레비전의 화면에 비친 물체의 상(像)
反映(반영) 반사하여 되비침

유의한자 照(조)

★ 銳	날카로울 예	**부수** 金 쇠 금	**총획** 15획 **육서** 형성

銳利(예리) 끝이 날카로움
精銳(정예) 썩 날래고 용맹스러움
尖銳(첨예) 날카롭고 뾰족함. 사상, 태도가 앞서 있거나 급진적임

반의한자 鈍(둔)

★ 營	경영할 영	**부수** 火 불 화	**총획** 17획 **육서** 형성

經營(경영) 사업이나 기업을 관리하고 운영함
運營(운영) 조직, 기구 등을 경영함

유의한자 經(경)

傲	거만할 오	**부수** 亻사람인변	**총획** 13획 **육서** 형성

傲氣(오기) 남에게 지기 싫어하는 마음
傲慢(오만) 잘난 체하여 방자함
傲然(오연) 태도가 거만스러움

유의한자 敖(오), 慢(만)

影	그림자 영	**부수** 彡 터럭 삼	**총획** 15획 **육서** 형성

影像(영상) 제사나 장례를 지낼 때 위패 대신 쓰는, 사람의 얼굴을 그린 족자
影響(영향) 다른 것에 작용을 미치어 반응이나 변화를 주는 일

반의한자 形(형)

嗚	슬플 오	**부수** 口 입 구	**총획** 13획 **육서** 형성

嗚泣(오읍) 목이 메어 욺

유의한자 悲(비), 哀(애)

娯 즐길 오　부수 女 여자 녀　총획 10획　육서 형성

娯樂(오락) 재미있게 놀아서 기분을 즐겁게 하
는 일
娯遊(오유) 재미있게 놂

유의한자 歡(환), 樂(락)

緩 느릴 완　부수 糸 실 사　총획 15획　육서 형성

緩急(완급) 느림과 빠름
緩慢(완만) 느릿느릿함. 경사가 급하지 않음
緩和(완화) 급박하거나 긴장된 상태를 느슨하
게 함

유의한자 徐(서), 漫(만), 放(방), 解(해)

汚 더러울 오　부수 氵 삼수변　총획 6획　육서 형성

汚名(오명) 더러워진 이름이나 명예
汚點(오점) 명예를 더럽히는 결점
汚辱(오욕) 남의 이름을 더럽히고 욕되게 하
는 것

畏 두려워할 외　부수 田 밭 전　총획 9획　육서 회의

畏懼(외구) 무서워하고 두려워함
敬畏(경외) 존경하고 두려워함
可畏(가외) 두려워할 만함

유의한자 恐(공)

獄 옥 옥　부수 犭 개사슴록변　총획 14획　육서 회의

獄苦(옥고) 옥살이하는 고생
監獄(감옥) 교도소의 구칭
地獄(지옥) 죄인이 간다는 지하 세계

腰 허리 요　부수 月 육달월　총획 13획　육서 형성

腰痛(요통) 허리가 아픈 증세
腰帶(요대) 허리띠
腰折(요절) 우스워서 허리가 부러질 듯함

翁 늙은이 옹　부수 羽 깃 우　총획 10획　육서 형성

老翁(노옹) 늙은 남자. 늙은이

유의한자 老(로)

遙 멀 요
거닐 요　부수 辶 책받침　총획 14획　육서 형성

遙遠(요원) 까마득히 멂
遙昔(요석) 먼 옛날

유의한자 遠(원)

擁 낄 옹
안을 옹　부수 扌 재방변　총획 16획　육서 형성

擁衛(옹위) 주위를 둘러쌈
擁護(옹호) 지지하여 유리하도록 보호함
抱擁(포옹) 품에 껴안음

유의한자 抱(포)

謠 노래 요　부수 言 말씀 언　총획 17획　육서 형성

童謠(동요) 어린이들의 생활 감정이나 심리를
나타낸 노래
民謠(민요) 한 민족의 독특한 노래
歌謠(가요) 민요, 속요, 동요 등의 총칭

搖 흔들 요

부수	扌 재방변
총획	13획
육서	형성

搖亂(요란) 시끄럽고 떠들썩함
動搖(동요) 확고하지 못하고 흔들림

유의한자 動(동), 擧(거), 運(운), 移(이)

慾 욕심 욕

부수	心 마음 심
총획	15획
육서	회의

物慾(물욕) 물질에 대한 욕심
慾心(욕심) 탐하거나 누리고자 하는 마음
貪慾(탐욕) 사물을 지나치게 탐하는 욕심

辱 욕될 욕

부수	辰 별 진
총획	10획
육서	회의

辱說(욕설) 남을 욕하는 말
恥辱(치욕) 부끄러움과 욕됨
屈辱(굴욕) 억눌리어 업신여김을 받는 모욕
侮辱(모욕) 깔보고 욕보임

반의한자 榮(영)

庸 떳떳할 용
쓸 용

부수	广 엄호
총획	11획
육서	회의

庸劣(용렬) 변변하지 못하고 졸렬함
中庸(중용) 치우침이 없이 떳떳한 상태
登庸(등용) 인재를 골라 뽑아 씀

유의한자 常(상)

偶 짝 우
우연 우

부수	亻 사람인변
총획	11획
육서	형성

偶發(우발) 우연히 일어남
偶然(우연) 뜻밖에 저절로 되는 일
配偶者(배우자) 부부로서 짝이 되는 상대자

유의한자 雙(쌍), 匹(필)

愚 어리석을 우

부수	心 마음 심
총획	13획
육서	형성

愚直(우직) 어리석고 고지식함
愚鈍(우둔) 어리석고 둔함

반의한자 智(지), 賢(현)

郵 우편 우

부수	阝 우부방
총획	11획
육서	회의

郵送(우송) 물건이나 편지를 우편으로 보냄
郵便(우편) 편지나 소포 따위를 운송하는 국영 사업
郵票(우표) 우편 요금을 표시하는 증표

羽 깃 우

부수	羽 깃 우
총획	6획
육서	상형

羽毛(우모) 깃과 털. 깃털
羽翼(우익) 새의 날개. 보좌하는 일

유의한자 翼(익)

優 넉넉할 우
뛰어날 우

부수	亻 사람인변
총획	17획
육서	형성

優待(우대) 특별히 잘 대우함
優雅(우아) 품위가 높고 아름다움
優先(우선) 다른 것보다 앞섬
優秀(우수) 여럿 가운데 아주 뛰어남

유의한자 裕(유)

韻 운 운

부수	音 소리 음
총획	19획
육서	형성

韻律(운율) 시문의 음성적인 형식
音韻(음운) 말의 뜻을 구별하여 주는 소리의 가장 작은 단위
韻致(운치) 고아한 품격을 갖춘 멋

유의한자 音(음), 聲(성)

援

도울 원 | 부수 扌 재방변 | 총획 12획 | 육서 형성

援助(원조) 도와 줌
應援(응원) 운동 경기 따위를 곁에서 힘이 나게 도움
支援(지원) 지지하여 도움

유의한자 贊(찬), 佐(좌)

緯

씨줄 위 | 부수 糸 실 사 | 총획 15획 | 육서 형성

緯度(위도) 지구 위의 가로로 된 좌표
經緯(경위) 피륙의 날과 씨. 경도와 위도. 사건의 전말

유의한자 種(종), 核(핵) 반의한자 經(경)

院

집 원 | 부수 阝 좌부변 | 총획 10획 | 육서 형성

院長(원장) 병원·학원 등 '원(院)'의 우두머리
病院(병원) 병의 치료 및 예방 사업을 하는 보건 기관
法院(법원) 소송 사건을 심판하는 기관

유의한자 舍(사), 戶(호), 家(가)

胃

밥통 위 | 부수 月 육달월 | 총획 9획 | 육서 회의

胃腸(위장) 위(胃)와 창자를 아울러 이르는 말

源

근원 원 | 부수 氵 삼수변 | 총획 13획 | 육서 형성

源泉(원천) 물이 솟아나오는 근원
根源(근원) 물의 줄기가 나오기 시작하는 곳

謂

이를 위 | 부수 言 말씀 언 | 총획 16획 | 육서 형성

可謂(가위) 가히 이르자면. 과연
所謂(소위) 이른바
云謂(운위) 입에 올려 말하는 것

유의한자 云(운)

員

인원 원 | 부수 口 입 구 | 총획 10획 | 육서 회의

員數(원수) 물건의 수. 사람의 수
滿員(만원) 정한 인원이 다 참

유의한자 團(단) 반의한자 方(방)

違

어긋날 위 | 부수 辶 책받침 | 총획 13획 | 육서 형성

違反(위반) 법령 등을 어기고 아니 지킴
違法(위법) 법 등을 어김
違和感(위화감) 잘 어울리지 않아서 일어나는 어색한 느낌

유의한자 差(차), 錯(착)

越

넘을 월 | 부수 走 달릴 주 | 총획 12획 | 육서 형성

越權(월권) 권한 밖의 일을 함
越冬(월동) 겨울을 넘김. 겨울을 남
越等(월등) 실력 등이 다른 것보다 뛰어남

유의한자 超(초), 卓(탁)

圍

에워쌀 위 | 부수 囗 큰입구몸 | 총획 12획 | 육서 형성

範圍(범위) 제한된 둘레의 언저리. 어떤 힘이 미치는 한계
包圍(포위) 주위를 둘러쌈

유의한자 周(주), 含(함), 包(포)

	위로할 위	**부수** 心 마음 심	**총획** 15획
			육서 형성

慰

慰問(위문) 위로하기 위하여 문안함

	생각할 유 오직 유	**부수** ㅏ 심방변	**총획** 11획
			육서 형성

惟

惟獨(유독) 오직 홀로
惟一(유일) 오직 그것 하나뿐임
思惟(사유) 생각하는 인간의 이성 작용

유의한자 考(고), 想(상), 思(사)

	거짓 위	**부수** 亻 사람인변	**총획** 14획
			육서 형성

僞

僞善(위선) 겉으로만 선한 체함
僞造(위조) 진짜와 같게 만들어 속임
虛僞(허위) 사실인 것처럼 꾸민 것

유의한자 假(가)　**반의한자** 眞(진), 正(정)

	벼리 유 맬 유	**부수** 糸 실 사	**총획** 14획
			육서 형성

維

維新(유신) 낡은 제도를 고쳐 새롭게 함
維持(유지) 지탱하여 나감. 지니어 감

	지킬 위	**부수** 行 다닐 행	**총획** 15획
			육서 형성

衛

衛生(위생) 건강의 보존과 증진을 꾀하고 질병
　　　　의 예방 치료에 힘쓰는 일
前衛(전위) 맨 앞장 선 군대. 사회에서 선진적
　　　　이며 적극적인 역할을 하는 사람

유의한자 守(수), 保(보)

	젖 유	**부수** 乙 새 을	**총획** 8획
★			**육서** 회의

乳

乳母(유모) 남의 아이에게 그 어머니 대신 젖
　　　　을 먹여 주는 여자
牛乳(우유) 소의 젖
乳兒(유아) 젖먹이. 젖을 먹는 아이

	맡길 위	**부수** 女 여자 녀	**총획** 8획
			육서 회의

委

委任(위임) 어떤 일을 책임 지워 맡김. 또는 그
　　　　맡은 책임

유의한자 托(탁), 任(임)

	선비 유	**부수** 亻 사람인변	**총획** 16획
			육서 형성

儒

儒林(유림) 유교의 도를 닦는 학자들
儒教(유교) 고대 중국에서 공자가 주장한 유학
　　　　을 받드는 교

유의한자 士(사)

	그윽할 유	**부수** 幺 작을 요	**총획** 9획
			육서 형성

幽

幽閉(유폐) 아주 깊숙이 가둠
幽魂(유혼) 죽은 이의 넋
幽靈(유령) 죽은 사람의 혼령

	넉넉할 유	**부수** 衤 옷의변	**총획** 12획
			육서 형성

裕

裕福(유복) 살림이 넉넉함
富裕(부유) 재물이 넉넉함
餘裕(여유) 넉넉하고 남음이 있음

誘	꾈 유	**부수** 言 말씀 언	**총획** 14획	**육서** 형성

誘致(유치) 설비 등을 갖추어 두고 권하여 오게 함
誘惑(유혹) 꾀어서 정신을 못 차리게 함

隱	숨을 은	**부수** 阝 좌부변	**총획** 17획	**육서** 형성

隱蔽(은폐) 덮어 감춤
隱密(은밀) 숨어 있어서 나타나지 않음

반의한자 見(견), 顯(현), 現(현)

愈	나을 유	**부수** 心 마음 심	**총획** 13획	**육서** 형성

治愈(치유) 치료를 받고 병이 나음
快愈(쾌유) 병이 완전히 나음

淫	음란할 음	**부수** 氵 삼수변	**총획** 11획	**육서** 형성

淫亂(음란) 음탕하고 난잡함

유의한자 姦(간)

悠	멀 유 한가할 유	**부수** 心 마음 심	**총획** 11획	**육서** 형성

悠久(유구) 연대가 길고 오램
悠然(유연) 침착하고 여유가 있음

유의한자 遠(원), 永(영), 長(장)

凝	엉길 응	**부수** 冫 이수변	**총획** 16획	**육서** 형성

凝結(응결) 한데 엉기어 뭉침
凝固(응고) 엉기어 뭉쳐 굳어짐
凝視(응시) 시선을 모아 한곳을 똑바로 눈여겨 봄

閏	윤달 윤	**부수** 門 문 문	**총획** 12획	**육서** 형성

閏月(윤월) 윤달
閏日(윤일) 윤년에 드는 날. 2월 29일

儀	거동 의 본보기 의	**부수** 亻 사람인변	**총획** 15획	**육서** 형성

儀式(의식) 경사나 흉사의 예식을 갖추는 법식
禮儀(예의) 사회생활과 사람 관계에서 공손한 말과 몸가짐

潤	윤택할 윤 젖을 윤	**부수** 氵 삼수변	**총획** 15획	**육서** 형성

潤澤(윤택) 윤기 있는 광택. 살림이 풍부함

★ 疑	의심할 의	**부수** 疋 짝 필	**총획** 14획	**육서** 회의

疑心(의심) 확실히 알 수 없어 믿지 못하는 마음
懷疑(회의) 의심을 품음. 인식을 부정하며 진리를 믿지 않음

반의한자 信(신)

宜	마땅 의	**부수** ⼧ 갓머리	**총획** 8획
			육서 회의

宜當(의당) 마땅히. 으레
適宜(적의) 알맞고 마땅함
便宜(편의) 편리하고 좋음

유의한자 該(해), 當(당)

任	맡길 임 버려둘 임	**부수** ⼈ 사람인변	**총획** 6획
			육서 형성

任用(임용) 직무를 맡겨서 등용함
放任(방임) 통제하거나 돌보지 아니하고 내버
려 둠

유의한자 托(탁), 委(위)　**반의한자** 免(면)

夷	오랑캐 이	**부수** ⼤ 큰 대	**총획** 6획
			육서 회의

東夷(동이) 동쪽의 오랑캐

賃	품삯 임	**부수** ⾙ 조개 패	**총획** 13획
			육서 형성

賃金(임금) 노동자가 일을 하고 받는 보수
賃貸(임대) 삯을 받고 물품을 빌려줌
運賃(운임) 운반이나 운송한 보수로 받거나 무
는 삯

翼	날개 익	**부수** ⽻ 깃 우	**총획** 17획
			육서 형성

翼面(익면) 날개의 표면
翼室(익실) 본채의 좌우로 달린 방

유의한자 羽(우)

ㅈ

刺	찌를 자 찌를 척	**부수** ⼑ 선칼도방	**총획** 8획
			육서 형성

刺促(자촉) 세상일에 얽매어서 몹시 바쁨

유의한자 衝(충)

姻	혼인 인	**부수** ⼥ 여자 녀	**총획** 9획
			육서 형성

姻戚(인척) 혼인에 의해 맺어진 친척
姻兄(인형) 손위 누이의 남편. 매형(妹兄)
婚姻(혼인) 남녀가 부부가 되는 일

유의한자 婚(혼)

姿	모양 자 성품 자	**부수** ⼥ 여자 녀	**총획** 9획
			육서 형성

姿勢(자세) 몸을 움직이거나 가누는 모양
姿態(자태) 어떤 모습이나 모양. 주로 사람의
맵시나 태도를 이름

유의한자 樣(양), 像(상), 形(형), 態(태)

逸	편안할 일 숨을 일	**부수** ⾡ 책받침	**총획** 12획
			육서 회의

逸品(일품) 아주 뛰어난 사물
逸話(일화) 알려지지 아니한 이야기
安逸(안일) 편안하고 한가로움

유의한자 安(안), 寧(녕)

紫	자줏빛 자	**부수** ⽷ 실 사	**총획** 12획
			육서 형성

紫外線(자외선) 태양 스펙트럼에서 보랏빛의
바깥쪽에 나타나는 복사선
紫朱(자주) 자줏빛. 빨강과 파랑의 중간색

資

재물 자

부수	貝 조개 패
총획	13획
육서	형성

資金(자금) 밑천
資質(자질) 타고난 바탕과 성질

유의한자 財(재), 貨(화)

殘

잔인할 잔

부수	歹 죽을사변
총획	12획
육서	형성

殘忍(잔인) 인정이 없고 몹시 모짊
相殘(상잔) 서로 다투고 싸움

유의한자 餘(여)

茲

이 자
검을 자

부수	玄 검을 현
총획	10획
육서	회의

茲而(자이) 이에

潛

잠길 잠

부수	氵 삼수변
총획	15획
육서	형성

潛水(잠수) 물속에 잠김
潛在(잠재) 속에 숨어 드러나지 아니함
潛潛(잠잠) 시끄럽지 않고 조용함

유의한자 沈(침)

恣

방자할 자
마음대로 자

부수	心 마음 심
총획	10획
육서	형성

恣意(자의) 제멋대로 하는 생각
恣行(자행) 제멋대로 해 나감
放恣(방자) 어려워하거나 조심스러워하는 태
　　　　도가 없이 무례하고 건방짐

暫

잠깐 잠

부수	日 날 일
총획	15획
육서	형성

暫間(잠간) '잠깐'의 원말
暫時(잠시) 짧은 시간
暫定(잠정) 임시로 정함

爵

벼슬 작

부수	爪 손톱 조
총획	18획
육서	상형

爵位(작위) 벼슬과 지위. 작의 계급
公爵(공작) 오등작의 첫째 작위

유의한자 官(관)

★**雜**

섞일 잡

부수	隹 새 추
총획	18획
육서	형성

雜念(잡념) 여러 가지 잡스러운 생각
錯雜(착잡) 뒤섞여 복잡함
複雜(복잡) 여럿이 뒤섞여 있음

유의한자 混(혼)

酌

술 부을 작
짐작할 작

부수	酉 닭 유
총획	10획
육서	형성

對酌(대작) 마주하여 술을 마심
酌定(작정) 일의 사정을 헤아려 결정함
參酌(참작) 참고하여 알맞게 헤아림

★**張**

베풀 장
과장할 장

부수	弓 활 궁
총획	11획
육서	형성

誇張(과장) 실제보다 더하게 떠벌림
擴張(확장) 늘려서 넓힘
主張(주장) 자신의 의견을 내세움

유의한자 設(설), 施(시)

粧	단장할 장	**부수** 米 쌀 미	**총획** 12획 **육서** 형성

粧

단장할 장

부수 米 쌀 미

총획 12획

육서 형성

丹粧(단장) 얼굴, 옷차림 등을 곱게 꾸밈
化粧(화장) 분 등을 발라 얼굴을 곱게 함
化粧品(화장품) 화장하는 데 쓰는 물건

유의한자 飾(식)

障

막을 장

부수 阝 좌부변

총획 14획

육서 형성

障害(장해) 거리껴서 해가 되게 함. 또는 그 물건
保障(보장) 거리낌이 없도록 보증함

유의한자 拒(거), 防(방)

腸

창자 장

부수 月 육달월

총획 13획

육서 형성

腸壁(장벽) 창자 내부의 벽
斷腸(단장) 창자가 끊어지듯이 몹시 슬픔
胃腸(위장) 위와 창자

藏

감출 장

부수 ++ 초두머리

총획 18획

육서 형성

所藏(소장) 값나가는 물건 등을 자기 것으로 간직함
藏書(장서) 책을 간직해 둠
貯藏(저장) 물건을 쌓아서 간직함

莊

씩씩할 장
장중할 장

부수 ++ 초두머리

총획 11획

육서 형성

莊嚴(장엄) 경건하고 엄숙함
別莊(별장) 경치 좋은 곳에 마련한 집

丈

어른 장

부수 一 한 일

총획 3획

육서 회의

丈母(장모) 아내의 어머니를 일컬음
丈夫(장부) 장성한 남자
大丈夫(대장부) 사내답고 씩씩한 남자

유의한자 夫(부)

裝

꾸밀 장

부수 衣 옷 의

총획 13획

육서 형성

裝備(장비) 부속품·비품 따위를 장치함. 또는 그 물품
裝飾(장식) 치장함. 꾸밈새
包裝(포장) 물건을 싸서 꾸림

유의한자 飾(식)

掌

손바닥 장
맡을 장

부수 手 손 수

총획 12획

육서 형성

掌握(장악) 손안에 잡아 쥐는 것
管掌(관장) 맡아서 다룸

墻

담 장

부수 土 흙 토

총획 16획

육서 형성

墻內(장내) 담의 안쪽
墻壁(장벽) 담과 벽

葬

장사 지낼 장

부수 ++ 초두머리

총획 13획

육서 회의

葬禮(장례) 장사를 지내는 일
葬事(장사) 시체를 묻거나 화장하는 일
葬地(장지) 장사하여 시체를 묻을 곳

獎	권면할 장	**부수** 大 큰 대	**총획** 14획 **육서** 형성

獎勵(장려) 권하여 북돋아 줌
推獎(추장) 추천하여 장려함
勸獎(권장) 권하여 장려함
獎學金(장학금) 학문의 연구를 위한 장려금

裁	마를 재	**부수** 衣 옷 의	**총획** 12획 **육서** 형성

裁斷(재단) 옷감 등의 마름질
裁量(재량) 자기 선에서 헤아려 처리함
決裁(결재) 제출한 안건을 허가·승인함

帳	장막 장	**부수** 巾 수건 건	**총획** 11획 **육서** 형성

帳幕(장막) 천막. 둘러치는 휘장
帳簿(장부) 물건의 출납이나 수지 계산 등을 적어 두는 책

유의한자 幕(막)

宰	재상 재 주관할 재	**부수** 宀 갓머리	**총획** 10획 **육서** 형성

宰相(재상) 임금을 도와 모든 관원을 지휘하는 일품 이상의 벼슬자리에 있는 사람
主宰(주재) 책임지고 맡아 처리함

臟	오장 장	**부수** 月 육달월	**총획** 22획 **육서** 형성

臟器(장기) 내장의 여러 기관
心臟(심장) 순환기계의 중추기관

抵	막을 저 거스를 저	**부수** 扌 재방변	**총획** 8획 **육서** 형성

抵當(저당) 채무의 담보로서 부동산 등을 전당 잡힘
抵觸(저촉) 서로 부딪치거나 모순됨
抵抗(저항) 대항함. 적과 마주 대하여 버팀

유의한자 防(방)

載	실을 재	**부수** 車 수레 거	**총획** 13획 **육서** 형성

連載(연재) 원고를 토막 내어 매회 실음
積載(적재) 차량, 선박 등에 짐을 실음
記載(기재) 문서에 기록하여 실음

底	밑 저	**부수** 广 엄호	**총획** 8획 **육서** 형성

底力(저력) 속에 간직하고 있는 든든한 힘
徹底(철저) 속속들이 영향을 미치어서 부족함 이나 빈틈이 없음

災	재앙 재	**부수** 火 불 화	**총획** 7획 **육서** 회의

災難(재난) 뜻밖에 일어나는 불행한 일
天災(천재) 자연의 변화로 일어나는 재앙. 큰 바람·홍수·지진 등

유의한자 禍(화), 厄(액), 殃(앙)

寂	고요할 적	**부수** 宀 갓머리	**총획** 11획 **육서** 형성

靜寂(정적) 고요하여 괴괴함
閑寂(한적) 한가하고 고요함

유의한자 靜(정)

	딸 적	부수	扌 재방변	총획	14획
				육서	형성

摘

摘出(적출) 끄집어내거나 솎아 냄
指摘(지적) 손가락질하여 가리킴
摘發(적발) 드러나지 아니한 것을 들춤

	쌓을 적	부수	禾 벼 화	총획	16획
				육서	형성

積

積極(적극) 대상에 대하여 긍정적이고 능동적
　　　　으로 활동함
露積(노적) 한데에 쌓아 둔 곡식
容積(용적) 물건을 담을 수 있는 크기

유의한자　貯(저)

	물방울 적	부수	氵 삼수변	총획	14획
				육서	형성

滴

滴露(적로) 방울져 떨어지는 이슬
點滴(점적) 방울방울 떨어지는 물방울

	문서 적	부수	竹 대 죽	총획	20획
				육서	형성

籍

國籍(국적) 일정한 국가의 국민으로서의 신분
史籍(사적) 역사를 적은 책
戶籍(호적) 호주를 중심으로 그 식구들의 신분
　　　　사항을 기록한 공문서

유의한자　冊(책), 典(전), 章(장), 書(서)

	길쌈할 적 공 적	부수	糸 실 사	총획	17획
				육서	형성

績

功績(공적) 애쓴 보람
成績(성적) 실적. 시험을 평가한 결과

유의한자　織(직)

	★ 오로지 전	부수	寸 마디 촌	총획	11획
				육서	형성

專

專攻(전공) 한 부분을 전문적으로 연구함
專制(전제) 다른 사람의 의사는 존중하지 않고
　　　　마음대로 일을 처리함
專念(전념) 오직 한 가지 일에만 마음을 다함

	발자취 적 업적 적	부수	足 발 족	총획	13획
				육서	형성

跡

追跡(추적) 뒤를 밟아 쫓아감
筆跡(필적) 글씨의 형적. 글씨의 솜씨
奇跡(기적) 상식으로 생각할 수 없는 기이한 일

	★ 구를 전 옮길 전	부수	車 수레 거	총획	18획
				육서	형성

轉

回轉(회전) 빙빙 돌아서 구르는 일
運轉(운전) 기계, 자동차 등을 움직임

유의한자　移(이), 爲(위)

	도둑 적	부수	貝 조개 패	총획	13획
				육서	회의

賊

賊徒(적도) 도둑의 무리
賊軍(적군) 도적의 군사. 적의 군사
盜賊(도적) 도둑

유의한자　盜(도)

	전각 전	부수	殳 갖은등글월문	총획	13획
				육서	형성

殿

殿閣(전각) 임금이 거처하는 궁전
殿下(전하) 왕이나 왕비의 높임말
宮殿(궁전) 대궐
內殿(내전) 왕비가 거처하던 궁전

유의한자　宮(궁)

折

꺾을 절

부수	扌 재방변	총획	7획
		육서	회의

折半(절반) 둘로 나눔. 또는 그 반
骨折(골절) 뼈가 부러짐

유의한자 屈(굴)

占

점칠 점
점령할 점

부수	卜 점 복	총획	5획
		육서	회의

占領(점령) 무력으로나 기타의 방법으로 일정
한 땅이나 대상을 차지함
獨占(독점) 혼자서 독차지함

切

끊을 절
모두 체

부수	刀 칼 도	총획	4획
		육서	형성

切實(절실) 실정에 꼭 알맞음. 썩 긴요하고 절
박함
懇切(간절) 절실함
切迫(절박) 마감, 시기 등이 매우 급함

유의한자 絶(절), 斷(단)

蝶

나비 접

부수	虫 벌레 훼	총획	15획
		육서	형성

蝶泳(접영) 두 손을 동시에 뻗치는 수영
胡蝶(호접) 나비

竊

훔칠 절

부수	穴 구멍 혈	총획	22획
		육서	회의

竊盜(절도) 남의 물건을 몰래 훔침

유의한자 盜(도)

廷

조정 정

부수	廴 민책받침	총획	7획
		육서	형성

法廷(법정) 송사를 심리하고 판결하는 곳
朝廷(조정) 임금이 정치를 집정하던 곳
宮廷(궁정) 임금이 사는 곳

點

점 점

부수	黑 검을 흑	총획	17획
		육서	형성

點檢(점검) 낱낱이 검사함
點線(점선) 점을 찍어서 이루어진 선
時點(시점) 시간 흐름의 어떤 한 점

訂

바로잡을 정

부수	言 말씀 언	총획	9획
		육서	형성

訂正(정정) 글자나 글 따위의 잘못을 고쳐 바로
잡음
改訂(개정) 글자나 글의 틀린 곳을 고쳐 바로잡음
校訂(교정) 책의 잘못된 글자나 글귀 등을 고침

유의한자 矯(교)

漸

점점 점

부수	氵 삼수변	총획	14획
		육서	형성

漸進(점진) 순서대로 조금씩 나아감
漸次(점차) 점점 차례대로
漸漸(점점) 조금씩 더하거나 덜해지는 모양
漸增(점증) 점점 증가함

程

한도 정
길 정

부수	禾 벼 화	총획	12획
		육서	형성

程度(정도) 알맞은 한도. 얼마의 분량
程式(정식) 표준이 되는 방식
過程(과정) 일이 되어 가는 경로
日程(일정) 그날에 할 일이나 분량, 순서

亭

정자 정

부수	ㅗ 돼지해머리	총획	9획
		육서	형성

亭子(정자) 경치 좋은 곳에 세운 쉬는 집
料亭(요정) 객실을 갖추고 음식을 파는 집
老人亭(노인정) 노인들이 모여 쉴 수 있게 마련한 공간

濟

건널 제
도울 제

부수	氵 삼수변	총획	17획
		육서	형성

救濟(구제) 구원하여 건져 줌
經濟(경제) 인간 생활에 필요한 재화나 용역의 생산·분배·소비 활동
決濟(결제) 일을 처리하여 끝냄

유의한자 救(구)

征

칠 정

부수	彳 두인변	총획	8획
		육서	형성

征伐(정벌) 적 또는 죄 있는 무리를 무력으로 침
征服(정복) 정벌하여 복종하게 함
遠征(원정) 먼 곳으로 싸우러 감

유의한자 伐(벌)

制

절제할 제
지을 제

부수	刂 선칼도방	총획	8획
		육서	회의

制度(제도) 국가·사회 구조의 체제
制裁(제재) 법이나 규율을 위반하는 행위에 대하여 가하는 처벌
牽制(견제) 끌어당기어 자유롭지 못하게 함

★整

가지런할 정

부수	攵 등글월문	총획	16획
		육서	형성

整地(정지) 땅을 반반하고 고르게 만듦
整備(정비) 정돈하여 갖춤

유의한자 齊(제)

齊

가지런할 제
다스릴 제

부수	齊 가지런할 제	총획	14획
		육서	상형

齊家(제가) 집안을 바르게 다스림
齊唱(제창) 여러 사람이 다 같이 노래함
一齊(일제) 여럿이 한꺼번에 함

유의한자 整(정)

際

즈음 제
사귈 제

부수	阝 좌부변	총획	14획
		육서	형성

際會(제회) 좋은 때를 당하여 만남
交際(교제) 서로 사귐
實際(실제) 현실의 경우
國際(국제) 나라 사이에 관계됨

유의한자 邊(변)

★提

끌 제

부수	扌 재방변	총획	12획
		육서	형성

提起(제기) 문제나 의견을 내놓음
提携(제휴) 서로 붙들어 도와줌
提供(제공) 가지거나 누리도록 줌
提案(제안) 안이나 의견으로 내놓음

堤

둑 제

부수	土 흙 토	총획	12획
		육서	형성

堤防(제방) 홍수 등을 막기 위해 쌓은 둑
防波堤(방파제) 거친 파도를 막고 항구의 수면을 잔잔하게 유지하려고 바다에 쌓은 둑

★弔

조상할 조

부수	弓 활 궁	총획	4획
		육서	회의

弔問(조문) 상주가 된 사람을 위문함
弔喪(조상) 상가(喪家)에 대해 조의를 표함
弔意(조의) 남의 죽음을 슬퍼하는 뜻

반의한자 慶(경)

照

| 비칠 조 | 부수 | 총획 13획 |
| 대조할 조 | 灬 연화발 | 육서 형성 |

照查(조사) 대조하여 조사함
參照(참조) 참고로 대조함
對照(대조) 둘 이상의 대상을 맞대어 봄

유의한자 映(영)

操

| 잡을 조 | 부수 | 총획 16획 |
| 지조 조 | 扌 재방변 | 육서 형성 |

操縱(조종) 마음대로 다루어 부림
志操(지조) 의지와 절조
操心(조심) 실수가 없도록 경계함
操作(조작) 기계를 움직여 작업함

유의한자 執(집)

租

| 조세 조 | 부수 | 총획 10획 |
| | 禾 벼 화 | 육서 형성 |

租稅(조세) 국가가 거두어들이는 수입
租借(조차) 한 나라가 다른 나라 영토의 일부
를 빌려 일정 기간 통치하는 일

유의한자 稅(세)

潮

★

| 밀물 조 | 부수 | 총획 15획 |
| 조수 조 | 氵 삼수변 | 육서 형성 |

潮流(조류) 조수(潮水)로 인한 바닷물의 흐름
潮水(조수) 일정한 시간을 두고 주기적으로 해
면의 수준이 올라갔다 내려갔다 하
는 현상을 이루는 바닷물

燥

| 마를 조 | 부수 | 총획 17획 |
| 애태울 조 | 火 불 화 | 육서 형성 |

燥渴(조갈) 목이 마름
乾燥(건조) 습기나 물기가 없음

유의한자 枯(고)   반의한자 濕(습)

拙

| 옹졸할 졸 | 부수 | 총획 8획 |
| | 扌 재방변 | 육서 형성 |

拙劣(졸렬) 옹졸하고 비열함
拙筆(졸필) 졸렬한 글씨
拙速(졸속) 어설프게 빠름. 또는 그런 태도

유의한자 劣(렬)   반의한자 巧(교)

組

| 짤 조 | 부수 | 총획 11획 |
| | 糸 실 사 | 육서 형성 |

組織(조직) 단체 또는 사회를 구성하는 각 요
소가 결합하여 유기적 작용을 하는
통일체가 되는 것

유의한자 績(적)

縱

| 세로 종 | 부수 | 총획 17획 |
| | 糸 실 사 | 육서 형성 |

縱橫(종횡) 세로와 가로. 거침없이 다님
縱隊(종대) 세로로 줄지어 늘어선 대형
縱斷(종단) 세로로 끊거나 길이로 자름

반의한자 橫(횡)

條

| 가지 조 | 부수 | 총획 11획 |
| 조목 조 | 木 나무 목 | 육서 형성 |

條件(조건) 무슨 일에서 규정한 항목. 약속할
경우에 붙이는 제한
條例(조례) 지방 자치 단체가 자주적으로 만든
법규
無條件(무조건) 아무런 조건이 없음

佐

| 도울 좌 | 부수 | 총획 7획 |
| | 亻 사람인변 | 육서 형성 |

保佐(보좌) 보호하여 도움
補佐(보좌) 상관을 도와 일을 처리함

유의한자 贊(찬)

座	자리 좌	부수 广 엄호	총획 10획 · 육서 형성

座談(좌담) 한자리에 모여 앉아 의견이나 견문을 나누는 일
座標(좌표) 점과 자리를 정하는 수
講座(강좌) 강의 등을 하는 자리

유의한자 席(석)

株	그루 주 · 주식 주	부수 木 나무 목	총획 10획 · 육서 형성

株價(주가) 주식이나 주권의 값
株式(주식) 주식회사의 자본을 이루는 단위
有望株(유망주) 어떤 분야에서 발전될 가망성이 많은 사람

周	두루 주	부수 口 입 구	총획 8획 · 육서 회의

周到(주도) 주의가 두루 미쳐 빈틈없이 찬찬함
周旋(주선) 일을 이루어 내거나 잘되도록 하기 위하여 여러 가지 방법으로 이리저리 두루 힘씀

유의한자 圍(위)

洲	물가 주 · 섬 주	부수 氵 삼수변	총획 9획 · 육서 형성

美洲(미주) '아메리카주'의 한자 이름

舟	배 주	부수 舟 배 주	총획 6획 · 육서 상형

舟車(주거) 배와 수레
片舟(편주) 작은 배. 조각배

유의한자 船(선), 航(항)

奏	아뢸 주 · 연주할 주	부수 大 큰 대	총획 9획 · 육서 회의

奏達(주달) 임금에게 아룀
演奏(연주) 여러 사람 앞에서 악기로 음악을 들려 줌
奏下(주하) 임금에게 아뢴 일에 대하여 재가를 내림

州	고을 주	부수 川 내 천	총획 6획 · 육서 상형

州郡(주군) 주(州)와 군(郡)의 뜻으로 지방을 일컬음
濟州島(제주도) 한국 최대의 섬

유의한자 郡(군), 邑(읍)

珠	구슬 주	부수 王 구슬옥변	총획 10획 · 육서 형성

珠玉(주옥) 아름답고 훌륭한 물건. 잘된 글

유의한자 玉(옥)

柱	기둥 주 · 받칠 주	부수 木 나무 목	총획 9획 · 육서 형성

柱石(주석) 기둥과 주춧돌
柱礎(주초) 기둥 밑에 괴는 주춧돌
支柱(지주) 무엇을 버티는 기둥

鑄	불릴 주 · 부어 만들 주	부수 金 쇠 금	총획 22획 · 육서 형성

鑄造(주조) 쇠를 녹여 부어서 물건을 만듦
鑄貨(주화) 쇠붙이를 녹여서 돈을 만듦

유의한자 鍊(련), 練(련)

	준할 준 법도 준	**부수** ⺡ 삼수변	**총획** 13획 **육서** 형성
準	準備(준비) 필요한 것을 미리 마련함 基準(기준) 기본이 되는 표준 標準(표준) 여러 사물이 준거할 만한 기준. 　　　　　또는 그에 해당하는 사물		

	증세 증	**부수** 疒 병질엄	**총획** 10획 **육서** 형성
症	症勢(증세) 병을 앓을 때 그 증상 症候(증후) 병의 증세 後遺症(후유증) 병을 앓은 후에도 남아 있는 　　　　　　증세		

	준걸 준	**부수** 亻 사람인변	**총획** 9획 **육서** 형성
俊	俊秀(준수) 재주나 풍채가 몹시 빼어남 俊才(준재) 아주 뛰어난 재주나 그 사람		

유의한자 秀(수), 傑(걸)

	찔 증	**부수** ⧾⧾ 초두머리	**총획** 14획 **육서** 형성
蒸	蒸發(증발) 액체가 기체 상태로 변함 水蒸氣(수증기) 물이 증발하여 기체로 된 것		

	좇을 준 지킬 준	**부수** ⻌ 책받침	**총획** 16획 **육서** 형성
遵	遵法(준법) 법령 등을 지킴 遵守(준수) 규칙 등을 그대로 좇아 지킴		

유의한자 守(수)

	줄 증	**부수** 貝 조개 패	**총획** 19획 **육서** 형성
贈	寄贈(기증) 물품을 선물로 보내어 줌 贈與(증여) 재산을 무상으로 타인에게 물려주 　　　　는 행위		

유의한자 授(수)

	버금 중	**부수** 亻 사람인변	**총획** 6획 **육서** 형성
仲	仲秋(중추) 음력 8월 伯仲(백중) 재주 등의 우열을 가리기 힘듦		

유의한자 次(차), 副(부)

	더딜 지 늦을 지	**부수** ⻌ 책받침	**총획** 16획 **육서** 형성
遲	遲滯(지체) 기한에 뒤짐 遲刻(지각) 정한 시각보다 늦음 遲延(지연) 오래 끎. 시기에 뒤짐		

반의한자 速(속)

	미울 증	**부수** 忄 심방변	**총획** 15획 **육서** 형성
憎	憎惡(증오) 몹시 미워함 愛憎(애증) 사랑함과 미워함		

유의한자 惡(악)　**반의한자** 慈(자), 愛(애)

	지혜 지	**부수** 日 날 일	**총획** 12획 **육서** 형성
智	故智(고지) 옛사람의 지혜 勇智(용지) 용기와 지혜 知慧(지혜) 삶의 경험이 풍부하거나 세상의 이 　　　　치에 밝음		

유의한자 慧(혜)　**반의한자** 愚(우)

誌	기록할 지	**부수** 言 말씀 언	**총획** 14획 **육서** 형성

誌面(지면) 잡지의 글, 그림을 싣는 곳
雜誌(잡지) 호(號)를 거듭하여 정기적으로 간행하는 출판물

유의한자 錄(록), 記(기)

池	못 지	**부수** 氵 삼수변	**총획** 6획 **육서** 형성

電池(전지) 전류를 일으키는 배터리 장치

유의한자 澤(택)

★ 職	직분 직	**부수** 耳 귀 이	**총획** 18획 **육서** 형성

職分(직분) 마땅히 해야 할 본분
官職(관직) 관리의 벼슬자리
退職(퇴직) 현재 직분에서 물러남
職場(직장) 일하는 곳

織	짤 직	**부수** 糸 실 사	**총획** 18획 **육서** 형성

織物(직물) 온갖 피륙의 총칭
組織(조직) 어떤 원리에 따라 짜서 이루거나 또는 이룬 것

유의한자 績(적)

珍	보배 진	**부수** 王 구슬옥변	**총획** 9획 **육서** 형성

珍味(진미) 아주 좋은 맛 또는 음식
珍貴(진귀) 보배롭고 귀중함

유의한자 寶(보)

鎭	진압할 진	**부수** 金 쇠 금	**총획** 18획 **육서** 형성

鎭壓(진압) 강압적인 힘으로 억누름
鎭痛(진통) 아픔을 진정시킴
鎭靜(진정) 시끄러운 상태를 조용히 가라앉히는 것

振	떨칠 진 진동할 진	**부수** 扌 재방변	**총획** 10획 **육서** 형성

振動(진동) 흔들리어 움직임
振興(진흥) 떨치어 일으킴
振作(진작) 떨치어 일으킴. 또는 일어남

陳	베풀 진 묵을 진	**부수** 阝 좌부변	**총획** 11획 **육서** 형성

陳述(진술) 자세하게 말함
陳腐(진부) 새롭지 못함

유의한자 設(설)

陣	진칠 진	**부수** 阝 좌부변	**총획** 10획 **육서** 회의

陣頭(진두) 군대의 선두
退陣(퇴진) 군사 무리가 뒤로 물림
陣痛(진통) 아이를 낳을 때 오는 통증

震	우레 진	**부수** 雨 비 우	**총획** 15획 **육서** 형성

地震(지진) 땅이 진동함
震動(진동) 몹시 울리어 움직임
餘震(여진) 큰 지진 후에 있는 가끔 일어나는 작은 지진

姪	조카 질 조카딸 질	**부수** 女 여자 녀	**총획** 9획 **육서** 형성

姪婦(질부) 조카의 아내
堂姪(당질) 사촌의 아들

반의한자 叔(숙)

疾	병 질 미워할 질	**부수** 疒 병질엄	**총획** 10획 **육서** 형성

疾病(질병) 몸에 생길 수 있는 온갖 병
疾視(질시) 밉게 봄
疾患(질환) 몸의 온갖 병

秩	차례 질	**부수** 禾 벼 화	**총획** 10획 **육서** 형성

秩序(질서) 사물의 조리. 또는 그 순서
無秩序(무질서) 질서가 없음
上秩(상질) 상등의 품질

유의한자 序(서), 番(번), 第(제)

徵	부를 징 거둘 징	**부수** 彳 두인변	**총획** 15획 **육서** 회의

徵收(징수) 백성들에게 조세 등을 거둠
特徵(특징) 다른 것에 비해 특별한 것

유의한자 呼(호), 唱(창), 召(소), 吟(음)

懲	징계할 징	**부수** 心 마음 심	**총획** 19획 **육서** 형성

懲過(징과) 잘못을 꾸짖고 징계함
嚴懲(엄징) 엄중하게 징벌함
懲罰(징벌) 죄를 지은 것에 관하여 벌을 줌

유의한자 戒(계)

ㅊ

差	다를 차	**부수** 工 장인 공	**총획** 10획 **육서** 회의

差減(차감) 비교하여 덜어 냄
差別(차별) 등급이 지게 나누어 가름
差異(차이) 서로 같지 않고 다름

유의한자 異(이), 錯(착)

捉	잡을 착	**부수** 扌 재방변	**총획** 10획 **육서** 형성

捉囚(착수) 죄인을 잡아 가둠
捕捉(포착) 꼭 붙잡음. 요점, 요령을 깨침
捉送(착송) 잡아서 보냄

유의한자 執(집), 捕(포)

錯	어긋날 착	**부수** 金 쇠 금	**총획** 16획 **육서** 형성

錯覺(착각) 잘못 깨닫거나 생각함
錯雜(착잡) 정신이 뒤섞여 어수선함
錯誤(착오) 생각과 사실이 일치하지 않음

유의한자 差(차), 違(위), 誤(오)

贊	도울 찬 찬성할 찬	**부수** 貝 조개 패	**총획** 19획 **육서** 형성

贊成(찬성) 옳다고 동의함
贊助(찬조) 찬성하여 도움
贊反(찬반) 찬성과 반대
協贊(협찬) 협력하여 도움

유의한자 佐(좌), 助(조)

讚	기릴 찬	**부수** 言 말씀 언	**총획** 26획 **육서** 형성

讚頌(찬송) 덕을 기리고 찬양함
稱讚(칭찬) 좋은 점이나 착하고 훌륭한 일을
　　　　　높이 평가함. 또는 그런 말
讚辭(찬사) 칭찬하는 말

유의한자 頌(송), 譽(예)

| 慙 | 부끄러울 참 | **부수** 心 마음 심 | **총획** 15획 |
| | | **육서** 형성 | |

慙悔(참회) 부끄럽게 여겨 뉘우침
無慙(무참) 말할 수 없이 부끄러움

유의한자 恥(치)

| 倉 | 곳집 창
창고 창 | **부수** 人 사람 인 | **총획** 10획 |
| | | **육서** 상형 | |

倉庫(창고) 물건을 저장·보관하는 건물
倉皇(창황) 어찌할 겨를 없이 매우 급함

유의한자 庫(고)

| 慘 | 참혹할 참 | **부수** ↑ 심방변 | **총획** 14획 |
| | | **육서** 형성 | |

慘事(참사) 참혹한 일. 비참한 사건

| 債 | 빚 채 | **부수** 亻 사람인변 | **총획** 13획 |
| | | **육서** 형성 | |

債權(채권) 채권자가 채무자에게 급부를 청구
　　　　할 수 있는 권리
私債(사채) 개인 사이의 사사로운 빚

| 創 | 비롯할 창
시작할 창 | **부수** 刂 선칼도방 | **총획** 12획 |
| | | **육서** 형성 | |

創刊(창간) 정기 간행물인 신문·잡지 따위의
　　　　맨 처음 호를 간행함
創造(창조) 처음으로 생각해 내어 만듦. 조물
　　　　주가 처음 우주를 만듦

| 彩 | 채색 채
무늬 채 | **부수** 彡 터럭 삼 | **총획** 11획 |
| | | **육서** 형성 | |

彩色(채색) 여러 가지 고운 빛깔
光彩(광채) 찬란한 빛. 정기 있는 밝은 빛
多彩(다채) 여러 가지 빛깔이 어울려 아름다움

| 暢 | 화창할 창 | **부수** 日 날 일 | **총획** 14획 |
| | | **육서** 형성 | |

和暢(화창) 날씨 등이 부드럽게 맑음
暢達(창달) 자신의 의견, 주장을 거리낌 없이
　　　　자유롭게 표현함

| ★策 | 꾀 책
채찍 책 | **부수** 竹 대 죽 | **총획** 12획 |
| | | **육서** 형성 | |

策略(책략) 어떤 일을 처리하는 꾀
政策(정책) 정치적 목적을 위한 방책
對策(대책) 어떤 사건에 대한 방책

유의한자 謀(모), 計(계), 算(산)

| 蒼 | 푸를 창 | **부수** ⺿ 초두머리 | **총획** 14획 |
| | | **육서** 형성 | |

蒼空(창공) 푸른 하늘
蒼生(창생) 세상의 모든 사람. 백성

유의한자 靑(청), 碧(벽), 綠(록)

| 斥 | 물리칠 척 | **부수** 斤 날 근 | **총획** 5획 |
| | | **육서** 상형 | |

斥言(척언) 남을 배척하는 말
斥候(척후) 적의 동태를 정찰하고 탐색함
斥佛(척불) 불교를 배척함

유의한자 却(각)

戚

친척 척	부수 戈 창 과	총획 11획
		육서 형성

親戚(친척) 친척과 외척을 이르는 말
姻戚(인척) 혼인 관계로 이루어지는 친척
外戚(외척) 외가 쪽의 친척
戚兄(척형) 인척의 형

拓

넓힐 척 박을 탁	부수 扌 재방변	총획 8획
		육서 형성

拓地(척지) 땅을 개척하거나 넓힘
開拓(개척) 황무지를 일구어 논밭을 만듦
拓本(탁본) 비석 따위에 새겨진 글씨나 무늬를
종이에 그대로 떠냄

유의한자 擴(확)

薦

천거할 천 드릴 천	부수 ++ 초두머리	총획 17획
		육서 회의

薦擧(천거) 인재를 들어 천거함
推薦(추천) 어떤 대상을 책임지고 소개함
薦主(천주) 추천하여 준 사람
薦奉(천봉) 천거하여 받듦

賤

천할 천 업신여길 천	부수 貝 조개 패	총획 15획
		육서 형성

賤待(천대) 업신여겨 푸대접함
貴賤(귀천) 귀함과 천함
賤人(천인) 신분이 천한 사람
賤俗(천속) 비천한 풍속

반의한자 貴(귀)

遷

옮길 천	부수 辶 책받침	총획 15획
		육서 형성

變遷(변천) 변하여 바뀜
遷都(천도) 도읍(수도)을 옮김
播遷(파천) 임금이 도성을 떠나 다른 곳으로
피란하던 일

踐

밟을 천	부수 足 발 족	총획 15획
		육서 형성

實踐(실천) 실제로 해냄
履踐(이천) 약속이나 계약 등을 이행·실행함
踐履(천리) 몸소 실천함

유의한자 履(리)

哲

밝을 철 슬기로울 철	부수 口 입 구	총획 10획
		육서 형성

哲人(철인) 어질고 사리에 밝은 사람
明哲(명철) 총명하고 사리에 밝음
哲學(철학) 인생의 근본을 추구하는 학문

徹

통할 철 뚫을 철	부수 彳 두인변	총획 15획
		육서 회의

徹底(철저) 속속들이 빈틈이 없이 투철함
透徹(투철) 사리에 밝고 뚜렷함
徹夜(철야) 어떤 일을 하느라고 밤을 새는 것
徹曉(철효) 새벽까지 뜬 눈으로 새움

尖

뾰족할 첨	부수 小 작을 소	총획 6획
		육서 회의

尖端(첨단) 유행이나 시대 사조의 맨 앞장
尖塔(첨탑) 뾰족한 탑
尖銳(첨예) 날카롭고 뾰족함. 상황, 사태 등이
날카롭고 격함

유의한자 銳(예)

添

더할 첨	부수 氵 삼수변	총획 11획
		육서 형성

添加(첨가) 덧붙이거나 보탬
添附(첨부) 더하여 붙임
添削(첨삭) 첨가하거나 삭제함

반의한자 落(낙), 除(제), 削(삭)

妾	첩 첩	**부수** 女 여자 녀	**총획** 8획 **육서** 회의

少妾(소첩) 나이가 어린 첩
愛妾(애첩) 사랑하고 아끼는 첩
妾出(첩출) 첩이 낳은 아들
妾婦(첩부) 첩실

遞	갈릴 체	**부수** 辶 책받침	**총획** 14획 **육서** 형성

交遞(교체) 다른 것으로 대신함
郵遞(우체) 사회 일반의 서신, 전신, 전화 등의 통신을 맡아 보는 일
遞任(체임) 벼슬을 갈아 냄

廳	관청 청 마루 청	**부수** 广 엄호	**총획** 25획 **육서** 형성

廳舍(청사) 관청의 건물
官廳(관청) 국가의 사무를 맡아 보는 기관
廳下(청하) 마루의 아래
廳上拜(청상배) 대청 위에 올라서 하는 절

抄	뽑을 초	**부수** 扌 재방변	**총획** 7획 **육서** 형성

抄本(초본) 원본의 부분을 베낀 문서
抄譯(초역) 원문에서 필요 부분을 번역함
抄冊(초책) 요점만 기록한 책
抄出(초출) 골라서 뽑아냄

替	바꿀 체	**부수** 日 가로 왈	**총획** 12획 **육서** 형성

交替(교체) 서로 번갈아 대신함
代替(대체) 다른 것으로 바꿈
替代(체대) 서로 바꿔 대신함
替勞(체로) 남 대신 수고함

유의한자 換(환)

肖	닮을 초	**부수** 月 육달월	**총획** 7획 **육서** 형성

肖像(초상) 그림 따위에 나타낸 어떤 사람의 얼굴과 모습
不肖(불초) 부모의 덕망이나 유업을 이어받지 못함

유의한자 如(여), 若(약)

滯	막힐 체	**부수** 氵 삼수변	**총획** 14획 **육서** 형성

滯納(체납) 기한 내에 납부하지 않음
滯症(체증) 체하여 소화가 잘되지 않는 병
滯京(체경) 서울에 체류함
滯佛(체불) 프랑스에 체류함

礎	주춧돌 초 기초 초	**부수** 石 돌 석	**총획** 18획 **육서** 형성

礎石(초석) 주춧돌. 어떤 사물의 기초
基礎(기초) 사물의 기본이 되는 토대
礎材(초재) 기초가 되는 재료
礎柱(초주) 주춧돌과 기둥

逮	잡을 체 미칠 체	**부수** 辶 책받침	**총획** 12획 **육서** 형성

逮夜(체야) 밤이 됨. 기일의 전날 밤
逮捕(체포) 죄를 범하였거나 그 혐의가 있는 사람을 잡음
逮坐(체좌) 죄상을 조사하거나 심문함

超	뛰어넘을 초	**부수** 走 달릴 주	**총획** 12획 **육서** 형성

超過(초과) 일정한 정도나 수를 넘음
超脫(초탈) 세속적·일반적 한계를 벗어남
超人(초인) 보통 사람보다 능력이 훨씬 뛰어남
超世(초세) 한세상에서 뛰어남

秒	분초 초	부수 禾 벼 화	총획 9획 육서 형성

秒速(초속) 1초를 단위로 하여 잰 속도
秒針(초침) 시계의 초를 가리키는 바늘
分秒(분초) 분과 초의 아주 짧은 시간
秒振子(초진자) 한 번의 주기가 2초인 진자

聰	귀밝을 총 총명할 총	부수 耳 귀 이	총획 17획 육서 형성

聰氣(총기) 총명한 기질
聰明(총명) 총기가 좋고 명민함
聰俊(총준) 총명하고 준수함
聰察(총찰) 총명하여 사물에 밝음

促	재촉할 촉	부수 亻 사람인변	총획 9획 육서 형성

促進(촉진) 재촉하여 빨리 나아가게 함
督促(독촉) 빨리 서둘러 하도록 재촉함
促急(촉급) 촉박하여 매우 급함
促成(촉성) 재촉하여 빠르게 이루어지게 함

銃	총 총	부수 金 쇠 금	총획 14획 육서 형성

銃劍(총검) 총과 칼. 총 끝에 꽂는 칼
拳銃(권총) 한 손으로 다룰 수 있는 짧고 작은 총
銃傷(총상) 총에 맞은 상처
銃刑(총형) 총살형

觸	닿을 촉	부수 角 뿔 각	총획 20획 육서 형성

接觸(접촉) 다가가서 닿음
觸覺(촉각) 사물이 닿았을 때의 감각
觸傷(촉상) 추운 기운이 몸에 닿아 병이 남

催	재촉할 최 열 최	부수 亻 사람인변	총획 13획 육서 형성

開催(개최) 어떤 행사 따위를 주최하여 엶
主催(주최) 행사 따위를 주장하여 엶
催乳(최유) 젖이 나게 하는 일
催促(최촉) 빨리 할 것을 요구함

燭	촛불 촉 밝을 촉	부수 火 불 화	총획 17획 육서 형성

燭淚(촉루) 촛농
燭光(촉광) 등불이나 촛불의 빛
燭力(촉력) 촉광
燭察(촉찰) 밝게 비추어 살핌

抽	★ 뽑을 추	부수 扌 재방변	총획 8획 육서 형성

抽象(추상) 여러 가지 사물이나 개념에서 공통되는 특성·속성 따위를 추출하여 파악함
抽出(추출) 뽑아냄

유의한자 拔(발)

總	모두 총 합할 총	부수 糸 실 사	총획 17획 육서 형성

總計(총계) 수량 전체를 한데 모아서 셈함. 또는 그 셈
總代(총대) 전체 대표
總人口(총인구) 전체 인구

醜	추할 추 더러울 추	부수 酉 닭 유	총획 17획 육서 회의

美醜(미추) 아름다움과 추함
醜聞(추문) 좋지 못한 소문
醜俗(추속) 더럽고 지저분한 풍속
醜卑(추비) 추접하고 비겁함

반의한자 美(미)

逐	쫓을 축 물리칠 축	**부수** 辶 책받침	**총획** 11획 **육서** 회의
	逐出(축출) 쫓아 몰아냄 角逐(각축) 서로 이기려고 다툼 逐一(축일) 하나하나 쫓음		

衝	찌를 충 부딪칠 충	**부수** 行 다닐 행	**총획** 15획 **육서** 형성
	衝擊(충격) 마음에 심한 자극을 받음 衝突(충돌) 서로 맞부딪침. 서로 맞섬 要衝(요충) 지세가 군사적으로 중요한 곳		

★縮	줄일 축	**부수** 糸 실 사	**총획** 17획 **육서** 형성
	縮小(축소) 줄여 작게 함. 또는 작아짐 伸縮(신축) 늘어나고 줄어듦. 늘이고 줄임 減縮(감축) 덜어서 줄임 短縮(단축) 짧게 줄어듦		
	유의한자 屈(굴) **반의한자** 伸(신)		

臭	냄새 취	**부수** 自 스스로 자	**총획** 10획 **육서** 회의
	口臭(구취) 입에서 나는 악취 惡臭(악취) 나쁜 냄새. 불쾌한 냄새 無臭(무취) 냄새가 없음 香臭(향취) 좋은 느낌을 주는 냄새		

畜	가축 축 짐승 축	**부수** 田 밭 전	**총획** 10획 **육서** 회의
	牧畜(목축) 소, 양 등의 가축을 기름 畜力(축력) 가축의 노동력 畜牛(축우) 집에서 기르는 소		
	유의한자 獸(수) **반의한자** 人(인)		

趣	뜻 취	**부수** 走 달릴 주	**총획** 15획 **육서** 형성
	趣味(취미) 마음에 끌려 일정한 방향으로 쏠리 는 흥미 趣舍(취사) 나아감과 머무름		

★築	쌓을 축	**부수** 竹 대 죽	**총획** 16획 **육서** 형성
	築臺(축대) 높게 쌓아 올린 대 建築(건축) 흙, 나무, 돌, 쇠 등을 써서 집, 성, 다리 같은 건조물을 세워 지음		
	유의한자 積(적)		

醉	취할 취	**부수** 酉 닭 유	**총획** 15획 **육서** 형성
	醉氣(취기) 술에 취한 얼근한 기운 陶醉(도취) 어떤 것에 마음이 끌려 취함 醉中(취중) 술 취한 동안		

★蓄	모을 축	**부수** ⺿ 초두머리	**총획** 14획 **육서** 형성
	蓄財(축재) 돈이나 재물을 모아 쌓음. 또는 그 재물 貯蓄(저축) 소득을 모두 써 버리지 않고 그 일 부를 모아 나감		

側	곁 측 기울 측	**부수** 亻 사람인변	**총획** 11획 **육서** 형성
	側近(측근) 곁의 가까운 곳 側面(측면) 옆면. 한 부분이나 한쪽 면 側傍(측방) 가까운 곁		

測
헤아릴 측 | **부수** 氵 삼수변 | **총획** 12획 **육서** 형성

推測(추측) 미루어 생각하여 헤아리거나 어림을 잡음
難測(난측) 헤아려 알기 어려움
測候(측후) 천문, 기상을 관측함

유의한자 量(량)

層
층 층 | **부수** 尸 주검시엄 | **총획** 15획 **육서** 형성

階層(계층) 층계. 사회를 형성하는 여러 가지 층
高層(고층) 높은 층. 건물에서 높이 지은 여러 층
層下(층하) 다른 것보다 낮잡아 홀대함

유의한자 階(계)

恥
부끄러울 치 | **부수** 心 마음 심 | **총획** 10획 **육서** 형성

恥部(치부) 숨기고 싶은 부끄러운 부분
恥事(치사) 행동이나 말이 쩨쩨하고 남부끄러움

유의한자 慙(참), 愧(괴)

値
값 치 | **부수** 亻 사람인변 | **총획** 10획 **육서** 형성

價値(가치) 사물이 지닌 값이나 쓸모
數値(수치) 계산하여 얻은 값
價値觀(가치관) 가치에 관한 견해

★置
둘 치 | **부수** 罒 그물망머리 | **총획** 13획 **육서** 형성

置簿(치부) 금전·물품의 출납을 기록함
備置(비치) 갖추어 마련하여 둠
置之(치지) 그냥 내버려 둠

반의한자 廢(폐)

漆
옻 칠 | **부수** 氵 삼수변 | **총획** 14획 **육서** 형성

漆器(칠기) 옻칠이나 잿물을 입힌 도자기
漆黑(칠흑) 옻칠처럼 검고 광택이 있음
漆板(칠판) 분필로 글씨를 쓰는 흑색이나 녹색의 판
漆夜(칠야) 캄캄한 밤

沈
잠길 침 | **부수** 氵 삼수변 | **총획** 7획 **육서** 형성

沈沒(침몰) 물속에 가라앉음
沈下(침하) 가라앉아 내려감
沈亂(침란) 주색에 빠져 문란함
沈勇(침용) 침착하고 용맹스러움

반의한자 浮(부)

侵
침노할 침
범할 침 | **부수** 亻 사람인변 | **총획** 9획 **육서** 형성

侵略(침략) 남의 나라를 불법적으로 쳐들어감
侵害(침해) 불법적으로 남을 해침
侵伐(침벌) 남을 침범하여 침

유의한자 犯(범), 掠(약)

寢
잘 침 | **부수** 宀 갓머리 | **총획** 14획 **육서** 형성

寢具(침구) 이부자리와 베개
就寢(취침) 잠을 잠. 잠자리에 듦

유의한자 宿(숙), 眠(면), 睡(수)

枕
베개 침
벨 침 | **부수** 木 나무 목 | **총획** 8획 **육서** 형성

枕塊(침괴) 흙덩이를 베개로 삼음
木枕(목침) 나무토막으로 만든 베개
枕上(침상) 자거나 누워 있을 때
枕屛(침병) 머릿병풍 등의 가리개

浸	잠길 침 적실 침	**부수** ⺡ 삼수변	**총획** 10획 **육서** 형성

浸水(침수) 물이 들거나 물에 잠김
浸入(침입) 침범하여 들어감
浸出(침출) 어떤 일정한 용액에 담가서 우려냄

濁	흐릴 탁	**부수** ⺡ 삼수변	**총획** 16획 **육서** 형성

濁音(탁음) 울림소리
濁酒(탁주) 막걸리
清濁(청탁) 맑음과 흐림
汚濁(오탁) 더럽고 흐림

반의한자 清(청)

稱	칭찬할 칭 일컬을 칭	**부수** 禾 벼 화	**총획** 14획 **육서** 형성

尊稱(존칭) 공경하여 부르는 칭호
稱名(칭명) 거짓 이름을 이르는 말
稱善(칭선) 착함을 칭찬함

유의한자 頌(송), 讚(찬)

濯	씻을 탁	**부수** ⺡ 삼수변	**총획** 17획 **육서** 형성

濯足(탁족) 발을 씻음
洗濯(세탁) 빨래, 옷 등을 물에 빠는 것

유의한자 洗(세)

E

墮	떨어질 타	**부수** 土 흙 토	**총획** 15획 **육서** 형성

墮落(타락) 정도를 벗어나 나쁜 길로 빠짐
墮獄(타옥) 악업으로 죽어서 지옥에 떨어짐
墮罪(타죄) 죄에 빠짐

유의한자 落(락)   **반의한자** 復(복)

卓	높을 탁 탁자 탁	**부수** 十 열 십	**총획** 8획 **육서** 회의

卓見(탁견) 뛰어난 의견이나 식견
卓越(탁월) 남보다 훨씬 뛰어난 것
卓偉(탁위) 뛰어나게 훌륭함
卓冠(탁관) 으뜸 되게 뛰어남

유의한자 高(고)   **반의한자** 下(하), 低(저)

妥	온당할 타	**부수** 女 여자 녀	**총획** 7획 **육서** 형성

妥當(타당) 사리에 맞아 마땅함
妥協(타협) 서로 좋도록 양보하여 협의함
妥結(타결) 두 편이 서로 좋도록 협의하여 일을 마무리함

歎	탄식할 탄	**부수** 欠 하품 흠	**총획** 15획 **육서** 형성

歎服(탄복) 참으로 훌륭하다고 감탄하여 마음으로 따름
歎息(탄식) 한탄하여 한숨을 쉼. 또는 그 한숨

유의한자 於(오)

托	맡길 탁 의지할 탁	**부수** 扌 재방변	**총획** 6획 **육서** 형성

托生(탁생) 남에게 의지하여 생활함
托盤(탁반) 잔대(盞臺). 술잔을 받치는 접시 모양의 그릇
依托(의탁) 남에게 의뢰하고 부탁함

유의한자 委(위), 任(임)

彈	탄알 탄	**부수** 弓 활 궁	**총획** 15획 **육서** 형성

爆彈(폭탄) 비행기에서 터뜨리는 폭발물
彈壓(탄압) 함부로 을러대고 억누름
糾彈(규탄) 잘못이나 허물을 잡아 따지고 나무람
指彈(지탄) 잘못을 꼬집어 나무람

炭

| 숯 탄 | 부수 火 불 화 | 총획 9획 |
| | | 육서 회의 |

炭鑛(탄광) 석탄을 파내는 광산
木炭(목탄) 숯. 서양화에서 쓰는 숯붓
炭素(탄소) 비금속성 화학 원소의 하나
塗炭(도탄) 진흙탕에 빠지고 숯불에 탄다는 뜻

반의한자 氷(빙)

湯

| 끓일 탕 | 부수 氵 삼수변 | 총획 12획 |
| | | 육서 형성 |

湯器(탕기) 국이나 찌개 등을 담는 그릇
溫湯(온탕) 온천이나 적당한 온도의 탕물
湯井(탕정) 더운물이 솟는 우물
湯傷(탕상) 끓는 물에 덴 상처

誕

| 거짓 탄 낳을 탄 | 부수 言 말씀 언 | 총획 14획 |
| | | 육서 형성 |

誕降(탄강) 임금이나 성인 등이 출생함
聖誕(성탄) 성인이나 임금의 탄생
誕放(탄방) 지나치게 방자(放恣)함
誕日(탄일) 탄생한 날

怠

| 게으를 태 | 부수 心 마음 심 | 총획 9획 |
| | | 육서 형성 |

怠慢(태만) 열심히 하려는 마음이 없고 게으름
怠忽(태홀) 태만(怠慢)
怠心(태심) 나태한 마음

반의한자 勤(근)

奪

| 빼앗을 탈 | 부수 大 큰 대 | 총획 14획 |
| | | 육서 회의 |

奪取(탈취) 빼앗아 가짐
爭奪(쟁탈) 다투어 빼앗음
奪占(탈점) 점탈(占奪). 남의 것을 빼앗음
奪去(탈거) 빼앗아 감

유의한자 掠(략)

殆

| 거의 태 위태로울 태 | 부수 歹 죽을사변 | 총획 9획 |
| | | 육서 형성 |

殆半(태반) 거의 절반
危殆(위태) 형세가 어렵고 안전하지 못함
殆哉(태재) 몹시 위태로운 일
殆無(태무) 거의 없음

유의한자 危(위)

貪

| 탐낼 탐 | 부수 貝 조개 패 | 총획 11획 |
| | | 육서 형성 |

貪官(탐관) 재물을 탐하는 관리
貪心(탐심) 탐내는 마음
貪位(탐위) 높은 지위를 탐함
貪慾(탐욕) 지나친 욕심

態

| 모습 태 태도 태 | 부수 心 마음 심 | 총획 14획 |
| | | 육서 회의 |

態度(태도) 몸가짐. 또는 그 모양
狀態(상태) 사물의 현상이 처하여 있는 모양이나 형편
態勢(태세) 상태와 형세

유의한자 狀(상), 樣(양), 形(형)

塔

| 탑 탑 | 부수 土 흙 토 | 총획 13획 |
| | | 육서 형성 |

塔身(탑신) 탑 기단과 상륜 사이 탑의 몸체
石塔(석탑) 돌로 쌓은 탑. 돌탑
塔勢(탑세) 탑이 우뚝 솟아 있는 모양
塔司(탑사) 탑에 대한 모든 사무를 보는 사람

澤

| 못 택 은혜 택 | 부수 氵 삼수변 | 총획 16획 |
| | | 육서 형성 |

潤澤(윤택) 윤이 있는 광택. 넉넉하고 여유가 있음
惠澤(혜택) 은혜와 덕택
德澤(덕택) 덕분

擇	가릴 택	**부수** 扌 재방변	**총획** 16획 **육서** 형성

擇日(택일) 좋은 날을 가림
採擇(채택) 가려서 택함
擇人(택인) 쓸 인재를 고름
選擇(선택) 여러 개 중에 필요한 것을 고름

討	칠 토 연구할 토	**부수** 言 말씀 언	**총획** 10획 **육서** 회의

討伐(토벌) 무력으로 쳐 없애버림
討論(토론) 정당한 이치를 궁구함
討議(토의) 어떤 사물에 대하여 각각의 의견을
　　　　　 내걸어 검토하고 협의하는 일

유의한자 攻(공), 打(타), 伐(벌)

吐	토할 토	**부수** 口 입 구	**총획** 6획 **육서** 형성

吐露(토로) 속마음을 죄다 드러내어 말함
吐具(토구) 토기(吐器)

반의한자 納(납)

痛	아플 통	**부수** 疒 병질엄	**총획** 12획 **육서** 형성

痛感(통감) 마음에 사무치도록 심하게 느낌
痛歎(통탄) 매우 한탄하여 슬퍼함

鬪	싸울 투	**부수** 鬥 싸울 투	**총획** 20획 **육서** 형성

鬪爭(투쟁) 싸움
鬪志(투지) 싸우려고 하는 의지
戰鬪(전투) 싸움. 교전
鬪魂(투혼) 끝까지 투쟁하려는 정신

유의한자 戰(전)

ㅍ

透	통할 투 사무칠 투	**부수** 辶 책받침	**총획** 11획 **육서** 형성

透過(투과) 꿰뚫고 지나감
透明(투명) 물, 유리 등이 속까지 비침
浸透(침투) 액체가 속으로 스며 젖어듦
不透明(불투명) 속까지 비치게 환하지 못함

播	뿌릴 파	**부수** 扌 재방변	**총획** 15획 **육서** 형성

播多(파다) 소문 따위가 널리 퍼져 있음
播種(파종) 논밭에 씨앗을 뿌리는 일
傳播(전파) 널리 전하여 퍼뜨림

罷	마칠 파	**부수** 罒 그물망머리	**총획** 15획 **육서** 회의

罷免(파면) 직무나 직업에서 쫓아냄
罷業(파업) 하던 일을 중지함
罷休(파휴) 일을 그만두고 쉼

유의한자 終(종), 了(료)

派	갈래 파 보낼 파	**부수** 氵 삼수변	**총획** 9획 **육서** 형성

派遣(파견) 일정한 임무를 주어 사람을 보냄
黨派(당파) 당의 파벌
派使(파사) 사신을 보냄
派生(파생) 사물이 어떤 근원에서 갈려져 나와
　　　　　 생김

頗	자못 파 치우칠 파	**부수** 頁 머리 혈	**총획** 14획 **육서** 형성

頗多(파다) 아주 많음
偏頗(편파) 한쪽으로 치우쳐 공평하지 못함
偏頗的(편파적) 공정하지 못하고 한쪽으로 치
　　　　　　　 우치는 경향

把

잡을 파

부수 扌 재방변
총획 7획
육서 형성

把住(파주) 마음속에 잘 간직함

遍

두루 편

부수 辶 책받침
총획 13획
육서 형성

遍歷(편력) 이리저리 널리 돌아다님
遍在(편재) 두루 퍼져 있음
普遍(보편) 모든 것에 두루 미치거나 통함

販

팔 판
장사 판

부수 貝 조개 패
총획 11획
육서 형성

販賣(판매) 상품을 팖
販路(판로) 상품이 팔리는 방면이나 길
販促(판촉) 판매 촉진
販價(판가) 판매 가격

유의한자 賣(매)

偏

치우칠 편
기울 편

부수 亻 사람인변
총획 11획
육서 형성

偏見(편견) 공평하지 못하고 한쪽으로 치우친
　　　　　 의견
偏重(편중) 한쪽으로 치우침
偏母(편모) 아버지가 죽거나 하여 홀로 계신
　　　　　 어머니

版

판목 판
인쇄 판

부수 片 조각 편
총획 8획
육서 형성

木版(목판) 나무 면에 글 등을 새긴 인쇄판
出版(출판) 서적 등을 인쇄하여 책으로 냄
版冊(판책) 판으로 박아낸 서책
版權(판권) 도서 출판에서 이익을 독점하는 권리

評

평할 평

부수 言 말씀 언
총획 12획
육서 형성

評價(평가) 물건의 값을 정함. 평정한 가격
批評(비평) 사물의 옳고 그름. 좋고 나쁨 등을
　　　　　 평가하여 논하는 일

유의한자 批(비)

板

널빤지 판
판목 판

부수 木 나무 목
총획 8획
육서 형성

板書(판서) 분필로 칠판에 글을 씀
板刻(판각) 그림이나 글씨를 나무 조각에 새김
看板(간판) 기관, 상점 등이 이름, 상품 등을
　　　　　 사람들 눈에 잘 띄게 걸거나 붙이
　　　　　 는 표시

幣

화폐 폐

부수 巾 수건 건
총획 15획
육서 형성

造幣(조폐) 화폐를 만듦
紙幣(지폐) 인쇄하여 만든 종이 화폐
幣制(폐제) 국가에서 제정한 화폐 제도

유의한자 錢(전)

編

엮을 편

부수 糸 실 사
총획 15획
육서 형성

編曲(편곡) 어떤 곡을 달리 바꾼 곡
編作(편작) 죽세공이나 자리 등을 겯거나 짜서
　　　　　 만드는 일

廢

폐할 폐

부수 广 엄호
총획 15획
육서 형성

廢棄(폐기) 폐지하여 버림
廢業(폐업) 영업이나 직업을 그만둠
廢井(폐정) 쓰지 않고 버려진 우물
廢亡(폐망) 폐하여 망함

반의한자 興(흥), 置(치)

	폐단 폐	**부수** 廾 스물입발	**총획** 15획
弊		**육서** 형성	

弊習(폐습) 나쁜 버릇이나 관습
疲弊(피폐) 기운이 지치고 쇠약해짐
弊端(폐단) 옳지 못한 경향이나 해로움

유의한자 害(해)

	개 포	**부수** 氵 삼수변	**총획** 10획
浦		**육서** 형성	

浦口(포구) 배가 드나드는 개의 어귀
浦村(포촌) 갯가에 있는 마을
鏡浦臺(경포대) 강원도 강릉시 경호가에 있는 누대
金浦空港(김포공항) 김포 국제 공항

	허파 폐	**부수** 月 육달월	**총획** 8획
肺		**육서** 형성	

肺炎(폐렴) 폐에 생기는 염증
肺魚(폐어) 경골 어류 폐어목에 속하는 담수어의 총칭

	배부를 포	**부수** 飠 밥식변	**총획** 14획
飽		**육서** 형성	

飽食(포식) 배부르게 먹음
飽和(포화) 무엇에 의해 가득 차 있는 상태
飽享(포향) 흡족하게 누림

반의한자 飢(기)

	덮을 폐	**부수** 艹 초두머리	**총획** 16획
蔽		**육서** 형성	

隱蔽(은폐) 감추어 덮음
蔽容(폐용) 자취를 감춤
蔽一言(폐일언) 이러니저러니 할 것 없이 한 마디 말로 휩싸서 말함

유의한자 盖(개)

	잡을 포	**부수** 扌 재방변	**총획** 10획
捕		**육서** 형성	

捕亡(포망) 도망한 사람을 잡음
捕公草(포공초) 민들레

유의한자 逮(체)

	세포 포	**부수** 月 육달월	**총획** 9획
胞		**육서** 형성	

同胞(동포) 같은 어머니에게서 태어난 형제자매. 같은 겨레. 같은 배에서 태어남과 다름이 없음
細胞(세포) 생물체의 기본적 구성단위

	폭 폭	**부수** 巾 수건 건	**총획** 12획
幅		**육서** 형성	

步幅(보폭) 발자국과 발자국 사이의 거리
振幅(진폭) 진동의 좌우 극점까지의 변위
幅圓(폭원) 땅이나 지역의 넓이
幅廣(폭광) 한 폭이 될 만한 너비

	쌀 포 꾸러미 포	**부수** 勹 쌀포몸	**총획** 5획
包		**육서** 회의	

包圍(포위) 주위를 에워쌈
包裝(포장) 물건을 싸서 꾸림
包主(포주) 조선 시대에 동학의 교구인 포의 책임자

유의한자 圍(위), 含(함)

	불 터질 폭	**부수** 火 불 화	**총획** 19획
爆		**육서** 형성	

爆擊(폭격) 비행기에서 폭탄을 떨어뜨려서 적의 진터 또는 중요 시설을 파괴하거나 태워 버림
爆竹(폭죽) 대통, 종이 등으로 만든 통에 불을 붙여 터뜨리면 불꽃과 소리가 나는 물건

標	표할 표	**부수** 木 나무 목	**총획** 15획 **육서** 형성

標信(표신) 궁중에 급변을 전할 때나 궁궐 문을 드나들 때에 쓰던 문표

票	표 표	**부수** 示 보일 시	**총획** 11획 **육서** 회의

票決(표결) 투표로 가부를 결정함
開票(개표) 투표함을 열고 투표의 결과를 조사함
郵票(우표) 우편 요금을 표시하는 증표

漂	떠다닐 표 빨래할 표	**부수** 氵 삼수변	**총획** 14획 **육서** 형성

漂流(표류) 물 위에 둥둥 떠서 흘러감
漂白(표백) 옷 등을 희게 함
浮漂(부표) 물 위에 떠서 떠돌아다님
漂動(표동) 물 위에 떠서 감돌아 움직임

被	입을 피 받을 피	**부수** 衤 옷의변	**총획** 10획 **육서** 형성

被服(피복) 옷, 의복
被疑(피의) 의심·혐의를 받음
被害(피해) 재산, 신체 등의 손해를 입음

避	피할 피	**부수** 辶 책받침	**총획** 17획 **육서** 형성

避難(피난) 재난을 피하여 멀리 옮겨 감
忌避(기피) 꺼리어 피함
避世(피세) 세상을 피해 숨음

疲	피곤할 피	**부수** 疒 병질엄	**총획** 10획 **육서** 형성

疲困(피곤) 몸이 지치어 고달픔
疲勞(피로) 몸이나 정신이 지치거나 느른함. 또는 그러한 상태

유의한자 困(곤)

畢	마칠 필	**부수** 田 밭 전	**총획** 11획 **육서** 상형

畢竟(필경) 결국에는
畢生(필생) 생명의 마지막까지 다함
畢證(필증) 납세나 납품의 증명, 증거

유의한자 終(종), 了(료)

ㅎ

荷	멜 하	**부수** ++ 초두머리	**총획** 11획 **육서** 형성

荷物(하물) 짐. 물건의 뭉치
荷役(하역) 배의 짐을 싣고 내리는 일
荷主(하주) 짐의 주인

유의한자 擔(담)

鶴	학 학	**부수** 鳥 새 조	**총획** 21획 **육서** 형성

白鶴(백학) 두루미
鷄群鶴(계군학) 계군일학(鷄群一鶴). 닭의 무리 속에 한 마리의 학이라는 뜻으로, 평범한 사람들 가운데서 뛰어난 한 사람

旱	가물 한	**부수** 日 날 일	**총획** 7획 **육서** 형성

旱害(한해) 가뭄으로 말미암아 입은 재해
旱兆(한조) 가뭄의 징조
旱地(한지) 물을 대지 아니하고 농사를 짓는 땅
旱天(한천) 쨍쨍한 여름 하늘

| 汗 | 땀 한 | **부수** ㄒ 삼수변 | **총획** 6획 |
| | | | **육서** 형성 |

汗蒸(한증) 한증막에 들어가 땀을 빼는 것
冷汗(냉한) 식은땀
發汗(발한) 땀을 내어 기운을 발산시킴

| 巷 | 거리 항 | **부수** 己 몸 기 | **총획** 9획 |
| | | | **육서** 형성 |

巷間(항간) 일반 민중들 사이
巷說(항설) 거리에 떠도는 풍문
巷傳(항전) 항간에 전함

| 割 | 벨 할 나눌 할 | **부수** ⺉ 선칼도방 | **총획** 12획 |
| | | | **육서** 형성 |

割當(할당) 몫을 갈라 나눔
割愛(할애) 아까워하지 않고 나누어 줌
割引(할인) 정가에서 얼마간 값을 감함

| 港 | 항구 항 | **부수** ㄒ 삼수변 | **총획** 12획 |
| | | | **육서** 형성 |

港口(항구) 선박이 드나드는 곳
港內(항내) 항구의 안

| 含 | 머금을 함 | **부수** 口 입 구 | **총획** 7획 |
| | | | **육서** 형성 |

含有(함유) 어떤 것을 포함하고 있음
含蓄(함축) 풍부한 내용이나 깊은 뜻이 들어 있음
含吐(함토) 머금음과 뱉음

유의한자 圍(위)

| 航 | 배 항 비행할 항 | **부수** 舟 배 주 | **총획** 10획 |
| | | | **육서** 형성 |

航空(항공) 비행기나 비행선으로 공중을 비행함
航海(항해) 배를 타고 바다를 건넘
航次(항차) 한 차례의 항해나 비행

유의한자 船(선)

| 咸 | 다 함 | **부수** 口 입 구 | **총획** 9획 |
| | | | **육서** 형성 |

咸告(함고) 모두 다 일러바침
咸池(함지) 동쪽 양곡에서 돋은 해가 질 때 그곳으로 들어간다고 하는 서쪽의 큰 못

| 抗 | 겨룰 항 | **부수** 扌 재방변 | **총획** 7획 |
| | | | **육서** 형성 |

抗拒(항거) 대항함. 맞서 버팀
抗訴(항소) 지방 법원의 판결에 불복하고 다시 고등 법원에 소를 제기함
抗元(항원) 몸 안에서 항체를 만드는 물질

| 陷 | 빠질 함 함정 함 | **부수** ⻖ 좌부변 | **총획** 11획 |
| | | | **육서** 형성 |

缺陷(결함) 부족하고 불완전한 흠
陷入(함입) 빠져 들어감
陷地(함지) 움푹 빠져 들어간 땅

반의한자 起(기)

| 項 | 항목 항 | **부수** 頁 머리 혈 | **총획** 12획 |
| | | | **육서** 형성 |

項目(항목) 어떤 기준에 따라 나눈 일의 가닥
間項(문항) 문제의 항목
條項(조항) 법률이나 규정 따위의 조목이나 항목

奚	어찌 해 종 해	**부수** 大 큰 대	**총획** 10획 **육서** 상형

奚必(해필) 다른 방도를 취하지 아니하고 어찌 꼭
奚暇(해가) 어느 겨를
奚奴(해노) 남녀의 종. 노비

軒	집 헌	**부수** 車 수레 거	**총획** 10획 **육서** 형성

軒燈(헌등) 처마에 다는 등
軒號(헌호) 남의 당호를 높여 일컫는 말
軒別(헌별) 집집마다

유의한자 館(관), 閣(각), 堂(당)

該	갖출 해 마땅 해	**부수** 言 말씀 언	**총획** 13획 **육서** 형성

該當(해당) 어떤 조건에 들어맞음
該博(해박) 여러 방면으로 학식이 넓음

유의한자 俱(구), 備(비), 當(당)

憲	법 헌	**부수** 心 마음 심	**총획** 16획 **육서** 회의

憲法(헌법) 기본이 되는 법으로서 국가 통치 체제의 기초를 정하는 법
憲章(헌장) 법적으로 규정한 규범
憲令(헌령) 나라의 법

유의한자 規(규)

核	씨 핵	**부수** 木 나무 목	**총획** 10획 **육서** 형성

核心(핵심) 사물의 중심이 되는 요긴한 부분
結核(결핵) 결핵균에 감염되어 발생하는 만성 전염병

유의한자 種(종)

獻	드릴 헌	**부수** 犬 개 견	**총획** 20획 **육서** 형성

獻納(헌납) 금품(金品) 등을 바침
獻身(헌신) 몸과 마음을 다 바쳐 힘씀
貢獻(공헌) 힘을 써 이바지함

유의한자 貢(공)

響	울릴 향	**부수** 音 소리 음	**총획** 22획 **육서** 형성

響應(향응) 어떤 소리에 마주쳐 울림
影響(영향) 다른 사물에 미치는 작용
反響(반향) 어떤 일이 세상에 영향을 미치어 일어나는 반응

險	험할 험	**부수** 阝 좌부변	**총획** 16획 **육서** 형성

險難(험난) 위험하고 어려움
冒險(모험) 위험을 무릅씀
險談(험담) 다른 사람의 흠을 헐뜯음

享	누릴 향	**부수** 亠 돼지해머리	**총획** 8획 **육서** 상형

享樂(향락) 즐거움을 누림
享有(향유) 누리어 가짐
享壽(향수) 오래 사는 복을 누림

驗	시험 험	**부수** 馬 말 마	**총획** 23획 **육서** 형성

試驗(시험) 어떤 사물의 성질·능력·정도 등에 관하여 실제로 알아봄
效驗(효험) 일이나 약의 좋은 결과
體驗(체험) 자기가 몸소 겪거나 겪은 경험

유의한자 試(시)

顯	나타날 현	**부수** 頁 머리 혈	**총획** 23획
			육서 형성

顯達(현달) 벼슬과 명망이 높아져 세상에 드러남
顯著(현저) 뚜렷이 드러남

유의한자 現(현), 視(시), 觀(관)

穴	구멍 혈	**부수** 穴 구멍 혈	**총획** 5획
			육서 상형

穴居(혈거) 동굴 속에서 삶
穴室(혈실) 굴속에 만든 방

유의한자 孔(공)

懸	매달 현	**부수** 心 마음 심	**총획** 20획
			육서 형성

懸隔(현격) 차이가 매우 심하거나 동떨어짐
懸賞(현상) 모집 등을 위해 내거는 상
懸案(현안) 아직 해결되지 못한 문제

유의한자 掛(괘)

嫌	싫어할 혐 혐의할 혐	**부수** 女 여자 녀	**총획** 13획
			육서 형성

嫌疑(혐의) 의심쩍음
嫌惡(혐오) 싫어하고 미워함

유의한자 忌(기)

玄	검을 현	**부수** 玄 검을 현	**총획** 5획
			육서 회의

玄米(현미) 벼의 껍질만 벗긴 쌀
幽玄(유현) 헤아리기 어려울 만큼 깊고 그윽함
玄冬(현동) 겨울을 달리 이르는 말

반의한자 素(소)

脅	위협할 협	**부수** 月 육달월	**총획** 10획
			육서 형성

脅迫(협박) 겁을 주고 압력을 가함
脅制(협제) 위협하고 견제함
威脅(위협) 힘으로 으르고 협박함

유의한자 迫(박)

縣	고을 현	**부수** 糸 실 사	**총획** 16획
			육서 회의

縣監(현감) 종 6품의 현의 지방 문관
縣令(현령) 종 5품의 큰 현의 지방 문관
縣人(현인) 한 고을에 사는 사람

유의한자 郡(군)

亨	형통할 형	**부수** 亠 돼지해머리	**총획** 7획
			육서 상형

亨通(형통) 모든 일들이 뜻대로 잘되어 감
亨國(형국) 임금이 즉위해 나라를 이어받는 일
亨熟(형숙) 충분히 익힘

絃	줄 현	**부수** 糸 실 사	**총획** 11획
			육서 형성

絃誦(현송) 거문고를 타면서 시를 읊음
絃樂(현악) 현악기로 연주하는 음악
絃枕(현침) 거문고, 아쟁 등에서 머리 쪽으로
　　　　　줄을 괴는 받침

유의한자 絲(사), 線(선)

螢	반딧불 형	**부수** 虫 벌레 훼	**총획** 16획
			육서 형성

螢雪(형설) 고난 속에서 학문을 닦음
螢案(형안) 공부하는 책상

衡	저울대 형 가로 횡	**부수** 行 다닐 행	**총획** 16획 **육서** 형성

均衡(균형) 한쪽으로 치우침이 없이 고름
平衡(평형) 어느 편으로도 넘어지거나 기울어
지지 않고 평평한 상태
衡平(형평) 균형이 잡혀 있는 일

浩	넓을 호	**부수** 氵 삼수변	**총획** 10획 **육서** 형성

浩氣(호기) 호연한 기운
浩然(호연) 크고 왕성함
浩博(호박) 크고 넓음
浩大(호대) 썩 넓고 큼

유의한자 廣(광), 普(보)

慧	슬기로울 혜	**부수** 心 마음 심	**총획** 15획 **육서** 형성

慧心(혜심) 총명하고 슬기로운 마음
慧眼(혜안) 총명한 기운이 서린 눈
智慧(지혜) 선악을 잘 분별하는 마음의 작용.
슬기

유의한자 智(지)

胡	오랑캐 호 어찌 호	**부수** 月 육달월	**총획** 9획 **육서** 형성

胡桃(호도) 호두의 원말
胡亂(호란) 오랑캐들로 인해 일어난 병란
胡人(호인) 만주 사람

兮	어조사 혜 말 이을 혜	**부수** 八 여덟 팔	**총획** 4획 **육서** 상형

兮也(혜야) 어조사로 윗말을 완화하고 아래의
말을 강조하는 뜻
實兮歌(실혜가) 신라 가요의 하나

유의한자 於(어), 也(야), 乎(호)

豪	호걸 호	**부수** 豕 돼지 시	**총획** 14획 **육서** 형성

豪傑(호걸) 지혜·용기·기개가 뛰어난 사람
富豪(부호) 재산이 넉넉하고 세력이 있음

毫	터럭 호	**부수** 毛 터럭 모	**총획** 11획 **육서** 형성

毫末(호말) 털끝. 아주 작은 일, 적은 양
秋毫(추호) 가을철에 가늘어진 짐승의 털. 아
주 적거나 조금
揮毫(휘호) 붓을 휘둘러 글 등을 씀

유의한자 毛(모), 髮(발)

護	도울 호	**부수** 言 말씀 언	**총획** 21획 **육서** 형성

護國(호국) 나라를 지킴
守護(수호) 지키어 보호함
護全(호전) 온전하게 보호함
保護(보호) 잘 보살피고 지킴

유의한자 贊(찬)

互	서로 호	**부수** 二 두 이	**총획** 4획 **육서** 상형

互角(호각) 서로의 우열을 가리기 힘듦
互相(호상) 피차가 서로
互交(호교) 서로 교제함
互助(호조) 서로 도움

유의한자 相(상)

惑	미혹할 혹	**부수** 心 마음 심	**총획** 12획 **육서** 형성

誘惑(유혹) 남을 꾀어서 정신을 어지럽힘
疑惑(의혹) 의심하여 수상히 여김
惑亂(혹란) 미혹되어 어지러움
惑信(혹신) 홀딱 빠져서 그대로 믿음

유의한자 迷(미)

| 昏 | 어두울 혼 | 부수 日 날 일 | 총획 8획 |
| | | 육서 회의 |

昏迷(혼미) 정신이 흐리고 사리에 어두움
黃昏(황혼) 해가 지고 어둑어둑할 때
昏倒(혼도) 정신이 아뜩하여 넘어짐
昏冥(혼명) 어둡고 캄캄함

유의한자 暗(암)　반의한자 明(명)

| 鴻 | 기러기 홍 | 부수 鳥 새 조 | 총획 17획 |
| | | 육서 형성 |

鴻恩(홍은) 넓고 큰 은혜
鴻毛(홍모) 매우 가벼운 사물을 일컬음
鴻雁(홍안) 큰 기러기와 작은 기러기

유의한자 雁(안)

| 魂 | 넋 혼 | 부수 鬼 귀신 귀 | 총획 14획 |
| | | 육서 형성 |

靈魂(영혼) 죽은 사람의 넋. 또는 육체에 깃들
어 마음의 작용을 맡고 생명을 부
여한다고 여겨지는 비물질적 실체

유의한자 神(신), 靈(령)

| 禾 | 벼 화 | 부수 禾 벼 화 | 총획 5획 |
| | | 육서 상형 |

禾穀(화곡) 벼에 딸린 곡식의 총칭
禾利(화리) 논의 경작권을 매매의 대상으로 칭함
禾尺(화척) 버드나무의 수공이나 소 잡는 일을
생업으로 하던 천민

| 忽 | 갑자기 홀 / 소홀할 홀 | 부수 心 마음 심 | 총획 8획 |
| | | 육서 형성 |

疏忽(소홀) 대수롭지 않고 예사임
忽待(홀대) 탐탁하지 않게 소홀히 대접함
忽然(홀연) 뜻밖에 나타나거나 사라진 모양

| 禍 | 재앙 화 | 부수 示 보일 시 | 총획 14획 |
| | | 육서 형성 |

禍根(화근) 재앙의 근원
禍福(화복) 재화와 복록
災禍(재화) 재액과 화난

유의한자 厄(액)　반의한자 福(복)

| 洪 | 넓을 홍 | 부수 氵 삼수변 | 총획 9획 |
| | | 육서 형성 |

洪水(홍수) 큰물. 큰물의 사태
洪魚(홍어) 가오릿과의 바닷물고기
洪化(홍화) 덕행으로 이룬 큰 교화
洪博(홍박) 넓고도 넓음

유의한자 普(보)

| 擴 | 넓힐 확 | 부수 扌 재방변 | 총획 18획 |
| | | 육서 형성 |

擴散(확산) 흩어져 번짐
擴張(확장) 늘려서 넓힘
擴充(확충) 넓혀서 충실하게 함

유의한자 拓(척)

| 弘 | 클 홍 | 부수 弓 활 궁 | 총획 5획 |
| | | 육서 형성 |

弘報(홍보) 소식 등을 널리 알림
弘益(홍익) 매우 큰 이익
弘基(홍기) 큰 사업의 기초
寬弘(관홍) 너그럽고 도량이 큼

유의한자 太(태)

| 確 | 굳을 확 / 확실할 확 | 부수 石 돌 석 | 총획 15획 |
| | | 육서 형성 |

確固(확고) 확실하고 단단함
確認(확인) 확실하게 인정함. 또는 그러한 인정
確乎(확호) 아주 든든하고 굳셈

유의한자 固(고), 堅(견)

穫	거둘 확	**부수** 禾 벼 화	**총획** 19획 **육서** 형성

收穫(수확) 농작물을 거두어들임
秋穫(추확) 가을철의 수확. 가을걷이
穫稻(확도) 벼를 거두어들임

유의한자 收(수)

荒	거칠 황	**부수** ⺾ 초두머리	**총획** 10획 **육서** 형성

荒野(황야) 풀이 멋대로 자란 거친 들판
荒廢(황폐) 거두지 아니하여 못 쓰게 됨
荒亡(황망) 사냥이나 주색의 즐거움에 빠짐

還	돌아올 환	**부수** 辶 책받침	**총획** 17획 **육서** 형성

還給(환급) 물건을 주인에게 돌려줌
還元(환원) 본디대로 되돌아감
返還(반환) 도로 돌려줌

유의한자 返(반), 歸(귀), 回(회)

況	상황 황 하물며 황	**부수** 氵 삼수변	**총획** 8획 **육서** 형성

盛況(성황) 성대한 상황
狀況(상황) 어떤 일이 되어 가는 과정이나 상태
情況(정황) 사정과 상황
不況(불황) 경기가 좋지 못함

環	고리 환 두를 환	**부수** 王 구슬옥변	**총획** 17획 **육서** 형성

環境(환경) 사람의 생활체를 둘러싸고 있는 사물이나 사정·도리
循環(순환) 부단히 주기적으로 반복하여 돎. 또는 그 과정

悔	뉘우칠 회	**부수** 忄 심방변	**총획** 10획 **육서** 형성

悔改(회개) 잘못을 뉘우치고 고침
後悔(후회) 이전의 잘못을 깨닫고 뉘우침
悔尤(회우) 뉘우침과 허물
悔心(회심) 잘못을 뉘우치는 마음

유의한자 恨(한)

丸	둥글 환	**부수** 丶 점 주	**총획** 3획 **육서** 지사

丸藥(환약) 작고 둥글게 빚은 약
彈丸(탄환) 총·포의 탄알

유의한자 團(단), 圓(원)

懷	품을 회 달랠 회	**부수** 忄 심방변	**총획** 19획 **육서** 형성

懷柔(회유) 어루만져서 잘 달램
懷抱(회포) 마음속에 품은 생각
所懷(소회) 마음속에 품고 있는 회포
懷疑(회의) 마음 속에 품은 의심

유의한자 擁(옹)

換	바꿀 환	**부수** 扌 재방변	**총획** 12획 **육서** 형성

換氣(환기) 탁한 공기를 맑은 공기로 바꿈
轉換(전환) 이리저리 바꿈
交換(교환) 이것과 저것을 서로 바꿈

유의한자 替(체), 易(역)

獲	얻을 획	**부수** 犭 개사슴록변	**총획** 17획 **육서** 형성

獲得(획득) 얻어서 가짐
捕獲(포획) 사물이나 사람을 사로잡음

유의한자 得(득)

劃

| 그을 획 | 부수 刂 선칼도방 | 총획 14획 |
| | | 육서 형성 |

計劃(계획) 앞으로 할 일의 절차·규모·방법
등을 미리 헤아림
企劃(기획) 일을 꾀하여 계획함
劃一(획일) 사물이 똑같이 고른 것

毀

| 헐 훼
무너질 훼 | 부수 殳 갖은등글월문 | 총획 13획 |
| | | 육서 형성 |

毀損(훼손) 사물 등을 헐어서 못 쓰게 함
毀事(훼사) 남의 일을 훼방함
毀傷(훼상) 몸에 상처 냄

橫

| 가로 횡 | 부수 木 나무 목 | 총획 16획 |
| | | 육서 형성 |

橫斷(횡단) 가로지르거나 가로 건넘
橫財(횡재) 뜻밖의 큰 재물을 얻음
橫領(횡령) 불법으로 남의 재산을 차지함

반의한자 縱(종)

輝

| 빛날 휘 | 부수 車 수레 거 | 총획 15획 |
| | | 육서 형성 |

輝度(휘도) 발광체의 밝은 정도를 나타냄
輝光(휘광) 찬란한 빛

曉

| 새벽 효
밝을 효 | 부수 日 날 일 | 총획 16획 |
| | | 육서 형성 |

曉星(효성) 샛별. 매우 드문 존재의 비유
曉鐘(효종) 새벽에 치는 종
曉光(효광) 새벽녘의 희뿌연 햇빛

유의한자 晨(신)

揮

| 휘두를 휘 | 부수 扌 재방변 | 총획 12획 |
| | | 육서 회의 |

發揮(발휘) 실력을 휘두름. 재능이나 역량 등
을 떨쳐 드러냄
指揮(지휘) 어떤 일의 해야 할 방도를 지시하
여 시킴

侯

| 제후 후 | 부수 亻 사람인변 | 총획 9획 |
| | | 육서 형성 |

侯王(후왕) 한 나라의 왕
侯爵(후작) 오등작(吾等爵)의 둘째 작위
封侯(봉후) 제후. 또는 제후로 봉함
侯伯(후백) 후작과 백작

携

| 이끌 휴 | 부수 扌 재방변 | 총획 13획 |
| | | 육서 형성 |

携帶(휴대) 손에 들거나 몸에 지님
提携(제휴) 서로 붙들어 도와줌
技術提携(기술제휴) 기업이나 기술 등을 서로
교환하는 것

유의한자 導(도)

候

| 기후 후 | 부수 亻 사람인변 | 총획 10획 |
| | | 육서 형성 |

氣候(기후) 기온·비·눈 등의 대기(大氣)상태
候補(후보) 어떤 신분, 지위를 얻으려고 일정
한 자격을 갖추고 있음. 또는 그런
사람
症候(증후) 병에 걸렸을 때 나타나는 여러 상태

吸

| 마실 흡 | 부수 口 입 구 | 총획 7획 |
| | | 육서 형성 |

吸收(흡수) 빨아들임
吸煙(흡연) 담배를 피움
吸着(흡착) 달라붙음

유의한자 飮(음)   반의한자 呼(호)

稀

드물 희	부수	총획 12획
	禾 벼 화	육서 형성

稀薄(희박) 일의 가망이 적음
稀少(희소) 매우 귀하고 드물어서 적음
稀釋(희석) 다른 용액을 가하여 묽게 함

유의한자 貴(귀)

戲

희롱할 희 탄식할 호	부수	총획 16획
	戈 창 과	육서 형성

戲弄(희롱) 말과 행동으로 놀려먹는 일
戲曲(희곡) 연극의 각본
戲劇(희극) 익살을 부리는 연극

유의한자 弄(롱)

知之爲知之, 不知爲不知, 是知也.

"아는 것을 안다고 하고, 모르는 것을 모른다고 말하는 것, 그것이 아는 것이다."

– ≪논어≫, 〈위정(爲政)〉

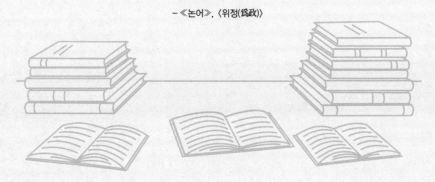

DAY 13~14

출제 유형별 한자

합격 Tip!

반드시 출제되는 유형별 한자 모음!
특히 출제 비중이 큰 사자성어는 꼼꼼히 익히자!

- 유의자
- 반의어 · 상대어
- 동음이의어
- 혼동하기 쉬운 한자
- 동자이음자
- 사자성어
- 반의자 · 상대자

成事不說, 遂事不諫, 旣往不咎.
"이미 이루어진 일이니 말하지 않으며, 이미 끝난 일이니 충고하지 않으며,

이미 지나간 일이니 책망하지 않는 것이다."

– ≪논어≫, 〈팔일(八佾)〉

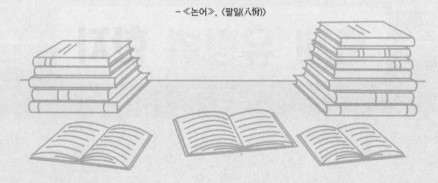

DAY 13

歌 노래 가 / 謠 노래 요	巨 클 거 / 大 큰 대	經 지날 경 / 過 지날 과	契 맺을 계 / 約 맺을 약
家 집 가 / 屋 집 옥	拒 막을 거 / 逆 거스를 역	經 지날 경 / 歷 지날 력	孤 외로울 고 / 獨 홀로 독
家 집 가 / 宅 집 택	居 살 거 / 住 살 주	警 경계할 경 / 戒 경계할 계	考 생각할 고 / 慮 생각할 려
價 값 가 / 値 값 치	健 건강할 건 / 康 편안 강	傾 기울 경 / 斜 비낄 사	高 높을 고 / 尙 높을 상
覺 깨달을 각 / 悟 깨달을 오	堅 굳을 견 / 固 굳을 고	競 다툴 경 / 爭 다툴 쟁	攻 칠 공 / 擊 칠 격
間 사이 간 / 隔 사이 뜰 격	牽 끌 견 / 引 끌 인	計 셀 계 / 算 셈 산	恭 공경할 공 / 敬 공경할 경
監 볼 감 / 視 볼 시	境 지경 경 / 界 지경 계	繼 이을 계 / 續 이을 속	空 빌 공 / 虛 빌 허

貢	獻	教	訓	窮	極	極	盡
바칠 공	드릴 헌	가르칠 교	가르칠 훈	다할 궁	다할 극	다할 극	다할 진

過	去	區	分	權	勢	根	本
지날 과	갈 거	구분할 구	나눌 분	권세 권	권세 세	뿌리 근	근본 본

過	失	具	備	鬼	神	謹	愼
허물 과	그르칠 실	갖출 구	갖출 비	귀신 귀	귀신 신	삼갈 근	삼갈 신

果	實	救	濟	歸	還	機	械
열매 과	열매 실	구원할 구	구제할 제	돌아갈 귀	돌아올 환	틀 기	기계 계

貫	徹	救	援	規	律	飢	餓
꿰뚫을 관	뚫을 철	구원할 구	도울 원	법 규	법칙 율	주릴 기	주릴 아

貫	通	群	衆	規	範	記	錄
꿰뚫을 관	통할 통	무리 군	무리 중	법 규	법 범	기록할 기	기록할 록

觀	覽	屈	曲	規	則	技	術
볼 관	볼 람	굽힐 굴	굽을 곡	법 규	법칙 칙	재주 기	재주 술

橋	脚	屈	伏	極	端	技	藝
다리 교	다리 각	굽힐 굴	엎드릴 복	다할 극	끝 단	재주 기	재주 예

努	力	到	達	圖	畫	模	樣
힘쓸 노	힘 력	이를 도	이를 달	그림 도	그림 화	모양 모	모양 양

段	階	到	着	敦	篤	茂	盛
층계 단	층계 계	이를 도	이를 착	도타울 돈	도타울 독	무성할 무	성할 성

單	獨	徒	黨	末	端	返	還
홑 단	홀로 독	무리 도	무리 당	끝 말	끝 단	돌이킬 반	돌아올 환

斷	絶	道	路	勉	勵	配	偶
끊을 단	끊을 절	길 도	길 로	힘쓸 면	힘쓸 려	짝 배	짝 우

但	只	逃	亡	滅	亡	配	匹
다만 단	다만 지	도망할 도	도망할 망	멸망할 멸	망할 망	짝 배	짝 필

談	話	跳	躍	明	哲	排	斥
말씀 담	말씀 화	뛸 도	뛸 약	밝을 명	밝을 철	밀칠 배	물리칠 척

對	答	盜	賊	毛	髮	飜	譯
대답할 대	대답 답	도둑 도	도둑 적	터럭 모	터럭 발	번역할 번	번역할 역

貸	借	逃	避	模	範	法	規
빌릴 대	빌릴 차	달아날 도	피할 피	본뜰 모	본보기 범	법 법	법 규

法	式	負	擔	朋	友	思	考
법 법	법 식	질 부	멜 담	벗 붕	벗 우	생각 사	생각할 고

法	律	附	屬	崩	壞	思	想
법 법	법칙 률	붙을 부	붙을 속	무너질 붕	무너질 괴	생각 사	생각 상

法	典	扶	助	比	較	辭	說
법 법	법 전	도울 부	도울 조	견줄 비	견줄 교	말씀 사	말씀 설

變	化	副	次	費	用	舍	屋
변할 변	될 화	버금 부	버금 차	쓸 비	쓸 용	집 사	집 옥

兵	卒	附	着	祕	藏	舍	宅
병사 병	군사 졸	붙을 부	붙을 착	숨길 비	감출 장	집 사	집 택

報	告	憤	怒	賓	客	社	會
알릴 보	알릴 고	분할 분	성낼 노	손 빈	손 객	모일 사	모일 회

保	守	墳	墓	貧	窮	想	念
지킬 보	지킬 수	무덤 분	무덤 묘	가난할 빈	다할 궁	생각 상	생각 념

補	佐	憤	慨	詐	欺	喪	失
도울 보	도울 좌	분할 분	분개할 개	속일 사	속일 기	잃을 상	잃을 실

相	互	素	朴	崇	高	心	情
서로 상	서로 호	소박할 소	순박할 박	높을 숭	높을 고	마음 심	뜻 정

生	産	壽	命	承	繼	兒	童
낳을 생	낳을 산	목숨 수	목숨 명	이을 승	이을 계	아이 아	아이 동

逝	去	樹	木	施	設	安	寧
갈 서	갈 거	나무 수	나무 목	베풀 시	베풀 설	편안 안	편안할 녕

釋	放	搜	索	始	初	顔	面
풀 석	놓을 방	찾을 수	찾을 색	처음 시	처음 초	낯 안	낯 면

選	擇	輸	送	試	驗	眼	目
가릴 선	가릴 택	보낼 수	보낼 송	시험 시	시험 험	눈 안	눈 목

說	話	授	與	申	告	養	育
말씀 설	말씀 화	줄 수	줄 여	알릴 신	알릴 고	기를 양	기를 육

省	察	收	穫	身	體	抑	壓
살필 성	살필 찰	거둘 수	거둘 확	몸 신	몸 체	누를 억	누를 압

洗	濯	純	潔	尋	訪	言	語
씻을 세	씻을 탁	순수할 순	깨끗할 결	찾을 심	찾을 방	말씀 언	말씀 어

連	繫	閱	覽	遙	遠	隆	盛
잇닿을 연	맬 계	볼 열	볼 람	멀 요	멀 원	성할 융	성할 성

研	究	永	久	愚	鈍	隆	昌
연구할 연	연구할 구	길 영	오랠 구	어리석을 우	둔할 둔	성할 융	창성할 창

連	絡	永	遠	憂	愁	恩	惠
잇닿을 연	이을 락	길 영	멀 원	근심 우	근심 수	은혜 은	은혜 혜

連	續	英	特	宇	宙	音	聲
잇닿을 연	이을 속	뛰어날 영	뛰어날 특	집 우	집 주	소리 음	소리 성

研	磨	娛	樂	憂	患	音	響
갈 연	갈 마	즐길 오	즐길 락	근심 우	근심 환	소리 음	울릴 향

戀	慕	傲	慢	運	動	議	論
그릴 연	그릴 모	거만할 오	거만할 만	움직일 운	움직일 동	의논할 의	논의할 논

練	習	完	全	偉	大	衣	服
익힐 연	익힐 습	완전할 완	온전 전	클 위	큰 대	옷 의	옷 복

念	慮	要	求	委	任	意	思
생각 염	생각할 려	요긴할 요	구할 구	맡길 위	맡길 임	뜻 의	생각 사

意	志	財	貨	靜	寂	組	織
뜻 의	뜻 지	재물 재	재물 화	고요할 정	고요할 적	짤 조	짤 직

認	識	貯	蓄	整	齊	調	和
알 인	알 식	쌓을 저	쌓을 축	가지런할 정	가지런할 제	고를 조	화할 화

慈	愛	戰	爭	停	止	存	在
사랑 자	사랑 애	싸움 전	다툴 쟁	머무를 정	그칠 지	있을 존	있을 재

姿	態	戰	鬪	切	斷	拙	劣
모습 자	모습 태	싸움 전	싸움 투	끊을 절	끊을 단	옹졸할 졸	못할 렬

殘	餘	竊	盜	祭	祀	終	了
남을 잔	남을 여	훔칠 절	도둑 도	제사 제	제사 사	마칠 종	마칠 료

將	帥	淨	潔	製	作	終	末
장수 장	장수 수	깨끗할 정	깨끗할 결	지을 제	지을 작	마칠 종	끝 말

裝	飾	停	留	製	造	座	席
꾸밀 장	꾸밀 식	머무를 정	머무를 류	지을 제	지을 조	자리 좌	자리 석

災	禍	精	誠	提	携	住	居
재앙 재	재앙 화	정할 정	정성 성	끌 제	이끌 휴	살 주	살 거

珠	玉	至	極	參	與	聽	聞
구슬 주	구슬 옥	지극할 지	지극할 극	참여할 참	더불 여	들을 청	들을 문
朱	紅	知	識	倉	庫	逮	捕
붉을 주	붉을 홍	알 지	알 식	곳집 창	곳집 고	잡을 체	잡을 포
俊	傑	珍	寶	菜	蔬	招	聘
뛰어날 준	뛰어날 걸	보배 진	보배 보	나물 채	나물 소	부를 초	부를 빙
俊	秀	進	就	處	所	總	統
뛰어날 준	빼어날 수	나아갈 진	나아갈 취	곳 처	곳 소	거느릴 총	거느릴 통
中	央	秩	序	尺	度	蓄	積
가운데 중	가운데 앙	차례 질	차례 서	자 척	자 도	모을 축	쌓을 적
增	加	疾	病	添	加	衝	突
더할 증	더할 가	병 질	병 병	더할 첨	더할 가	부딪칠 충	부딪칠 돌
贈	與	集	會	淸	潔	趣	意
줄 증	줄 여	모을 집	모일 회	깨끗할 청	깨끗할 결	뜻 취	뜻 의
憎	惡	慙	愧	淸	淨	層	階
미울 증	미워할 오	부끄러울 참	부끄러울 괴	깨끗할 청	깨끗할 정	층 층	층계 계

侵	犯	鬪	爭	恒	常	混	雜
침노할 침	범할 범	싸움 투	다툴 쟁	항상 항	항상 상	섞을 혼	섞일 잡
稱	號	透	徹	解	釋	和	睦
일컬을 칭	일컬을 호	통할 투	통할 철	풀 해	풀 석	화할 화	화목할 목
打	擊	廢	棄	許	諾	確	固
칠 타	칠 격	폐할 폐	버릴 기	허락할 허	허락할 락	굳을 확	굳을 고
墮	落	弊	害	憲	法	休	息
떨어질 타	떨어질 락	해질 폐	해할 해	법 헌	법 법	쉴 휴	쉴 식
怠	慢	捕	捉	顯	著	戱	弄
게으를 태	게으를 만	잡을 포	잡을 착	나타날 현	나타날 저	희롱할 희	희롱할 롱
探	索	疲	困	形	態	希	望
찾을 탐	찾을 색	피곤할 피	곤할 곤	모양 형	모양 태	바랄 희	바랄 망
討	伐	畢	竟	刑	罰	喜	悅
칠 토	칠 벌	마칠 필	마침내 경	형벌 형	벌할 벌	기쁠 희	기쁠 열
統	率	寒	冷	婚	姻	稀	少
거느릴 통	거느릴 솔	찰 한	찰 랭	혼인할 혼	혼인 인	드물 희	적을 소

[1~30] 다음 한자(漢字)와 뜻이 비슷한 한자는 어느 것입니까?

01 權
① 勢　② 觀　③ 還
④ 法　⑤ 康

06 契
① 約　② 廬　③ 揭
④ 悟　⑤ 監

02 擊
① 牽　② 恭　③ 攻
④ 揭　⑤ 經

07 徒
① 範　② 區　③ 救
④ 黨　⑤ 段

03 續
① 引　② 覺　③ 繼
④ 貢　⑤ 極

08 恭
① 還　② 備　③ 訓
④ 敬　⑤ 濟

04 孤
① 傾　② 揭　③ 牽
④ 算　⑤ 獨

09 愼
① 屈　② 待　③ 援
④ 逃　⑤ 謹

05 慙
① 許　② 愧　③ 谷
④ 堂　⑤ 送

10 訴
① 訟　② 比　③ 評
④ 藏　⑤ 繫

11 搜

① 窮　② 授　③ 索
④ 念　⑤ 補

17 逮

① 寒　② 常　③ 混
④ 伐　⑤ 捕

12 燥

① 素　② 乾　③ 說
④ 費　⑤ 典

18 偶

① 捕　② 寒　③ 廢
④ 確　⑤ 配

13 織

① 了　② 組　③ 寂
④ 障　⑤ 議

19 婚

① 好　② 仁　③ 引
④ 姻　⑤ 奴

14 留

① 整　② 憂　③ 停
④ 衣　⑤ 運

20 敦

① 變　② 兵　③ 篤
④ 端　⑤ 與

15 製

① 祭　② 精　③ 將
④ 造　⑤ 聲

21 議

① 娛　② 障　③ 遙
④ 慮　⑤ 論

16 統

① 率　② 確　③ 休
④ 希　⑤ 解

22 整

① 餘　② 齊　③ 崩
④ 變　⑤ 努

23 確

① 固　② 留　③ 憧
④ 極　⑤ 絡

24 憎

① 盛　② 鬪　③ 慕
④ 惡　⑤ 釋

25 混

① 磨　② 備　③ 藝
④ 雜　⑤ 藏

26 飢

① 置　② 吹　③ 短
④ 豆　⑤ 餓

27 聽

① 登　② 聞　③ 列
④ 請　⑤ 招

28 進

① 吹　② 退　③ 就
④ 追　⑤ 脚

29 携

① 提　② 胡　③ 想
④ 稱　⑤ 河

30 察

① 飮　② 榮　③ 防
④ 省　⑤ 爲

01	02	03	04	05	06	07	08	09	10	11	12	13	14	15
①	③	③	⑤	②	①	④	④	⑤	①	③	②	②	③	④
16	17	18	19	20	21	22	23	24	25	26	27	28	29	30
①	⑤	⑤	④	③	⑤	②	①	④	④	⑤	②	③	①	④

01 權(권세 권) – ① 勢(권세 세)

02 擊(칠 격) – ③ 攻(칠 공)

03 續(이을 속) – ③ 繼(이을 계)

04 孤(외로울 고) – ⑤ 獨(홀로 독)

05 慚(부끄러울 참) – ② 愧(부끄러울 괴)

06 契(맺을 계) – ① 約(맺을 약)

07 徒(무리 도) – ④ 黨(무리 당)

08 恭(공손할 공) – ④ 敬(공경 경)

09 愼(삼갈 신) – ⑤ 謹(삼갈 근)

10 訴(호소할 소) – ① 訟(송사할 송)

11 搜(찾을 수) – ③ 索(찾을 색)

12 燥(마를 조) – ② 乾(마를 건)

13 織(짤 직) – ② 組(짤 조)

14 留(머무를 류) – ③ 停(머무를 정)

15 製(지을 제) – ④ 造(지을 조)

16 統(거느릴 통) – ① 率(거느릴 솔, 비율 률)

17 逮(잡을 체) – ⑤ 捕(잡을 포)

18 偶(짝 우) – ⑤ 配(짝 배)

19 婚(혼인할 혼) – ④ 姻(혼인 인)

20 敦(도타울 돈) – ③ 篤(도타울 독)

21 議(의논할 의) – ⑤ 論(논할 론)

22 整(가지런할 정) – ② 齊(가지런할 제)

23 確(굳을 확) – ① 固(굳을 고)

24 憎(미울 증) – ④ 惡(미워할 오)

25 混(섞을 혼) – ④ 雜(섞일 잡)

26 飢(주릴 기) – ⑤ 餓(주릴 아)

27 聽(들을 청) – ② 聞(들을 문)

28 進(나아갈 진) – ③ 就(나아갈 취)

29 携(이끌 휴) – ① 提(끌 제)

30 察(살필 찰) – ④ 省(살필 성)

DAY 13 동음이의어

가구	家具 살림에 쓰이는 세간 家口 집안 식구		건조	建造 배 등을 설계해 만듦 乾燥 습기가 없음
가공	加工 대상물에 손을 대 새로운 제품을 만듦 架空 거짓이나 상상으로 꾸며 냄		경계	境界 지역이 갈라지는 한계 警戒 조심하게 함
가사	家事 집안일 歌詞 노랫말		경로	經路 지나가는 길 敬老 노인을 공경함
가장	家長 집안의 어른 假裝 거짓 태도로 꾸밈		경비	經費 일을 하는 데 드는 비용 警備 경계하고 지킴
가정	家庭 집안 假定 임시로 정함		고성	古城 오래된 성 高聲 높은 소리
감상	感想 마음에 일어나는 생각 鑑賞 작품을 이해하고 즐김		고소	告訴 피해자가 수사기관에 신고함 苦笑 쓴웃음
감수	甘受 군말 없이 달게 받음 監修 책의 저술·편찬을 지도·감독함		고지	告知 고하여 알림 高地 높은 땅. 이루어야 할 목표
감축	感祝 경사를 축하함 減縮 덜고 줄여서 적게 함		공모	公募 공개 모집함 共謀 두 사람 이상이 일을 꾀함
개명	改名 이름을 고침 開明 지혜가 열리고 문화가 발달됨		공방	工房 공예품을 만드는 곳 攻防 공격과 방어
개정	改正 잘못된 것을 바르게 고침 改定 정했던 것을 다시 고쳐 정함		공약	公約 공중에 대한 약속 空約 헛된 약속

공포	公布 널리 알림 空砲 헛총. 실탄을 재지 않은 총

과실	果實 나무의 열매 過失 잘못이나 실수

과정	過程 일이 되어가는 경로 課程 학습해야 할 과목의 내용·분량

교감	校監 교무를 감독하는 직책 交感 접촉하여 감응함

교단	校壇 강의 때 올라서는 단 敎團 종교 단체

구명	救命 사람의 목숨을 구함 究明 사물의 본질을 연구하여 밝힘

구조	救助 사람을 도와서 구원함 構造 전체를 이루고 있는 관계

구호	口號 주장 등을 간결하게 표현한 문구 救護 어려운 사람을 보호함

급수	給水 물을 공급함 級數 우열의 등급

극단	劇團 연극을 전문으로 공연하는 단체. 연극단 極端 맨 끝

기구	器具 도구, 기계 등의 총칭 機構 어떤 목적을 위해 구성한 조직

단정	端正 얌전하고 깔끔함 斷定 분명히 결정함

단지	但只 다만 團地 주택·공장 등이 있는 일정 구역

답사	踏査 현장에 가서 보고 조사함 答辭 축사, 송사 등에 대답하는 말

도로	道路 길 徒勞 보람 없이 애씀

독도	獨島 울릉군에 있는 섬 讀圖 지도나 도면을 보고 해독함

동정	動靜 상황이 전개되는 상태 同情 남의 불행을 위로함

동지	冬至 24절기의 하나 同志 목적, 뜻이 같은 사람

면직	免職 직무에서 물러나게 함 綿織 무명실로 짠 직물

모사	模寫 사물을 똑같이 본뜸 謀士 계책을 잘 세우는 사람

발전	發展 세력 따위가 뻗음 發電 전기를 일으킴

방문	訪問 남을 찾아 봄 房門 방으로 드나드는 문

보고	報告 결과나 내용을 알림 寶庫 귀중한 것을 보관하는 곳

부양	扶養 생활능력이 없는 사람을 돌봄 浮揚 가라앉은 것이 떠오름

부인	婦人 아내 否認 옳다고 인정하지 않음

비명	悲鳴 다급할 때 지르는 소리 碑銘 비석에 새긴 글

비보	飛報 급한 통지 悲報 슬픈 소식

비행	非行 도리에 어긋나는 행위 飛行 하늘을 날아다님

사수	死守 목숨을 걸고 지킴 射手 총, 활 등을 쏘는 사람

상가	商街 상점이 늘어선 거리 喪家 초상집

선약	先約 먼저 한 약속 仙藥 효력이 좋은 약

선창	先唱 맨 먼저 주창함 船窓 배의 창문

성대	盛大 아주 성하고 큼 聲帶 소리를 내는 신체기관

소재	所在 있는 곳 素材 예술 작품의 바탕이 되는 재료

속성	速成 빨리 이룸 屬性 사물이 가지고 있는 특징

수석	壽石 관상용의 자연석 首席 맨 윗자리

수습	修習 학업·실무 등을 배워 익힘 收拾 어수선한 사태를 바로잡음

수신	受信 통신을 받음 修身 마음과 행실을 닦음

순종	純種 계통이 섞이지 않은 순수한 종 順從 고분고분 따름

시상	施賞 상을 주는 일 詩想 시인(詩人)의 착상이나 구상

시인	是認 그러하다고 인정함 詩人 시를 짓는 사람

식수	食水 먹는 물 植樹 나무를 심음

신부	新婦 새색시 神父 성직자

신축	伸縮 늘이고 줄임 新築 새로 건축함

실례	失禮 예의에 어긋남 實例 구체적인 실제 예

실명	實名 실제 이름 失明 시력을 잃음

실수	失手 잘못을 저지름 實數 유리수와 무리수

실정	失政 정치를 잘못함 實情 실제의 사정

안전	安全 편안하여 위험이 없음 眼前 눈 앞	재고	再考 다시 한 번 생각함 在庫 창고에 있음
역설	力說 힘주어 말함 逆說 어떤 주장에 반대되는 이론이나 말	재단	財團 재단 법인 裁斷 옷감을 본에 맞춰 마름
운수	運輸 화물, 여객 등을 나름 運數 이미 정해진 천운	재화	災禍 재앙과 화난(禍難) 財貨 재물
유서	遺書 유언하는 글 由緒 예로부터 전해 내려오는 내력	전경	全景 전체의 경치 戰警 전투경찰
유치	誘致 꾀어서 데려옴 留置 남의 물건을 맡아 둠	전시	展示 물품을 늘어 놓음 戰時 전쟁을 하고 있는 때
응시	凝視 눈길을 주어 한동안 바라봄 應試 시험에 응함	절감	切感 절실히 느낌 節減 아껴서 줄임
의거	依據 어떤 사실에 근거함 義擧 정의를 위해 거사함	정당	政黨 정치적인 단체 正當 바르고 마땅함
이성	異性 성별이 다름 理性 논리적인 마음의 작용	정수	淨水 깨끗한 물 整數 자연수
이해	利害 이익과 손해 理解 사리를 분별하여 앎	정원	定員 정해진 인원 庭園 뜰
인상	引上 값을 올림 印象 대상이 주는 느낌	정전	停電 전력이 끊김 停戰 전투를 중지함
장관	壯觀 볼 만한 경관 長官 행정 각부의 책임자	제약	制約 어떤 조건을 붙여 제한함 製藥 약을 제조함
장수	長壽 오래 삶 將帥 군사를 거느린 우두머리	조리	條理 앞뒤가 들어맞음 調理 음식을 만듦

조선	造船 배를 지어 만듦 朝鮮 우리나라의 옛 이름	최고	最高 가장 높음 最古 가장 오래됨
조화	調和 서로 잘 어울림 造花 만든 꽃	축전	祝典 축하하는 의식 祝電 축하 전보
지각	遲刻 정해진 시각에 늦음 知覺 느끼어 앎	탄성	彈性 물체가 본래 상태로 되돌아가는 성질 歎聲 탄식하는 소리
지급	支給 돈을 내어줌 至急 매우 급함	탈취	奪取 남의 것을 억지로 빼앗음 脫臭 냄새를 없앰
지도	指導 가르쳐 이끎 地圖 지표를 축소시켜 기호로 그린 그림	통화	通貨 화폐 通話 말을 주고 받음
지원	支援 편들어서 도움 志願 뜻하여 바람	표지	表紙 책의 겉장 標識 표시나 특징
지성	知性 생각·판단하는 능력 至誠 지극한 정성	필적	匹敵 능력·세력이 서로 맞섬 筆跡 글씨의 모양이나 솜씨
직선	直線 곧은 선 直選 직접 선거	해독	解讀 풀이하여 읽음 解毒 독을 풀어 없앰
직장	直腸 곧은 창자 職場 일하는 곳	향수	鄕愁 고향을 그리워하는 마음 香水 향기 나는 물
처형	妻兄 아내의 언니 處刑 형벌에 처함	환부	患部 병이나 상처가 난 자리 還付 돈, 물건 등을 도로 돌려줌
청결	淸潔 맑고 깨끗함 聽決 송사를 듣고 판결을 내림	회유	回遊 돌아다니며 유람함 懷柔 어루만져 달램
초대	初代 한 계통의 연대나 세대의 첫머리 招待 남을 불러 대접함	회의	會議 여럿이 모여 의논하는 모임 懷疑 마음속에 품은 의심

감사	感謝 고맙게 여김 監査 감독하고 검사함 監司 관찰사
경기	京畿 경기도 競技 규칙 아래 기량과 기술을 겨룸 驚起 깜짝 놀라 일어남
경사	慶事 축하할 기쁜 일 傾斜 비스듬히 기울어짐 京師 서울
경이	驚異 놀랍고 이상함 輕易 힘들지 않으며 가볍고 쉬움 傾耳 경청
고수	固守 굳게 지킴 高手 수가 높은 사람 苦愁 시름하며 고생함
교정	矯正 버릇·결점을 바로잡음 校庭 학교 운동장 校正 책을 내기 위해 오탈자를 바르게 고침
근간	近刊 최근에 출판된 간행물 近間 요즈음 根幹 뿌리와 줄기. 사물의 중심
기사	記事 사실을 적음 技師 전문 기술 업무를 맡아보는 사람 技士 기술자격 등급의 하나
기원	紀元 연대를 계산하는 데에 기준이 되는 해 起源 사물이 생긴 근원 祈願 바라는 일이 이루어지기를 빎

대기	大氣 지구를 둘러싼 기체 待機 기회가 오기를 기다림 大器 큰 그릇
동상	銅賞 3등상 銅像 구리로 만든 사람의 형상 凍傷 추위로 살이 얼어서 상하는 일
무산	霧散 안개가 걷힘 茂山 함경북도 무산군의 군청 소재지 無算 이루 다 헤아릴 수 없을 만큼 많음
방금	方今 바로 이제. 지금 邦禁 나라에서 금(禁)하는 일 防禁 못 하게 막아서 금(禁)함
보도	步道 사람이 다니는 길 報道 새 소식을 널리 알림 補導 잘 도와서 좋은 데로 인도함
부상	負傷 상처를 입음 副賞 덧붙여서 주는 상 浮上 물 위로 떠오르는 것
사고	思考 생각함 事故 뜻밖에 일어난 사건 四顧 사방을 둘러봄. 부근
사유	私有 개인의 소유 思惟 생각함 事由 일의 까닭
사정	事情 일의 형편이나 까닭 私情 개인적인 정 査定 조사하거나 심사하여 결정함

상설	常設 항상 이용할 수 있는 시설을 갖춤 霜雪 서리와 눈 詳說 자세하게 설명함

수도	首都 한 나라의 정부가 있는 도시 水道 뱃길. 상하수도 修道 도를 닦음

수면	睡眠 잠 獸面 짐승의 얼굴 水面 물의 겉을 이루는 면

시선	視線 눈이 가는 방향 施善 좋은 일을 베풂 詩選 시를 모은 책

신선	新鮮 새롭고 산뜻함 神仙 선도를 닦아서 도에 통한 사람 新船 새로 만든 배

연기	延期 정한 때를 뒤로 미룸 煙氣 물건이 탈 때 일어나는 기체 演技 배우의 연극, 노래 등의 재주

우수	憂愁 근심 優秀 특별히 빼어남 雨水 24절기의 하나

의사	義士 의리·지조를 굳게 지키는 사람 醫師 병을 진찰·치료하는 사람 意思 마음먹은 생각

의식	衣食 옷과 음식 意識 자신이나 사물에 대한 인식 儀式 행사를 치르는 일정한 법식

이상	理想 생각할 수 있는 가장 완전한 상태 以上 위치, 수 등이 어느 기준보다 위 異常 정상이 아닌 상태

인정	人情 남을 동정하는 마음 仁政 어진 정치 認定 옳다고 믿고 정하는 일

전례	前例 이미 있었던 사례 典例 전거(典據)가 되는 선례 典禮 일정한 의식

전원	全員 전체 인원 田園 시골 電源 전력을 공급하는 근원

제재	制裁 일정한 규칙의 위반을 제한함 題材 예술 작품 등의 바탕 재료 製材 베어 낸 나무로 재목을 만듦

조성	造成 인공적으로 이루어 만드는 것 鳥聲 새의 우는 소리 組成 조직하여 성립시킴

조정	朝廷 국정을 의논·집행하던 곳 調整 어떤 기준에 맞게 정돈함 調停 분쟁을 화해시킴. 중재

지적	指摘 꼭 집어서 가리킴 知的 지식이 있는 (것) 地積 땅의 넓이. 토지의 평수

현상	現象 눈앞에 보이는 사물의 형상 現狀 현재의 상태, 형편 懸賞 상금을 걸고 찾거나 모집함

고사			양식	
	故事 유래가 있는 옛날의 일			洋式 서양의 양식
	古史 옛 역사			樣式 일정한 서식
	固辭 굳이 사양함			良識 양심적인 지식과 판단력
	考査 시험			糧食 먹을거리. 식량

단기			인도	
	短期 짧은 기간			人道 사람이 다니는 길
	檀紀 단군(檀君) 기원			引導 이끌어 가르침
	單記 낱낱이 따로따로 기입함			引渡 물건, 권리 등을 넘겨줌
	團旗 어떤 단을 상징하는 기			印度 인도(나라 이름)

사기			전기	
	史記 역사를 기록한 책			傳記 사람의 일대를 기록한 것
	詐欺 남을 속임			轉機 사물이 바뀌는 기회
	沙器 사기 그릇			電氣 물체의 마찰에서 일어나는 현상
	士氣 군사의 기세			前期 앞의 시기

상고			제도	
	尙古 옛날의 문물 등을 귀하게 여김			制度 제정된 법규
	詳考 상세하게 참고함			製圖 도면을 그림
	喪故 사람이 죽은 사고			諸島 모든 섬
	上告 윗사람에게 알림			濟度 물을 건넘

수상			진정	
	手相 손금			眞情 진실한 마음
	受賞 상을 받음			眞正 참으로
	水上 물 위			鎭靜 시끄러운 상태를 가라앉힘
	首相 내각의 우두머리			陳情 사정을 진술함

시비			호기	
	是非 잘잘못			豪氣 씩씩한 기상
	侍婢 곁에 모셔 시중드는 여자 종			好機 좋은 기회
	施肥 논밭에 거름을 주는 일			好期 좋은 시기
	市費 시(市)에서 부담하는 비용			好奇 새롭고 기이한 것을 좋아함

[1~30] 다음 한자어(漢字語)와 발음(發音)이 같은 한자어는 어느 것입니까?

01 加工
① 架空 ② 家事 ③ 家長
④ 改正 ⑤ 假裝

02 驚起
① 經費 ② 競技 ③ 感祝
④ 考査 ⑤ 京師

03 起源
① 弄談 ② 祈願 ③ 近刊
④ 器具 ⑤ 機構

04 口號
① 銅賞 ② 綿織 ③ 救命
④ 構造 ⑤ 救護

05 修習
① 首席 ② 受信 ③ 收拾
④ 詳說 ⑤ 受賞

06 糧食
① 延期 ② 常設 ③ 船窓
④ 樣式 ⑤ 視線

07 直腸
① 職場 ② 直線 ③ 直選
④ 眞正 ⑤ 鎭靜

08 思考
① 辭調 ② 死藥 ③ 壽宴
④ 條理 ⑤ 事故

09 轉機
① 典例 ② 傳記 ③ 展示
④ 戰時 ⑤ 調停

10 傾斜
① 警備 ② 慶事 ③ 硬直
④ 境界 ⑤ 鏡臺

11   鄕愁

① 懸賞   ② 懷柔   ③ 享受
④ 解讀   ⑤ 豪氣

17   固辭

① 慶事   ② 告訴   ③ 告知
④ 考査   ⑤ 固守

12   誘致

① 應試   ② 運輸   ③ 遺緒
④ 留置   ⑤ 義擧

18   公布

① 空胞   ② 課程   ③ 共謀
④ 攻防   ⑤ 空約

13   速成

① 植樹   ② 新築   ③ 素材
④ 仙藥   ⑤ 屬性

19   踏査

① 團地   ② 斷定   ③ 但只
④ 徒勞   ⑤ 答辭

14   負傷

① 副賞   ② 浮揚   ③ 否認
④ 步道   ⑤ 扶養

20   號數

① 模寫   ② 番地   ③ 湖水
④ 好事   ⑤ 謀士

15   視線

① 是非   ② 施善   ③ 始原
④ 詩集   ⑤ 時限

21   科擧

① 果樹   ② 歌詞   ③ 過去
④ 高手   ⑤ 警備

16   劇團

① 根幹   ② 極端   ③ 級數
④ 根源   ⑤ 基源

22   會議

① 懷疑   ② 眞情   ③ 財貨
④ 視線   ⑤ 儀式

23 報道

① 銅像　② 扶養　③ 近間

④ 步道　⑤ 團地

24 應試

① 由緒　② 運輸　③ 施賞

④ 利害　⑤ 凝視

25 醫師

① 酒邪　② 條理　③ 歡聲

④ 義士　⑤ 現狀

26 船窓

① 新鮮　② 走者　③ 觀察

④ 公共　⑤ 先唱

27 懷柔

① 悔恨　② 回遊　③ 悔改

④ 回避　⑤ 會議

28 新鮮

① 獨善　② 神仙　③ 姓氏

④ 期間　⑤ 勞使

29 指摘

① 知識　② 遲滯　③ 地積

④ 誌略　⑤ 持續

30 招待

① 初代　② 絕對　③ 時代

④ 反對　⑤ 期待

01	02	03	04	05	06	07	08	09	10	11	12	13	14	15
①	②	②	⑤	③	④	①	⑤	②	②	③	④	⑤	①	②
16	17	18	19	20	21	22	23	24	25	26	27	28	29	30
②	④	①	⑤	③	③	①	④	⑤	④	⑤	②	②	③	①

01 加工(가공 _ 더할 가, 장인 공) : 원자재나 반제품을 인공적으로 처리하여 새로운 제품을 만들거나 제품의 질을 높임 - ① 架空(가공 _ 시렁 가, 빌 공) : 어떤 시설물을 공중에 가설함

02 驚起(경기 _ 놀랄 경, 일어날 기) : 깜짝 놀라서 일어남 - ② 競技(경기 _ 다툴 경, 재주 기) : 기술의 낫고 못함을 서로 겨루는 일

03 起源(기원 _ 일어날 기, 근원 원) : 사물이 생긴 근원 - ② 祈願(기원 _ 빌 기, 원할 원) : 바라는 일이 이루어지기를 빎

04 口號(구호 _ 입 구, 이름 호) : 집회나 시위 따위에서 어떤 요구나 주장 따위를 간결한 형식으로 표현한 문구 - ⑤ 救護(구호 _ 구원할 구, 도울 호) : 도와서 보호함

05 修習(수습 _ 닦을 수, 익힐 습) : 학업이나 실무 따위를 배워 익힘 - ③ 收拾(수습 _ 거둘 수, 주울 습) : 어수선한 사태를 거두어 바로잡음

06 糧食(양식 _ 양식 양, 밥 식) : 생존을 위하여 필요한 사람의 먹을거리 - ④ 樣式(양식 _ 모양 양, 법 식) : 일정한 모양이나 형식

07 直腸(직장 _ 곧을 직, 창자 장) : 곧은 창자 - ① 職場(직장 _ 직분 직, 마당 장) : 사람들이 일정한 직업을 가지고 일하는 곳

08 思考(사고 _ 생각 사, 생각할 고) : 생각하고 궁리함 - ⑤ 事故(사고 _ 일 사, 연고 고) : 평시에 있지 아니하는 뜻밖의 사건

09 轉機(전기 _ 구를 전, 틀 기) : 사물이 바뀌는 기회 - ② 傳記(전기 _ 전할 전, 기록할 기) : 한 사람의 일생 동안의 행적을 기록한 것

10 傾斜(경사 _ 기울 경, 비낄 사) : 비스듬히 기울어짐. 또는 그런 상태나 정도 - ② 慶事(경사 _ 경사 경, 일 사) : 축하할 만한 즐겁고 기쁜 일

11 鄕愁(향수 _ 시골 향, 근심 수) : 고향을 그리워하는 마음이나 시름 – ③ 享受(향수 _ 누릴 향, 받을 수) : 어떤 혜택을 받아 누림

12 誘致(유치 _ 꾈 유, 이를 치) : 꾀어서 데려옴 – ④ 留置(유치 _ 머무를 유, 둘 치) : 남의 물건을 맡아 둠

13 速成(속성 _ 빠를 속, 이룰 성) : 빨리 이루어지거나 이룸 – ⑤ 屬性(속성 _ 무리 속, 성품 성) : 사물의 특징이나 성질

14 負傷(부상 _ 질 부, 다칠 상) : 몸에 상처를 입음 – ① 副賞(부상 _ 버금 부, 상줄 상) : 본상에 덧붙여 주는 상

15 視線(시선 _ 볼 시, 줄 선) : 눈이 가는 길. 또는 눈의 방향 – ② 施善(시선 _ 베풀 시, 착할 선) : 좋은 일을 베풂

16 劇團(극단 _ 연극 극, 둥글 단) : 연극을 전문으로 공연하는 단체 – ② 極端(극단 _ 극진할 극, 끝 단) : 맨 끝

17 固辭(고사 _ 굳을 고, 말씀 사) : 굳이 사양함 – ④ 考査(고사 _ 생각할 고, 조사할 사) : 자세히 생각하고 조사함

18 公布(공포 _ 공평할 공, 베 포) : 일반 대중에게 널리 알림 – ① 空胞(공포 _ 빌 공, 세포 포) : 성숙한 식물 세포에 들어 있는 구조물

19 踏査(답사 _ 밟을 답, 조사할 사) : 현장에 가서 직접 보고 조사함 – ⑤ 答辭(답사 _ 대답 답, 말씀 사) : 회답을 함. 또는 그런 말

20 號數(호수 _ 이름 호, 셈 수) : 번호(番號)의 수효 – ③ 湖水(호수 _ 호수 호, 물 수) : 땅이 우묵하게 들어가 물이 괴어 있는 곳

21 科擧(과거 _ 과목 과, 들 거) : 옛날 문무관(文武官)을 뽑을 때에 보던 시험 – ③ 過去(과거 _ 지날 과, 갈 거) : 지나간 때

22 會議(회의 _ 모일 회, 의논할 의) : 여럿이 모이어 의논하는 모임 – ① 懷疑(회의 _ 품을 회, 의심할 의) : 마음속에 품은 의심

23 報道(보도 _ 알릴 보, 길 도) : 일반에게 알리는 새로운 소식 – ④ 步道(보도 _ 걸음 보, 길 도) : 사람이 다니는 길

24 應試(응시 _ 응할 응, 시험 시) : 시험에 응함 – ⑤ 凝視(응시 _ 엉길 응, 볼 시) : 눈길을 주어 한동안 바라보는 것

25 醫師(의사 _ 의원 의, 스승 사) : 의술과 약으로 병을 치료·진찰하는 것을 직업으로 삼는 사람 – ④ 義士(의사 _ 옳을 의, 선비 사) : 의로운 지사

26 船窓(선창 _ 배 선, 창 창) : 배의 창문 – ⑤ 先唱(선창 _ 먼저 선, 부를 창) : 맨 먼저 주창함

27 懷柔(회유 _ 품을 회, 부드러울 유) : 어루만지어 달램 – ② 回遊(회유 _ 돌아올 회, 놀 유) : 두루 돌아다니면서 구경하거나 놂

28 新鮮(신선 _ 새 신, 고울 선) : 새롭고 산뜻함 – ② 神仙(신선 _ 귀신 신, 신선 선) : 도를 닦아서 현실의 인간 세계를 떠나 자연과 벗하며 산다는 상상의 사람

29 指摘(지적 _ 가리킬 지, 딸 적) : 꼭 집어서 가리킴 – ③ 地積(지적 _ 땅 지, 쌓을 적) : 땅의 넓이 토지의 평수

30 招待(초대 _ 부를 초, 기다릴 대) : 어떤 모임에 참가해 줄 것을 청함 – ① 初代(초대 _ 처음 초, 대신할 대) : 차례로 이어 나가는 자리나 지위에서 그 첫 번째에 해당하는 차례. 또는 그런 사람

DAY 13 동자이음자

降	강 내리다 항 항복하다	예 昇降(승강) 예 降伏(항복)

車	거 수레 차 수레	예 車馬(거마) 예 車庫(차고)

乾	건 하늘, 마르다 간 마르다	예 乾坤(건곤) 예 乾木水生(건목수생)

見	견 보다 현 뵙다	예 見聞(견문) 예 謁見(알현)

更	경 고치다, 시각 갱 다시	예 更張(경장) 예 更新(갱신, 경신)

金	김 성씨, 땅이름 금 쇠, 금	예 金浦(김포) 예 金庫(금고)

茶	다 차 차 차	예 茶亭(다정) 예 紅茶(홍차)

丹	단 붉다 란 꽃이름	예 丹色(단색) 예 牡丹(모란)

糖	당 엿 탕 사탕	예 糖分(당분) 예 雪糖(설탕)

宅	댁 댁 택 집	예 宅內(댁내) 예 住宅(주택)

度	도 법도 탁 헤아리다	예 程度(정도) 예 度地(탁지)

讀	독 읽다 두 구절	예 讀書(독서) 예 吏讀(이두)

洞	동 동네, 구멍 통 꿰뚫다, 밝다	예 洞里(동리) 예 洞察(통찰)

復	복 회복하다 부 다시	예 復歸(복귀) 예 復活(부활)

北	북 북녘 배 달아나다	예 南北(남북) 예 敗北(패배)

殺	살 죽이다, 감하다 쇄 빠르다	예 殺害(살해) 예 殺到(쇄도)

塞	새 변방 색 막다, 막히다	예 要塞(요새) 예 語塞(어색)

索	색 찾다 삭 삭막하다	예 索引(색인) 예 索莫(삭막)

誓	서 맹세하다 세 맹세하다	예 誓約(서약) 예 盟誓(맹세)

省	성 살피다 생 덜다	예 省墓(성묘) 예 省略(생략)

率	솔 거느리다 률 비율	예 引率(인솔) 예 效率(효율)

衰	쇠 쇠하다 최 상복	예 衰退(쇠퇴) 예 衰服(최복)

帥	수 장수 솔 거느리다	예 元帥(원수) 예 帥先(솔선)

數	수 수, 셈하다 삭 자주	예 數學(수학) 예 頻數(빈삭)

宿	수 별 숙 자다	예 星宿(성수) 예 露宿(노숙)

拾	습 줍다 십 열	예 拾得(습득) 예 參拾(삼십)

食	식 먹다 사 밥	예 飮食(음식) 예 簞食(단사)

識	식 알다 지 기록하다	예 認識(인식) 예 標識(표지)

惡	악 악하다 오 미워하다	예 善惡(선악) 예 憎惡(증오)

於	어 어조사 오 감탄사	예 於焉間(어언간) 예 於乎(오호)

葉	엽 잎사귀 섭 성씨	예 葉書(엽서) 예 葉氏(섭씨)

易	이 쉽다 역 바꾸다	예 難易度(난이도) 예 貿易(무역)

狀	장 문서 상 모양	예 賞狀(상장) 예 狀況(상황)

著	저 나타나다, 짓다 착 붙다	예 著述(저술) 예 附著(부착)

切	절 끊다, 간절하다 체 온통	예 親切(친절) 예 一切(일체)

則	즉 곧 칙 법칙	예 然則(연즉) 예 規則(규칙)

辰	진 별, 용 신 때	예 甲辰(갑진) 예 生辰(생신)

徵	징 부르다 치 음률 이름	예 徵兵(징병) 예 徵音(치음)

參	참 참여하다 삼 석	예 參與(참여) 예 參拾(삼십)

拓	척 넓히다 탁 박다	예 開拓(개척) 예 拓本(탁본)

推	추 밀다 퇴 밀다	예 推仰(추앙) 예 推敲(퇴고)

沈	침 잠기다 심 성씨	예 沈沒(침몰) 예 沈氏(심씨)

便	편 편하다 변 똥오줌	예 便利(편리) 예 小便(소변)

暴	포 사납다 폭 사납다, 드러내다	예 暴惡(포악) 예 暴露(폭로)

畫	화 그림 획 긋다	예 畫家(화가) 예 企畫(기획)

龜	구 거북, 땅이름 귀 거북, 본받다 균 터지다	예 龜尾(구미) 예 龜鑑(귀감) 예 龜裂(균열)

樂	악 음악 락 즐겁다 요 좋아하다	예 音樂(음악) 예 娛樂(오락) 예 樂山(요산)

行	행 다니다 항 항렬	예 行人(행인) 예 行列(항렬)

說	설 말씀 열 기쁘다 세 달래다	예 說明(설명) 예 說喜(열희) 예 遊說(유세)

刺	자 찌르다 척 찌르다 라 수라	예 刺客(자객) 예 刺殺(척살) 예 水刺(수라)

[1~30] 다음 괄호 속 한자(漢字)의 음(音)이 다르게 발음되는 것은 어느 것입니까?

01
① 住(宅)　　② (宅)配
③ (宅)內　　④ (宅)地
⑤ (宅)舍

06
① 露(宿)　　② (宿)命
③ (宿)主　　④ (宿)所
⑤ 星(宿)

02
① (復)活　　② (復)歸
③ 光(復)　　④ (復)元
⑤ (復)舊

07
① (度)量　　② 態(度)
③ 程(度)　　④ 料(度)
⑤ (度)數

03
① (省)察　　② (省)墓
③ 反(省)　　④ (省)略
⑤ 自(省)

08
① (讀)書　　② (讀)音
③ 精(讀)　　④ 句(讀)
⑤ 朗(讀)

04
① (見)聞　　② (見)品
③ (見)地　　④ 謁(見)
⑤ (見)利

09
① 飮(食)　　② 簞(食)
③ (食)量　　④ (食)事
⑤ (食)卓

05
① (塞)翁之馬　② 語(塞)
③ 要(塞)　　④ 固(塞)
⑤ 出(塞)

10
① 施(行)　　② 慣(行)
③ (行)列　　④ (行)動
⑤ (行)爲

11 ① (推)進 ② (推)戴
    ③ (推)敲 ④ (推)定
    ⑤ (推)算

12 ① 開(拓) ② 干(拓)地
    ③ (拓)土 ④ (拓)本
    ⑤ (拓)地

13 ① (北)極 ② 對(北)
    ③ 敗(北) ④ 南(北)
    ⑤ (北)韓

14 ① 親(切) ② 一(切)
    ③ (切)斷 ④ (切)望
    ⑤ (切)迫

15 ① 音(樂) ② 娛(樂)
    ③ 歌(樂) ④ (樂)器
    ⑤ 農(樂)

16 ① 賞(狀) ② 令(狀)
    ③ 年賀(狀) ④ (狀)況
    ⑤ 送(狀)

17 ① 難(易)度 ② 貿(易)
    ③ 容(易) ④ 簡(易)
    ⑤ 平(易)

18 ① 然(則) ② 法(則)
    ③ 規(則) ④ 不規(則)
    ⑤ 原(則)

19 ① (索)引 ② (索)出
    ③ (索)莫 ④ 檢(索)
    ⑤ 摸(索)

20 ① (暴)力 ② (暴)惡
    ③ (暴)露 ④ (暴)風
    ⑤ (暴)行

21 ① (糖)分 ② (糖)類
    ③ 血(糖) ④ 雪(糖)
    ⑤ (糖)料

22 ① (便)乘 ② 小(便)
    ③ (便)利 ④ (便)安
    ⑤ (便)法

23
① (識)別　② 常(識)
③ 學(識)　④ 鑑(識)
⑤ 標(識)

29
① (惡)臭　② (惡)夢
③ 憎(惡)　④ (惡)鬼
⑤ 醜(惡)

24
① 頻(數)　② (數)値
③ 額(數)　④ (數)量
⑤ 多(數)

30
① (更)考　② (更)生
③ (更)改　④ (更)張
⑤ (更)起

25
① (說)明　② 遊(說)
③ (說)得　④ 傳(說)
⑤ 學(說)

26
① (殺)傷　② 暗(殺)
③ 射(殺)　④ (殺)到
⑤ (殺)伐

27
① (衰)顔　② 盛(衰)
③ (衰)服　④ (衰)微
⑤ (衰)殘

28
① 引(率)　② 比(率)
③ 換(率)　④ 倍(率)
⑤ 效(率)

01	02	03	04	05	06	07	08	09	10	11	12	13	14	15
③	①	④	④	②	⑤	④	④	②	③	③	④	③	②	②
16	17	18	19	20	21	22	23	24	25	26	27	28	29	30
④	②	①	③	②	④	②	⑤	①	②	④	③	①	③	④

01 宅 댁 댁, 집 택

02 復 다시 부, 회복할 복

03 省 덜 생, 살필 성

04 見 뵈올 현, 볼 견

05 塞 막힐 색, 변방 새

06 宿 잘 숙, 별자리 수

07 度 헤아릴 탁, 법도 도

08 讀 읽을 독, 구절 두

09 食 먹을 식, 먹이 사

10 行 다닐 행, 항렬 항

11 推 밀 추, 밀 퇴

12 拓 박을 탁, 넓힐 척

13 北 달아날 배, 북녘 북

14 切 온통 체, 끊을 절

15 樂 즐길 락, 노래 악, 좋아할 요

16 狀 형상 상, 문서 장

17 易 바꿀 역, 쉬울 이

18 則 법칙 칙, 곧 즉

19 索 노 삭, 찾을 색

20 暴 사나울 포, 사나울 폭, 쬘 폭

21 糖 엿 탕, 엿 당

22 便 똥오줌 변, 편할 편

23 識 적을 지, 알 식

24 數 자주 삭, 셈할 수

DAY 13 반의자·상대자

加 더할 가 / **減** 덜 감	**乾** 마를 건 / **濕** 젖을 습	**曲** 굽을 곡 / **直** 곧을 직	**勤** 부지런할 근 / **怠** 게으를 태
可 옳을 가 / **否** 아닐 부	**輕** 가벼울 경 / **重** 무거울 중	**功** 공 공 / **過** 허물 과	**及** 미칠 급 / **落** 떨어질 락
甘 달 감 / **苦** 쓸 고	**慶** 경사 경 / **弔** 조상할 조	**公** 공평할 공 / **私** 사사로울 사	**起** 일어날 기 / **伏** 엎드릴 복
江 강 강 / **山** 뫼 산	**經** 날 경 / **緯** 씨줄 위	**攻** 칠 공 / **守** 지킬 수	**起** 일어날 기 / **寢** 잠잘 침
强 강할 강 / **弱** 약할 약	**京** 서울 경 / **鄕** 시골 향	**攻** 칠 공 / **防** 막을 방	**吉** 길할 길 / **凶** 흉할 흉
開 열 개 / **閉** 닫을 폐	**苦** 괴로울 고 / **樂** 즐거울 락	**君** 임금 군 / **臣** 신하 신	**難** 어려울 난 / **易** 쉬울 이
去 갈 거 / **來** 올 래	**高** 높을 고 / **低** 낮을 저	**官** 벼슬 관 / **民** 백성 민	**南** 남녘 남 / **北** 북녘 북
乾 하늘 건 / **坤** 땅 곤	**姑** 시어미 고 / **婦** 며느리 부	**近** 가까울 근 / **遠** 멀 원	**內** 안 내 / **外** 바깥 외

來	往	東	西	明	暗	本	末
올 내(래)	갈 왕	동녘 동	서녘 서	밝을 명	어두울 암	근본 본	끝 말
勞	使	冬	夏	問	答	浮	沈
일할 노(로)	부릴 사	겨울 동	여름 하	물을 문	답할 답	뜰 부	잠길 침
老	少	同	異	文	武	逢	別
늙을 노(로)	젊을 소	같을 동	다를 이(리)	글월 문	굳셀 무	만날 봉	이별할 별
多	少	動	靜	物	心	貧	富
많을 다	적을 소	움직일 동	고요할 정	물건 물	마음 심	가난할 빈	넉넉할 부
斷	續	得	失	美	醜	氷	炭
끊을 단	이을 속	얻을 득	잃을 실	아름다울 미	추할 추	얼음 빙	숯 탄
單	複	登	落	夫	妻	死	生
홀 단	겹칠 복	오를 등	떨어질 락	지아비 부	아내 처	죽을 사	살 생
旦	夕	冷	熱	班	常	師	弟
아침 단	저녁 석	찰 랭	더울 열	나눌 반	항상 상	스승 사	제자 제
當	落	冷	溫	發	着	山	海
마땅 당	떨어질 락	찰 랭(냉)	따뜻할 온	필 발	붙을 착	뫼 산	바다 해
大	小	賣	買	方	圓	山	川
큰 대	작을 소	팔 매	살 매	모 방	둥글 원	뫼 산	내 천

山	河	首	尾	勝	敗	愛	惡
뫼 산	물 하	머리 수	꼬리 미	이길 승	패할 패	사랑 애	미워할 오
上	下	水	火	是	非	愛	憎
위 상	아래 하	물 수	불 화	옳을 시	그를 비	사랑 애	미워할 증
賞	罰	需	給	始	末	哀	歡
상줄 상	벌줄 벌	쓸 수	줄 급	처음 시	끝 말	슬플 애	기뻐할 환
先	後	手	足	始	終	抑	揚
먼저 선	뒤 후	손 수	발 족	처음 시	마칠 종	누를 억	떨칠 양
善	惡	收	支	新	舊	言	行
착할 선	악할 악	거둘 수	지탱할 지	새 신	옛 구	말씀 언	다닐 행
盛	衰	授	受	伸	縮	與	野
성할 성	쇠할 쇠	줄 수	받을 수	펼 신	줄일 축	여당 여	야당 야
成	敗	順	逆	心	身	榮	辱
이룰 성	패할 패	순할 순	거스를 역	마음 심	몸 신	영화 영	욕될 욕
損	益	昇	降	深	淺	玉	石
덜 손	더할 익	오를 승	내릴 강	깊을 심	얕을 천	구슬 옥	돌 석
送	迎	勝	負	安	危	緩	急
보낼 송	맞을 영	이길 승	질 부	편안 안	위태로울 위	느릴 완	급할 급

往	復	利	害	將	兵	尊	卑
갈 왕	돌아올 복	이로울 이	해할 해	장수 장	군사 병	높을 존	낮을 비

優	劣	因	果	前	後	縱	橫
뛰어날 우	못할 열(렬)	인할 인	결과 과	앞 전	뒤 후	세로 종	가로 횡

遠	近	任	免	田	畓	左	右
멀 원	가까울 근	맡길 임	면할 면	밭 전	논 답	왼 좌	오른 우

有	無	入	出	正	誤	晝	夜
있을 유	없을 무	들 입	날 출	바를 정	그르칠 오	낮 주	밤 야

恩	怨	自	他	朝	夕	主	客
은혜 은	원망할 원	스스로 자	다를 타	아침 조	저녁 석	주인 주	손님 객

隱	現	昨	今	朝	野	主	從
숨을 은	나타날 현	어제 작	이제 금	조정 조	민간 야	주인 주	따를 종

陰	陽	長	幼	早	晚	衆	寡
그늘 음	볕 양	어른 장	어릴 유	이를 조	늦을 만	무리 중	적을 과

離	合	長	短	存	亡	增	減
떠날 이(리)	합할 합	길 장	짧을 단	있을 존	망할 망	더할 증	덜 감

異	同	將	卒	存	廢	眞	假
다를 이(리)	한가지 동	장수 장	군사 졸	있을 존	폐할 폐	참 진	거짓 가

眞 참 진	僞 거짓 위	初 처음 초	終 마칠 종	彼 저 피	此 이 차	呼 부를 호	吸 마실 흡
進 나아갈 진	退 물러날 퇴	出 날 출	入 들 입	寒 찰 한	暖 따뜻할 난	昏 어두울 혼	明 밝을 명
集 모을 집	配 나눌 배	出 날 출	納 들일 납	寒 찰 한	暑 더울 서	禍 재화 화	福 복 복
集 모을 집	散 흩을 산	出 날 출	缺 이지러질 결	閑 한가할 한	忙 바쁠 망	虛 빌 허	實 열매 실
天 하늘 천	地 땅 지	出 날 출	沒 빠질 몰	玄 검을 현	素 흴 소	兄 형 형	弟 아우 제
添 더할 첨	削 깎을 삭	取 취할 취	捨 버릴 사	海 바다 해	陸 뭍 륙	厚 두터울 후	薄 엷을 박
晴 갤 청	雨 비 우	豐 풍년 풍	凶 흉할 흉	好 좋아할 호	惡 미워할 오	黑 검을 흑	白 흰 백
淸 맑을 청	濁 흐릴 탁	表 겉 표	裏 속 리	呼 부를 호	應 응할 응	喜 기쁠 희	怒 성낼 노

[1~30] 다음 한자(漢字)와 뜻이 반대(反對)이거나 상대(相對)되는 한자는 어느 것입니까?

01 輕

① 重   ② 閉   ③ 缺
④ 豐   ⑤ 暴

02 貧

① 替   ② 當   ③ 富
④ 黨   ⑤ 響

03 厚

① 疲   ② 薄   ③ 廢
④ 辱   ⑤ 壓

04 盛

① 縱   ② 堤   ③ 賞
④ 衰   ⑤ 製

05 損

① 溫   ② 盛   ③ 盟
④ 濫   ⑤ 益

06 浮

① 滿   ② 油   ③ 湖
④ 沈   ⑤ 渴

07 始

① 終   ② 練   ③ 綠
④ 續   ⑤ 純

08 喜

① 感   ② 應   ③ 恩
④ 窓   ⑤ 怒

09 現

① 隔   ② 陶   ③ 隱
④ 隣   ⑤ 郵

10 斷

① 續   ② 絹   ③ 級
④ 紛   ⑤ 緖

11 劣
① 僚　② 償　③ 僧
④ 儒　⑤ 優

12 順
① 遇　② 遊　③ 逢
④ 逆　⑤ 適

13 削
① 添　② 洪　③ 漂
④ 澤　⑤ 況

14 勞
① 降　② 復　③ 初
④ 使　⑤ 暑

15 深
① 慶　② 過　③ 活
④ 異　⑤ 淺

16 將
① 炭　② 舊　③ 長
④ 沒　⑤ 兵

17 怠
① 治　② 亂　③ 勤
④ 康　⑤ 待

18 當
① 班　② 崇　③ 罰
④ 貧　⑤ 落

19 賣
① 財　② 貢　③ 買
④ 責　⑤ 貨

20 需
① 紀　② 級　③ 約
④ 給　⑤ 急

21 勝
① 籍　② 勤　③ 脚
④ 施　⑤ 敗

22 緩
① 慢　② 漫　③ 急
④ 强　⑤ 斷

23 陰
① 防　② 陽　③ 陣
④ 階　⑤ 附

24 配
① 集　② 置　③ 偶
④ 返　⑤ 部

25 僞
① 假　② 直　③ 虛
④ 勢　⑤ 眞

26 濁
① 烈　② 汗　③ 淸
④ 染　⑤ 熱

27 納
① 入　② 稅　③ 品
④ 頭　⑤ 出

28 禍
① 祈　② 福　③ 神
④ 祖　⑤ 祝

29 收
① 拾　② 容　③ 集
④ 授　⑤ 穫

30 增
① 晩　② 愛　③ 感
④ 添　⑤ 減

01	02	03	04	05	06	07	08	09	10	11	12	13	14	15
①	③	②	④	⑤	④	①	⑤	③	①	⑤	④	①	④	⑤
16	17	18	19	20	21	22	23	24	25	26	27	28	29	30
⑤	③	⑤	③	④	⑤	③	②	①	⑤	③	⑤	②	④	⑤

01 輕(가벼울 경) – ① 重(무거울 중)

02 貧(가난할 빈) – ③ 富(부유할 부)

03 厚(두터울 후) – ② 薄(엷을 박)

04 盛(성할 성) – ④ 衰(쇠할 쇠, 상복 최)

05 損(덜 손) – ⑤ 益(더할 익, 넘칠 일)

06 浮(뜰 부) – ④ 沈(잠길 침)

07 始(비로소 시) – ① 終(마칠 종)

08 喜(기쁠 희) – ⑤ 怒(성낼 노)

09 現(나타날 현) – ③ 隱(숨을 은)

10 斷(끊을 단) – ① 續(이을 속)

11 劣(못할 열/렬) – ⑤ 優(넉넉할 우, 뛰어날 우)

12 順(순할 순) – ④ 逆(거스를 역)

13 削(깎을 삭) – ① 添(더할 첨)

14 勞(일할 로) – ④ 使(하여금 사, 부릴 사)

15 深(깊을 심) – ⑤ 淺(얕을 천)

16 將(장수 장, 장차 장) – ⑤ 兵(병사 병)

17 怠(게으를 태) – ③ 勤(부지런할 근, 근심할 근)

18 當(마땅 당) – ⑤ 落(떨어질 락)

19 賣(팔 매) – ③ 買(살 매)

20 需(쓰일 수) – ④ 給(줄 급)

21 勝(이길 승) – ⑤ 敗(패할 패)

22 緩(느릴 완) – ③ 急(급할 급)

23 陰(그늘 음) – ② 陽(볕 양)

24 配(나눌 배, 짝 배) – ① 集(모을 집)

25 僞(거짓 위) – ⑤ 眞(참 진)

26 濁(흐릴 탁) – ③ 淸(맑을 청)

27 納(들일 납) – ⑤ 出(날 출)

28 禍(재앙 화) – ② 福(복 복)

29 收(거둘 수) – ④ 授(줄 수)

30 增(더할 증, 겹칠 층) – ⑤ 減(덜 감)

DAY 13 반의어 · 상대어

可決 가결	否決 부결	感情 감정	理性 이성	巨大 거대	微少 미소
架空 가공	實在 실재	剛健 강건	柔弱 유약	巨富 거부	極貧 극빈
假象 가상	實在 실재	强硬 강경	柔和 유화	拒絶 거절	承諾 승낙
加熱 가열	冷却 냉각	開放 개방	閉鎖 폐쇄	建設 건설	破壞 파괴
却下 각하	接受 접수	個別 개별	全體 전체	乾燥 건조	濕潤 습윤
干涉 간섭	放任 방임	客觀 객관	主觀 주관	傑作 걸작	拙作 졸작
減少 감소	增加 증가	客體 객체	主體 주체	儉約 검약	浪費 낭비

輕減	加重	困難	容易	驕慢	謙遜
경감	가중	곤란	용이	교만	겸손
經度	緯度	供給	需要	拘束	釋放
경도	위도	공급	수요	구속	석방
輕薄	愼重	空想	現實	求心	遠心
경박	신중	공상	현실	구심	원심
輕率	鎭重	公的	私的	具體	抽象
경솔	진중	공적	사적	구체	추상
輕視	重視	空虛	充實	舊派	新派
경시	중시	공허	충실	구파	신파
高潔	低俗	過去	未來	國內	國外
고결	저속	과거	미래	국내	국외
高雅	卑俗	寡默	弄舌	君子	小人
고아	비속	과묵	농설	군자	소인
固定	流動	官尊	民卑	屈服	抵抗
고정	유동	관존	민비	굴복	저항
高調	低調	光明	暗黑	屈辱	雪辱
고조	저조	광명	암흑	굴욕	설욕

權利	義務	緊密	疏遠	内包	外延
권리	의무	긴밀	소원	내포	외연
勤勉	怠慢	吉兆	凶兆	老鍊	未熟
근면	태만	길조	흉조	노련	미숙
僅少	過多	樂觀	悲觀	能動	被動
근소	과다	낙관	비관	능동	피동
急性	慢性	落第	及第	短點	長點
급성	만성	낙제	급제	단점	장점
急行	緩行	暖流	寒流	單式	複式
급행	완행	난류	한류	단식	복식
肯定	否定	濫讀	精讀	多元	一元
긍정	부정	남독	정독	다원	일원
旣決	未決	濫用	節約	單一	複合
기결	미결	남용	절약	단일	복합
奇拔	平凡	來生	前生	短縮	延長
기발	평범	내생	전생	단축	연장
飢餓	飽食	內容	形式	貸邊	借邊
기아	포식	내용	형식	대변	차변

大乘	小乘	忘却	記憶	物質	精神
대승	소승	망각	기억	물질	정신
對話	獨白	滅亡	興起	未備	完備
대화	독백	멸망	흥기	미비	완비
都心	郊外	名譽	恥辱	敏感	鈍感
도심	교외	명예	치욕	민감	둔감
獨創	模倣	明轉	暗轉	敏速	遲鈍
독창	모방	명전	암전	민속	지둔
動機	結果	母音	子音	密接	疏遠
동기	결과	모음	자음	밀접	소원
冬眠	夏眠	無能	有能	密集	散在
동면	하면	무능	유능	밀집	산재
登場	退場	無形	有形	反目	和睦
등장	퇴장	무형	유형	반목	화목
漠然	確然	文語	口語	反抗	服從
막연	확연	문어	구어	반항	복종
滿足	不滿	文明	未開	發達	退步
만족	불만	문명	미개	발달	퇴보

發生	消滅	普遍	特殊	分離	統合
발생	소멸	보편	특수	분리	통합

放心	操心	複雜	單純	紛爭	和解
방심	조심	복잡	단순	분쟁	화해

背恩	報恩	本業	副業	不運	幸運
배은	보은	본업	부업	불운	행운

白髮	紅顔	富貴	貧賤	悲劇	喜劇
백발	홍안	부귀	빈천	비극	희극

繁榮	衰退	富裕	貧窮	卑近	深遠
번영	쇠퇴	부유	빈궁	비근	심원

凡人	超人	不實	充實	非番	當番
범인	초인	부실	충실	비번	당번

別居	同居	否認	是認	非凡	平凡
별거	동거	부인	시인	비범	평범

別館	本館	否定	肯定	悲哀	歡喜
별관	본관	부정	긍정	비애	환희

保守	革新	分擔	全擔	卑語	敬語
보수	혁신	분담	전담	비어	경어

悲運	幸運	詳述	略述	所得	損失
비운	행운	상술	약술	소득	손실

卑稱	尊稱	生家	養家	騷亂	靜肅
비칭	존칭	생가	양가	소란	정숙

社會	個人	生食	火食	消費	生産
사회	개인	생식	화식	소비	생산

死後	生前	生花	造花	衰退	隆興
사후	생전	생화	조화	쇠퇴	융흥

削減	添加	先輩	後輩	守勢	攻勢
삭감	첨가	선배	후배	수세	공세

散文	韻文	善意	惡意	需要	供給
산문	운문	선의	악의	수요	공급

殺害	被殺	先天	後天	熟達	未熟
살해	피살	선천	후천	숙달	미숙

常例	特例	成功	失敗	順行	逆行
상례	특례	성공	실패	순행	역행

喪失	獲得	成熟	未熟	勝利	敗北
상실	획득	성숙	미숙	승리	패배

新語	死語	連敗	連勝	原因	結果
신어	사어	연패	연승	원인	결과
信義	疑心	榮轉	左遷	偉人	凡人
신의	의심	영전	좌천	위인	범인
失意	得意	靈魂	肉身	遊星	恒星
실의	득의	영혼	육신	유성	항성
實質	形式	銳敏	愚鈍	柔軟	硬直
실질	형식	예민	우둔	유연	경직
安全	危險	誤報	眞相	恩惠	怨恨
안전	위험	오보	진상	은혜	원한
暗示	明示	優勢	劣勢	陰氣	陽氣
암시	명시	우세	열세	음기	양기
語幹	語尾	偶然	必然	依他	自立
어간	어미	우연	필연	의타	자립
逆境	順境	優秀	劣等	異端	正統
역경	순경	우수	열등	이단	정통
連作	輪作	原告	被告	裏面	表面
연작	윤작	원고	피고	이면	표면

理想 이상	現實 현실	長篇 장편	短篇 단편	絶望 절망	希望 희망
利益 이익	損失 손실	低俗 저속	高尚 고상	正當 정당	不當 부당
人爲 인위	自然 자연	積極 적극	消極 소극	集合 집합	解散 해산
立體 입체	平面 평면	敵對 적대	友好 우호	漸進 점진	急進 급진
入港 입항	出港 출항	傳統 전통	革新 혁신	正常 정상	異常 이상
自動 자동	手動 수동	前半 전반	後半 후반	正直 정직	詐欺 사기
自律 자율	他律 타율	前進 전진	後進 후진	定着 정착	漂流 표류
自意 자의	他意 타의	秩序 질서	混亂 혼란	弔客 조객	賀客 하객
子正 자정	正午 정오	絶對 절대	相對 상대	縱景 종경	橫景 횡경

知的	情的	添加	削減	快樂	苦痛
지적	정적	첨가	삭감	쾌락	고통
增進	減退	初聲	終聲	快勝	慘敗
증진	감퇴	초성	종성	쾌승	참패
直系	傍系	體言	用言	妥當	不當
직계	방계	체언	용언	타당	부당
直接	間接	遞增	遞減	卓越	平凡
직접	간접	체증	체감	탁월	평범
直線	曲線	草野	朝廷	誕生	消滅
직선	곡선	초야	조정	탄생	소멸
眞實	虛僞	縮小	擴大	濁音	淸音
진실	허위	축소	확대	탁음	청음
質疑	應答	聰明	愚鈍	退化	進化
질의	응답	총명	우둔	퇴화	진화
進步	退步	恥辱	名譽	敗戰	勝戰
진보	퇴보	치욕	명예	패전	승전
創造	模倣	親熟	疏遠	敗北	勝利
창조	모방	친숙	소원	패배	승리

暴露	隱蔽	許多	稀少	好況	不況
폭로	은폐	허다	희소	호황	불황

彼岸	此岸	現役	退役	厚待	薄待
피안	차안	현역	퇴역	후대	박대

合法	違法	好轉	逆轉	興奮	鎭靜
합법	위법	호전	역전	흥분	진정

幸福	不幸	好評	惡評	稀貴	至賤
행복	불행	호평	악평	희귀	지천

[1~30] 다음 한자어(漢字語)와 뜻이 반대(反對)이거나 상대(相對)되는 한자어는 어느 것입니까?

01 減少

① 科擧　② 器官　③ 根幹

④ 街路　⑤ 增加

02 剛健

① 藥物　② 柔弱　③ 若干

④ 節約　⑤ 深夜

03 輕減

① 貧困　② 下降　③ 加重

④ 風霜　⑤ 快晴

04 抽象

① 尊敬　② 流動　③ 舊派

④ 具體　⑤ 反駁

05 權利

① 歸納　② 義務　③ 僅少

④ 緩行　⑤ 悲哀

06 能動

① 被動　② 老鍊　③ 緊張

④ 重視　⑤ 固定

07 短縮

① 對話　② 確然　③ 記憶

④ 複合　⑤ 延長

08 名譽

① 暗轉　② 物質　③ 恥辱

④ 完備　⑤ 杜絕

09 密接

① 繁榮　② 同居　③ 疏遠

④ 全擔　⑤ 操心

10 紛爭

① 綜合　② 分擔　③ 充實

④ 和解　⑤ 副業

11 容易

① 視覺　② 逆順　③ 難解
④ 間接　⑤ 勝戰

12 獲得

① 喜劇　② 深遠　③ 幸運
④ 喪失　⑤ 勇敢

13 疑心

① 愛護　② 信義　③ 騷亂
④ 榮轉　⑤ 供給

14 銳敏

① 愚鈍　② 賢明　③ 消費
④ 輪作　⑤ 攻勢

15 理想

① 劣等　② 現實　③ 柔軟
④ 正統　⑤ 怨恨

16 勝利

① 特別　② 敗北　③ 早速
④ 義務　⑤ 競技

17 保守

① 亂雜　② 革新　③ 希望
④ 敵對　⑤ 消極

18 質疑

① 直系　② 增進　③ 混亂
④ 解散　⑤ 應答

19 創造

① 朝廷　② 模倣　③ 初聲
④ 擴大　⑤ 聰明

20 平凡

① 進化　② 好況　③ 卓越
④ 荒野　⑤ 違法

21 快樂

① 反抗　② 登場　③ 疏遠
④ 苦痛　⑤ 貧窮

22 需要

① 有能　② 供給　③ 勇敢
④ 沈着　⑤ 陳腐

23 騷亂

① 密集　② 靜肅　③ 不實
④ 單式　⑤ 需要

29 拒絕

① 連絡　② 逃避　③ 媒介
④ 拍掌　⑤ 承諾

24 柔軟

① 閉鎖　② 浪費　③ 硬直
④ 客觀　⑤ 懦弱

30 個別

① 全體　② 存在　③ 遺物
④ 榮光　⑤ 處方

25 繁榮

① 衰退　② 急性　③ 精神
④ 借邊　⑤ 漠然

26 閉鎖

① 深夜　② 昨今　③ 開放
④ 緊張　⑤ 錯誤

27 引出

① 入金　② 供給　③ 需要
④ 金錢　⑤ 貨幣

28 冷却

① 異性　② 加熱　③ 劍術
④ 拒絕　⑤ 炎症

01	02	03	04	05	06	07	08	09	10	11	12	13	14	15
⑤	②	③	④	②	①	⑤	③	③	④	③	④	②	①	②

16	17	18	19	20	21	22	23	24	25	26	27	28	29	30
②	②	⑤	②	③	④	②	②	③	①	③	①	②	⑤	①

01 減少(감소 _ 덜 감, 적을 소)
- ⑤ 增加(증가 _ 더할 증, 더할 가)

02 剛健(강건 _ 굳셀 강, 굳셀 건)
- ② 柔弱(유약 _ 부드러울 유, 약할 약)

03 輕減(경감 _ 가벼울 경, 덜 감)
- ③ 加重(가중 _ 더할 가, 무거울 중)

04 抽象(추상 _ 뽑을 추, 코끼리 상)
- ④ 具體(구체 _ 갖출 구, 몸 체)

05 權利(권리 _ 권세 권, 이로울 리)
- ② 義務(의무 _ 옳을 의, 힘쓸 무)

06 能動(능동 _ 능할 능, 움직일 동)
- ① 被動(피동 _ 입을 피, 움직일 동)

07 短縮(단축 _ 짧을 단, 줄일 축)
- ⑤ 延長(연장 _ 늘일 연, 길 장)

08 名譽(명예 _ 이름 명, 기릴 예)
- ③ 恥辱(치욕 _ 부끄러울 치, 욕될 욕)

09 密接(밀접 _ 빽빽할 밀, 이을 접)
- ③ 疏遠(소원 _ 소통할 소, 멀 원)

10 紛爭(분쟁 _ 어지러울 분, 다툴 쟁)
- ④ 和解(화해 _ 화할 화, 풀 해)

11 容易(용이 _ 얼굴 용, 쉬울 이)
- ③ 難解(난해 _ 어려울 난, 풀 해)

12 獲得(획득 _ 얻을 획, 얻을 득)
- ④ 喪失(상실 _ 잃을 상, 잃을 실)

13 疑心(의심 _ 의심할 의, 마음 심)
- ② 信義(신의 _ 믿을 신, 옳을 의)

14 銳敏(예민 _ 날카로울 예, 민첩할 민)
- ① 愚鈍(우둔 _ 어리석을 우, 둔할 둔)

15 理想(이상 _ 다스릴 이, 생각 상)
- ② 現實(현실 _ 나타날 현, 열매 실)

16 勝利(승리 _ 이길 승, 이로울 리)
- ② 敗北(패배 _ 패할 패, 달아날 배)

17 保守(보수 _ 지킬 보, 지킬 수)
- ② 革新(혁신 _ 가죽 혁, 새 신)

18 質疑(질의 _ 바탕 질, 의심할 의)
- ⑤ 應答(응답 _ 응할 응, 대답 답)

19 創造(창조 _ 비롯할 창, 지을 조)
- ② 模倣(모방 _ 본뜰 모, 본뜰 방)

20 平凡(평범 _ 평평할 평, 무릇 범)
- ③ 卓越(탁월 _ 높을 탁, 넘을 월)

21 快樂(쾌락 _ 쾌할 쾌, 즐길 락)
- ④ 苦痛(고통 _ 쓸 고, 아플 통)

22 需要(수요 _ 쓰일 수, 요긴할 요)
- ② 供給(공급 _ 이바지할 공, 줄 급)

23 騷亂(소란 _ 떠들 소, 어지러울 란)
- ② 靜肅(정숙 _ 고요할 정, 엄숙할 숙)

24 柔軟(유연 _ 부드러울 유, 연할 연)
- ③ 硬直(경직 _ 굳을 경, 곧을 직)

25 繁榮(번영 _ 번성할 번, 영화 영)
- ① 衰退(쇠퇴 _ 쇠할 쇠, 물러날 퇴)

26 閉鎖(폐쇄 _ 닫을 폐, 쇠사슬 쇄)
- ③ 開放(개방 _ 열 개, 놓을 방)

27 引出(인출 _ 끌 인, 날 출)
- ① 入金(입금 _ 들 입, 쇠 금)

28 冷却(냉각 _ 찰 냉, 물리칠 각)
- ② 加熱(가열 _ 더할 가, 더울 열)

29 拒絶(거절 _ 막을 거, 끊을 절)
- ⑤ 承諾(승낙 _ 이을 승, 허락할 낙)

30 個別(개별 _ 낱 개, 나눌 별)
- ① 全體(전체 _ 온전할 전, 몸 체)

DAY 14

慨 概	슬퍼할 개 대개 개	예 慨嘆(개탄) 예 概念(개념)
鋼 綱	강철 강 벼리 강	예 鋼鐵(강철) 예 綱領(강령)
干 于	방패 간 어조사 우	예 干城(간성) 예 于先(우선)
刊 肝	새길 간 간 간	예 刊行(간행) 예 肝炎(간염)
減 滅	덜 감 멸망할 멸	예 減少(감소) 예 滅亡(멸망)
件 伴	물건 건 짝 반	예 要件(요건) 예 同伴(동반)
建 健	세울 건 건강할 건	예 建築(건축) 예 健康(건강)
枯 姑	마를 고 시어머니 고	예 枯木(고목) 예 姑婦(고부)
決 快	결단할 결 쾌할 쾌	예 決定(결정) 예 豪快(호쾌)

僅 謹	겨우 근 삼갈 근	예 僅少(근소) 예 謹愼(근신)
更 吏	고칠 경 벼슬 리	예 變更(변경) 예 吏房(이방)
階 陸	섬돌/층계 계 뭍 륙	예 階段(계단) 예 陸地(육지)
苦 若	쓸 고 만약 약	예 苦難(고난) 예 萬若(만약)
勸 權	권할 권 권세 권	예 勸善(권선) 예 權利(권리)
科 料	과정 과 헤아릴 료	예 科目(과목) 예 料量(요량)
拘 抱	잡을 구 안을 포	예 拘束(구속) 예 抱擁(포옹)
貴 責	귀할 귀 꾸짖을 책	예 富貴(부귀) 예 責望(책망)
斤 斥	근 근 물리칠 척	예 斤量(근량) 예 排斥(배척)

壞 壤	무너질 괴 흙덩이 양	예 破壞(파괴) 예 土壤(토양)

都 部	도읍 도 나눌 부	예 首都(수도) 예 部分(부분)

肯 背	즐길 긍 등/배반할 배	예 肯定(긍정) 예 背信(배신)

卵 卯	알 란 토끼 묘	예 鷄卵(계란) 예 卯時(묘시)

棄 葉	버릴 기 잎 엽	예 棄兒(기아) 예 落葉(낙엽)

狀 壯	형상 상 장할 장	예 狀態(상태) 예 健壯(건장)

奇 寄	기이할 기 부칠 기	예 奇人(기인) 예 寄附(기부)

憐 隣	가련할 련 이웃 린	예 憐憫(연민) 예 隣近(인근)

難 離	어려울 난 떠날 리	예 困難(곤란) 예 離別(이별)

輪 輸	바퀴 륜 실어낼 수	예 輪廻(윤회) 예 輸出(수출)

納 紛	들일 납 어지러울 분	예 納入(납입) 예 紛爭(분쟁)

栗 粟	밤 률 조 속	예 栗木(율목) 예 粟豆(속두)

奴 如	종 노 같을 여	예 奴隷(노예) 예 如一(여일)

理 埋	다스릴 리 묻을 매	예 倫理(윤리) 예 埋葬(매장)

怒 努	성낼 노 힘쓸 노	예 怒氣(노기) 예 努力(노력)

領 頌	거느릴 령 칭송할 송	예 首領(수령) 예 頌歌(송가)

貸 賃	빌릴 대 품삯 임	예 轉貸(전대) 예 賃金(임금)

慢 漫	거민힐 민 흩어질 만	예 傲慢(오만) 예 散漫(산만)

代 伐	대신할 대 칠 벌	예 代用(대용) 예 討伐(토벌)

眠 眼	잘 면 눈 안	예 睡眠(수면) 예 眼目(안목)

待 侍	기다릴 대 모실 시	예 期待(기대) 예 侍女(시녀)

鳴 嗚	울 명 탄식할 오	예 悲鳴(비명) 예 嗚咽(오열)

侮悔	업신여길 모 뉘우칠 회	예 侮辱(모욕) 예 後悔(후회)

母貫	어미 모 꿸 관	예 母情(모정) 예 貫徹(관철)

微徵	작을 미 부를 징	예 微笑(미소) 예 徵集(징집)

薄簿	엷을 박 장부 부	예 薄明(박명) 예 帳簿(장부)

迫追	핍박할 박 쫓을 추	예 逼迫(핍박) 예 追憶(추억)

飯飮	밥 반 마실 음	예 白飯(백반) 예 飮料(음료)

番審	차례 번 살필 심	예 番號(번호) 예 審査(심사)

罰罪	벌할 벌 죄 죄	예 罰金(벌금) 예 犯罪(범죄)

變戀	변할 변 그릴 련	예 變化(변화) 예 戀愛(연애)

博傳	넓을 박 전할 전	예 博士(박사) 예 傳受(전수)

辨辯	분별할 변 말씀 변	예 辨別(변별) 예 辯論(변론)

奉奏	받들 봉 아뢸 주	예 奉養(봉양) 예 演奏(연주)

奮奪	떨칠 분 빼앗을 탈	예 興奮(흥분) 예 奪取(탈취)

貧貪	가난할 빈 탐할 탐	예 貧弱(빈약) 예 貪慾(탐욕)

氷永	얼음 빙 길 영	예 解氷(해빙) 예 永久(영구)

士土	선비 사 흙 토	예 紳士(신사) 예 土地(토지)

使便	부릴 사 편할 편	예 使用(사용) 예 簡便(간편)

仕任	벼슬 사 맡길 임	예 奉仕(봉사) 예 任務(임무)

捨拾	버릴 사 주울 습	예 取捨(취사) 예 拾得(습득)

師帥	스승 사 장수 수	예 恩師(은사) 예 將帥(장수)

思惠	생각할 사 은혜 혜	예 思想(사상) 예 恩惠(은혜)

社祀	모일 사 제사 사	예 會社(회사) 예 祭祀(제사)

査	조사할 사	예 調査(조사)
香	향기 향	예 香味(향미)

授	줄 수	예 授受(수수)
援	구원할 원	예 救援(구원)

象	코끼리 상	예 象牙(상아)
衆	무리 중	예 衆生(중생)

須	반드시 수	예 必須(필수)
順	순할 순	예 順從(순종)

塞	변방 새	예 要塞(요새)
寒	찰 한	예 寒食(한식)

淑	맑을 숙	예 淑女(숙녀)
涉	건널 섭	예 干涉(간섭)

恕	용서할 서	예 容恕(용서)
怒	성낼 노	예 怒氣(노기)

術	재주 술	예 技術(기술)
述	펼 술	예 敍述(서술)

析	쪼갤 석	예 分析(분석)
折	꺾을 절	예 折枝(절지)

乘	탈 승	예 乘船(승선)
承	이을 승	예 繼承(계승)

惜	아낄 석	예 惜別(석별)
借	빌릴 차	예 借用(차용)

勝	이길 승	예 勝利(승리)
騰	오를 등	예 騰落(등락)

宣	베풀 선	예 宣傳(선전)
宜	마땅 의	예 便宜(편의)

愼	삼갈 신	예 愼慮(신려)
鎭	진압할 진	예 鎭壓(진압)

旋	돌 선	예 旋律(선율)
施	베풀 시	예 實施(실시)

伸	펼 신	예 伸張(신장)
仲	버금 중	예 仲秋節(중추절)

雪	눈 설	예 殘雪(잔설)
雲	구름 운	예 雲霧(운무)

失	잃을 실	예 失敗(실패)
矢	화살 시	예 嚆矢(효시)

俗	속될 속	예 俗世(속세)
裕	넉넉할 유	예 餘裕(여유)

深	깊을 심	예 夜深(야심)
探	찾을 탐	예 探究(탐구)

遂	드디어 수	예 完遂(완수)
逐	쫓을 축	예 驅逐(구축)

仰	우러를 앙	예 信仰(신앙)
抑	누를 억	예 抑制(억제)

厄 危	재앙 액 위태할 위	예 厄運(액운) 예 危險(위험)		宇 字	집 우 글자 자	예 宇宙(우주) 예 文字(문자)
億 憶	억 억 생각할 억	예 億丈(억장) 예 記憶(기억)		園 圍	동산 원 에워쌀 위	예 庭園(정원) 예 周圍(주위)
與 興	줄 여 일어날 흥	예 授與(수여) 예 興亡(흥망)		威 咸	위엄 위 다 함	예 威力(위력) 예 咸集(함집)
延 廷	끌 연 조정 정	예 延期(연기) 예 朝廷(조정)		遺 遣	남길 유 보낼 견	예 遺物(유물) 예 派遣(파견)
沿 治	좇을 연 다스릴 치	예 沿革(연혁) 예 政治(정치)		譽 擧	명예 예 들 거	예 名譽(명예) 예 擧事(거사)
鹽 監	소금 염 볼 감	예 鹽田(염전) 예 監督(감독)		凝 疑	엉길 응 의심할 의	예 凝結(응결) 예 疑心(의심)
營 螢	경영할 영 반딧불 형	예 經營(경영) 예 螢光(형광)		姿 恣	모양 자 방자할 자	예 姿態(자태) 예 放恣(방자)
汚 汗	더러울 오 땀 한	예 汚染(오염) 예 汗蒸(한증)		暫 漸	잠시 잠 점점 점	예 暫時(잠시) 예 漸次(점차)
瓦 互	기와 와 서로 호	예 瓦解(와해) 예 相互(상호)		齊 濟	가지런할 제 건널/도울 제	예 齊一(제일) 예 經濟(경제)
浴 沿	목욕할 욕 좇을 연	예 浴室(욕실) 예 沿海(연해)		帝 常	임금 제 항상 상	예 帝王(제왕) 예 常識(상식)
郵 睡	우편 우 졸음 수	예 郵便(우편) 예 睡眠(수면)		早 旱	일찍 조 가물 한	예 早起(조기) 예 旱害(한해)

兆 北	조짐 조 북녘 북	예 前兆(전조) 예 北極(북극)

潮 湖	조수 조 호수 호	예 潮流(조류) 예 湖水(호수)

株 殊	그루/주식 주 다를 수	예 株價(주가) 예 特殊(특수)

陳 陣	늘어놓을 진 진칠 진	예 陳列(진열) 예 陣營(진영)

捉 促	잡을 착 재촉할 촉	예 捕捉(포착) 예 督促(독촉)

責 靑	꾸짖을 책 푸를 청	예 責望(책망) 예 靑史(청사)

觸 燭	닿을 촉 촛불 촉	예 接觸(접촉) 예 華燭(화촉)

總 聰	다 총 귀 밝을 총	예 總選(총선) 예 聰明(총명)

佳 住 往	아름다울 가 살 주 갈 왕	예 佳人(가인) 예 住宅(주택) 예 往來(왕래)

刻 核 該	새길 각 씨 핵 갖출/마땅 해	예 彫刻(조각) 예 核心(핵심) 예 該當(해당)

追 退	따를 추 물러갈 퇴	예 追究(추구) 예 進退(진퇴)

蓄 畜	모을 축 기를 축	예 貯蓄(저축) 예 家畜(가축)

衝 衡	부딪칠 충 저울 형	예 衝突(충돌) 예 均衡(균형)

湯 渴	끓일 탕 목마를 갈	예 湯藥(탕약) 예 渴症(갈증)

恨 限	한 한 한정할 한	예 怨恨(원한) 예 限界(한계)

側 測	곁 측 헤아릴 측	예 側近(측근) 예 測量(측량)

澤 擇	못 택 가릴 택	예 潤澤(윤택) 예 採擇(채택)

還 環	돌아올 환 고리 환	예 還甲(환갑) 예 環境(환경)

甲 申 由	첫째천간 갑 펼 신 말미암을 유	예 甲乙(갑을) 예 申告(신고) 예 理由(이유)

卷 券 拳	책 권 문서 권 주먹 권	예 卷數(권수) 예 券面(권면) 예 拳銃(권총)

犬	개 견	예 猛犬(맹견)
丈	어른 장	예 方丈(방장)
太	클 태	예 太極(태극)

衰	쇠할 쇠	예 衰退(쇠퇴)
哀	슬플 애	예 哀惜(애석)
表	겉 표	예 表現(표현)

境	경계 경	예 境地(경지)
鏡	거울 경	예 鏡戒(경계)
意	뜻 의	예 謝意(사의)

緣	인연 연	예 因緣(인연)
綠	푸를 록	예 草綠(초록)
錄	기록할 록	예 記錄(기록)

季	계절 계	예 季節(계절)
李	오얏 리	예 行李(행리)
秀	빼어날 수	예 優秀(우수)

遙	멀 요	예 遙遠(요원)
謠	노래 요	예 歌謠(가요)
搖	흔들 요	예 搖動(요동)

困	곤할 곤	예 疲困(피곤)
囚	가둘 수	예 囚人(수인)
因	인할 인	예 因緣(인연)

摘	딸 적	예 摘出(적출)
滴	물방울 적	예 滴下(적하)
適	맞을 적	예 適任(적임)

攻	칠 공	예 攻擊(공격)
切	끊을 절	예 切斷(절단)
巧	공교할 교	예 技巧(기교)

編	엮을 편	예 改編(개편)
遍	두루 편	예 普遍(보편)
偏	치우칠 편	예 偏食(편식)

己	몸 기	예 自己(자기)
已	이미 이	예 已往(이왕)
巳	뱀 사	예 乙巳(을사)

護	보호할 호	예 保護(보호)
穫	거둘 확	예 收穫(수확)
獲	얻을 획	예 獲得(획득)

末	끝 말	예 末路(말로)
未	아닐 미	예 未來(미래)
味	맛 미	예 味覺(미각)

會	모일 회	예 會談(회담)
曾	일찍 증	예 曾祖(증조)
僧	중 승	예 僧下(승하)

戊	천간 무	예 戊午(무오)
茂	무성할 무	예 茂林(무림)
戌	개 술	예 甲戌年(갑술년)

書	글 서	예 書房(서방)
晝	낮 주	예 晝夜(주야)
畫	그림 화	예 畫家(화가)

識	알 식	예 識見(식견)
織	짤 직	예 織物(직물)
職	직분 직	예 職位(직위)

弊	폐단 폐	예 弊端(폐단)
幣	화폐 폐	예 幣物(폐물)
蔽	가릴 폐	예 隱蔽(은폐)

玉	구슬 옥	예 珠玉(주옥)
王	임금 왕	예 帝王(제왕)
壬	북방 임	예 壬辰(임진)

吸	마실 흡	예 呼吸(호흡)
吹	불 취	예 鼓吹(고취)
次	버금 차	예 次席(차석)

亭	정자 정	예 亭子(정자)
享	누릴 향	예 享樂(향락)
亨	형통할 형	예 亨通(형통)

悔	뉘우칠 회	예 悔改(회개)
梅	매화나무 매	예 梅花(매화)
敏	민첩할 민	예 敏感(민감)

儉	검소할 검	예 儉素(검소)
險	험할 험	예 險難(험난)
檢	검사할 검	예 點檢(점검)
劍	칼 검	예 劍客(검객)

栽	심을 재	예 栽培(재배)
裁	마를 재	예 裁斷(재단)
載	실을 재	예 載籍(재적)
哉	어조사 재	예 快哉(쾌재)

漠	사막 막	예 沙漠(사막)
模	법 모	예 模範(모범)
幕	장막 막	예 天幕(천막)
墓	무덤 묘	예 墓地(묘지)
募	모을 모	예 募集(모집)
慕	사모할 모	예 思慕(사모)
暮	저물 모	예 日暮(일모)

惟	생각할 유	예 思惟(사유)
維	벼리/유지할 유	예 維持(유지)
推	밀 추	예 推進(추진)
唯	오직 유	예 唯一(유일)
誰	누구 수	예 誰何(수하)
稚	어릴 치	예 稚兒(치아)
催	재촉할 최	예 催乳(최유)

[1~15] 다음 한자(漢字)의 뜻은 무엇입니까?

01　　　　　　還
① 고리　　② 돌아오다
③ 많다　　④ 거두다
⑤ 생각하다

05　　　　　　倣
① 짓다　　② 헤매다
③ 막다　　④ 놓다
⑤ 본뜨다

02　　　　　　吸
① 버금가다　② 불
③ 숨다　　④ 마시다
⑤ 보내다

06　　　　　　徑
① 굳세다　　② 지름길
③ 좁다　　④ 물줄기
⑤ 가볍다

03　　　　　　載
① 마르다　　② 깎다
③ 교육하다　④ 심다
⑤ 싣다

07　　　　　　測
① 슬퍼하다　② 가까이
③ 헤아리다　④ 기울다
⑤ 배반하다

04　　　　　　唯
① 오직　　② 어리다
③ 쌓다　　④ 유지하다
⑤ 밀다

08　　　　　　辨
① 느리다　　② 지나가다
③ 애쓰다　　④ 분별하다
⑤ 즐겁다

09 衰
① 속마음　② 슬프다
③ 쇠하다　④ 바깥
⑤ 밝히다

10 險
① 검사하다　② 험하다
③ 검소하다　④ 칼
⑤ 여유롭다

11 露
① 이슬　② 안개
③ 눈　④ 구름
⑤ 번개

12 季
① 빼어나다　② 오얏나무
③ 줄기　④ 비추다
⑤ 계절

13 頂
① 항목　② 얼굴
③ 정수리　④ 가죽
⑤ 종이

14 攻
① 끊다　② 공교롭다
③ 뺏다　④ 치다
⑤ 험하다

15 權
① 나무　② 집
③ 권세　④ 쪼개다
⑤ 권하다

[16~30] 다음 단어들의 '□'에 공통으로 들어갈 알맞은 한자(漢字)는 어느 것입니까?

16 □才, 優□, 俊□
① 季　② 李　③ 稻
④ 稚　⑤ 秀

17 □來, □受, □播
① 傳　② 薄　③ 博
④ 溥　⑤ 漠

18 □任, □望, □務
① 貴　② 賤　③ 賣
④ 責　⑤ 貪

19 □易, 非□, 險□
① 雖　② 難　③ 離
④ 集　⑤ 雄

20 □定, □心, 對□
① 結　② 快　③ 決
④ 安　⑤ 塊

21 認□, □別, □見
① 職　② 織　③ 識
④ 許　⑤ 特

22 □向, □差, □食
① 偏　② 遍　③ 編
④ 篇　⑤ 片

23 □報, □家, □法
① 畫　② 書　③ 畵
④ 番　⑤ 界

24 □改, 後□, □恨
① 儉　② 梅　③ 侮
④ 悔　⑤ 海

25 □附, □與, □生
① 奪　② 奇　③ 寄
④ 奔　⑤ 契

26 傲□, 自□, □性

① 萬   ② 氣   ③ 滿
④ 漫   ⑤ 慢

27 □退, □弱, 盛□

① 裏   ② 衰   ③ 哀
④ 表   ⑤ 宣

28 □表, 時□, □案

① 辭   ② 述   ③ 遣
④ 代   ⑤ 逐

29 □定, □量, □深

① 側   ② 決   ③ 測
④ 則   ⑤ 貝

30 沒□, 念□, □痛

① 落   ② 粉   ③ 頭
④ 貪   ⑤ 分

01	02	03	04	05	06	07	08	09	10	11	12	13	14	15
②	④	⑤	①	⑤	②	③	④	③	②	①	⑤	③	④	③

16	17	18	19	20	21	22	23	24	25	26	27	28	29	30
⑤	①	④	②	③	③	①	③	④	③	⑤	②	④	③	③

01 還(돌아올 환, 돌 선)

02 吸(마실 흡)

03 載(실을 재)

04 唯(오직 유, 누구 수)

05 倣(본뜰 방)

06 徑(지름길 경, 길 경)

07 測(헤아릴 측)

08 辨(분별할 변)

09 衰(쇠할 쇠, 상복 최)

10 險(험할 험)

11 露(이슬 로)

12 季(계절 계)

13 頂(정수리 정)

14 攻(칠 공)

15 權(권세 권)

16 秀才(수재 _ 빼어날 수, 재주 재)
優秀(우수 _ 뛰어날 우, 빼어날 수)
俊秀(준수 _ 준걸 준, 빼어날 수)

17 傳來(전래 _ 전할 전, 올 래)
傳受(전수 _ 전할 전, 받을 수)
傳播(전파 _ 전할 전, 뿌릴 파)

18 責任(책임 _ 꾸짖을 책, 맡길 임)
責望(책망 _ 꾸짖을 책, 바랄 망)
責務(책무 _ 꾸짖을 책, 힘쓸 무)

19 難易(난이 _ 어려울 난, 쉬울 이)
非難(비난 _ 비방할 비, 어려울 난)
險難(험난 _ 험할 험, 어려울 난)

20 決定(결정 _ 결단할 결, 정할 정)
決心(결심 _ 결단할 결, 마음 심)
對決(대결 _ 대할 대, 결단할 결)

21 認識(인식 _ 알 인, 알 식)
識別(식별 _ 알 식, 나눌 별)
識見(식견 _ 알 식, 볼 견)

22 偏向(편향 _ 치우칠 편, 향할 향)
偏差(편차 _ 치우칠 편, 다를 차)
偏食(편식 _ 치우칠 편, 밥 식)

23 畫報(화보 _ 그림 화, 갚을 보/알릴 보)
畫家(화가 _ 그림 화, 집 가)
畫法(화법 _ 그림 화, 법 법)

24 悔改(회개 _ 뉘우칠 회, 고칠 개)
後悔(후회 _ 뒤 후, 뉘우칠 회)
悔恨(회한 _ 뉘우칠 회, 한 한)

25 寄附(기부 _ 부칠 기, 붙을 부)
寄與(기여 _ 부칠 기, 더불 여)
寄生(기생 _ 부칠 기, 날 생)

26 傲慢(오만 _ 거만할 오, 거만할 만)
自慢(자만 _ 스스로 자, 거만할 만)
慢性(만성 _ 거만할 만, 성품 성)

27 衰退(쇠퇴 _ 쇠할 쇠, 물러날 퇴)
衰弱(쇠약 _ 쇠할 쇠, 약할 약)
盛衰(성쇠 _ 성할 성, 쇠할 쇠)

28 代表(대표 _ 대신할 대, 겉 표)
時代(시대 _ 때 시, 대신할 대)
代案(대안 _ 대신할 대, 책상 안)

29 測定(측정 _ 헤아릴 측, 정할 정)
測量(측량 _ 헤아릴 측, 헤아릴 량)
測深(측심 _ 헤아릴 측, 깊을 심)

30 沒頭(몰두 _ 빠질 몰, 머리 두)
念頭(염두 _ 생각 염, 머리 두)
頭痛(두통 _ 머리 두, 아플 통)

사자성어

呵呵大笑 가가대소	소리를 크게 내어 웃음 ⓤ 박장대소(拍掌大笑)
家家戶戶 가가호호	각 집과 각 호(戶). 즉, 집집마다
★ **街談巷說** 가담항설	길거리에 떠도는 소문. 세상의 풍문(風聞) ⓤ 가담항어(街談巷語)
★ **苛斂誅求** 가렴주구	세금 같은 것을 가혹하게 거두어들이고 물건을 강제로 청구하여 국민을 못살게 구는 일
佳人薄命 가인박명	아름다운 여자는 기박(奇薄)한 운명을 타고남
刻苦勉勵 각고면려	몹시 애쓰고 힘씀
刻骨難忘 각골난망	뼛속에 새겨 두고 잊지 않는다는 뜻으로, 남에게 입은 은혜가 마음속 깊이 새겨져 잊히지 아니함 ⓤ 백골난망(白骨難忘)
刻骨銘心 각골명심	뼛속에 새기고 마음속에 새긴다는 뜻으로, 마음속 깊이 새겨서 잊지 않음
刻骨痛恨 각골통한	뼈에 사무쳐 마음속 깊이 맺힌 원한 ⓤ 각골지통(刻骨之痛)
各自圖生 각자도생	제각기 살아 나갈 방법을 꾀함
★★ **角者無齒** 각자무치	뿔이 있는 놈은 이가 없다는 뜻으로, 한 사람이 모든 복을 겸하지는 못함
刻舟求劍 각주구검	강물에 칼을 떨어뜨리게 되자 배에 칼이 떨어진 곳을 새겨 놓고 나중에 칼을 찾았다는 고사에서 유래. 어리석고 융통성이 없는 것을 비유

| 艱難辛苦 | 몹시 힘이 들고 쓰라린 고통이나 갖 |
| 간난신고 | 은 고초(苦楚)를 다 겪음 |

| ★甘吞苦吐 | 달면 삼키고 쓰면 뱉는다는 뜻으로, 사리(事理)의 옳고 그름을 따지지 |
| 감탄고토 | 않고 자기 비위에 맞으면 좋아하고, 맞지 않으면 싫어한다는 말 |

| 肝腦塗地 | 참살(慘殺)을 당하여 간(肝)과 뇌 (腦)가 땅바닥에 으깨어진다는 뜻으 |
| 간뇌도지 | 로, 국사(國事)에 목숨을 돌보지 않 고 힘을 다함 |

| 甲男乙女 | 갑(甲)이란 남자와 을(乙)이란 여자 의 뜻으로, 평범한 사람을 말함 |
| 갑남을녀 | 유 선남선녀(善男善女), 장삼이사 (張三李四), 필부필부(匹夫匹婦) |

| ★肝膽相照 | 마음과 마음을 서로 비춰볼 정도로 서로 마음을 터놓고 사귀는 것. 간담 |
| 간담상조 | (肝膽)은 간과 쓸개로 마음을 말함 |

| 剛木水生 | 마른 나무에서 물을 내게 한다는 뜻 으로, 아무것도 없는 사람에게 없는 |
| 강목수생 | 것을 내놓으라고 강요함 유 乾木水生(건목수생, 간목수생) |

| 渴而穿井 | 목이 말라야 우물을 판다는 뜻으로, 이미 때가 늦은 것을 일컬음 |
| 갈이천정 | 유 임갈굴정(臨渴掘井) |

| 康衢煙月 | 번화한 거리의 안개 낀 흐릿한 달이 란 뜻으로, 태평한 시대의 평화로운 |
| 강구연월 | 풍경을 말함 유 태평성대(太平聖代) |

| 感慨無量 | 마음에서 느끼는 감동이나 느낌이 |
| 감개무량 | 끝이 없음 |

| 剛柔兼全 | 굳셈과 부드러움을 모두 갖춤. 즉, |
| 강유겸전 | 성품이 굳세면서도 부드러움 |

| 甘言利說 | 남의 비위에 맞도록 꾸민 달콤한 말 |
| 감언이설 | 과 이로운 조건을 붙여 꾀는 말 |

| 江湖煙波 | 강이나 호수 위에 안개처럼 뽀얗게 이는 잔물결. 곧, 대자연(大自然)의 |
| 강호연파 | 풍경 |

| 感之德之 | 감사하게 여기고 덕으로 여긴다는 뜻으로, 대단히 고맙게 여기는 것을 |
| 감지덕지 | 말함 |

| 改過遷善 | 허물을 고치고 착하게 변함 |
| 개과천선 | 유 개과자신(改過自新) |

蓋棺事定	관(棺)의 뚜껑을 덮고서야 일이 정
개관사정	해짐. 사람이 죽은 뒤에야 그 사람이 살아 있었을 때의 가치를 알 수 있음

擧案齊眉	밥상을 들어 눈썹과 나란히 하여 놓
거안제미	았다는 고사에서 유래한 말로, 아내가 남편을 깍듯이 공경함

改善匡正	좋도록 고치고 바로잡음
개선광정	

去者日疎	서로 멀리 떨어져 있으면 사이가 멀
거자일소	어짐

蓋世之才	세상을 뒤덮을 만한 재주. 또는 그러
개세지재	한 재주를 가진 사람

去者必返	떠난 자는 반드시 돌아옴
거자필반	반 회자정리(會者定離)

客反爲主	손이 도리어 주인이 됨
객반위주	유 주객전도(主客顚倒)

★ 乾坤一擲	흥망성패(興亡成敗)를 걸고 단판싸
건곤일척	움을 함 유 재차일거(在此一擧)

★★ 去頭截尾	머리와 꼬리를 잘라버린다는 뜻으
거두절미	로, 앞뒤의 잔사설을 빼놓고 요점(要點)만을 말함

★ 格物致知	사물의 이치를 연구하여 자기의 지
격물치지	식을 확고하게 함

車水馬龍	거마(車馬)의 왕래가 흐르는 물이나
거수마룡	길게 늘어진 용처럼 끊임없이 많음

隔世之感	세대(世代)를 거른 듯한 느낌. 즉, 다
격세지감	른 세대가 된 듯 몹시 달라진 느낌 유 금석지감(今昔之感)

居安思危	편안할 때 위태로움을 생각함
거안사위	유 유비무환(有備無患)

擊壤之歌	땅을 두드리며 부르는 노래. 매우 살
격양지가	기 좋은 시절

| 牽強附會 | 이치에 닿지 않는 것을 억지로 끌어 |
| 견강부회 | 다 붙임 |

| 堅如金石 | 굳기가 쇠나 돌과 같다는 말 |
| 견여금석 | |

| ★ 見利忘義 | 이익을 보면 의리(義理)를 잊음 |
| 견리망의 | 🔄 견리사의(見利思義) |

| 犬猿之間 | 개와 원숭이의 사이처럼 대단히 사 |
| 견원지간 | 이가 나쁜 관계 |

| ★★★ 見利思義 | 눈앞에 이익(利益)을 보거든 먼저 그것을 취함이 의리(義理)에 합당 (合當)한지를 생각하라는 말 |
| 견리사의 | 🔄 견리망의(見利忘義) |

| 見危授命 | 나라의 위급함을 보면 목숨을 바침 |
| 견위수명 | 🔄 견위치명(見危致命) |

| 犬馬之勞 | 개나 말의 하찮은 수고라는 뜻으로, 임금이나 나라에 충성을 다하려는 노력을 낮추어 이르는 말 |
| 견마지로 | |

| 堅忍不拔 | 굳게 참고 버티어 마음을 빼앗기지 |
| 견인불발 | 아니함 |

| 犬馬之誠 | 임금이나 나라에 바치는 정성. 자기 의 정성을 낮추어 일컫는 말 |
| 견마지성 | |

| 犬兔之爭 | 빠른 개가 날쌘 토끼를 잡다가 둘다 죽자 나무꾼이 개와 토끼를 모두 얻 음. 제삼자가 이익을 보는 것을 말함 |
| 견토지쟁 | |

| 見蚊拔劍 | 모기를 보고 칼을 뺀다는 뜻으로, 조그만 일에 허둥지둥 덤비는 것을 말함 |
| 견문발검 | |

| ★ 結者解之 | 맺은 사람이 풀어야 한다는 뜻으로, 자기가 저지른 일은 스스로 해결해 야 한다는 말 |
| 결자해지 | |

| 見物生心 | 물건을 보면 갖고 싶은 욕심이 생김 을 이르는 말 |
| 견물생심 | |

| ★★★ 結草報恩 | 죽어서라도 은혜를 갚음 |
| 결초보은 | 🔄 각골난망(刻骨難忘) |

謙讓之德	겸손하고 사양하는 미덕
겸양지덕	

鏡中美人	거울 속의 미인이란 뜻으로, 실속이 없는 일을 가리킴
경중미인	

兼人之勇	몇 사람을 당해낼 만한 용기
겸인지용	

敬天勤民	하늘을 공경하고 백성을 다스리기에 부지런함
경천근민	

輕擧妄動	경솔하고 망령(妄靈)된 행동
경거망동	

驚天動地	하늘을 놀라게 하고 땅을 뒤흔든다는 뜻으로, 세상을 몹시 놀라게 함 ⊕ 동천경지(動天驚地)
경천동지	

傾國之色	한 나라의 형세를 기울어지게 할 만한 뛰어나게 아름다운 미인 ⊕ 경성지색(傾城之色)
경국지색	

敬天愛人	하늘을 공경하고 사람을 사랑함
경천애인	

耕當問奴	농사는 마땅히 머슴에게 물어야 한다는 뜻으로, 모르는 일은 잘 아는 사람에게 물어야 한다는 말
경당문노	

經天緯地	하늘을 날로 하고 땅을 씨로 한다는 뜻으로, 온 천하를 경륜(經綸)하여 다스림
경천위지	

經世濟民	세상을 다스리고 백성을 구제함
경세제민	

繼繼承承	자자손손이 대를 이어 감
계계승승	

敬而遠之	존경하면서도 가까이하지는 않음. 경원(敬遠 : 겉으로는 존경하는 체하면서 실제로는 가까이하지 않는다는 뜻도 있음)
경이원지	

鷄口牛後	닭의 주둥이와 소의 꼬리라는 뜻으로, 큰 단체의 꼴찌보다는 작은 단체의 우두머리가 되는 것이 오히려 나음
계구우후	

鷄卵有骨 ★★ 계란유골	달걀에도 뼈가 있다는 뜻으로, 복이 없는 사람은 아무리 좋은 기회를 만나도 덕을 보지 못함

孤立無援 ★★★ 고립무원	고립(孤立)되어 구원(救援)받을 데가 없음

鷄鳴狗盜 계명구도	비굴하게 남을 속이는 하찮은 재주. 또는 그런 재주를 가진 사람을 이르는 말

孤立無依 고립무의	고립되어 의지할 데가 없음 ⑪ 사고무친(四顧無親)

股肱之臣 고굉지신	임금이 가장 믿고 중히 여기는 신하. 고굉(股肱 : 다리와 팔)

鼓腹擊壤 고복격양	한 노인이 배를 두드리고 땅을 치면서 요임금의 덕을 찬양하고 태평을 즐긴 고사에서 유래한 말. 태평세월 (太平歲月)을 의미함

孤軍奮鬪 ★ 고군분투	외로운 군력(軍力)으로 분발하여 싸운다는 뜻으로, 홀로 여럿을 상대로 하여 싸움

孤城落日 고성낙일	외딴 성에서 해마저 지려 한다는 뜻으로, 도움이 없는 고립된 상태를 말함

高談峻論 ★★ 고담준론	고상(高尙)하고 준엄(峻嚴)한 담론 (談論)

姑息之計 고식지계	제 아내와 자식만을 위한 계책이란 뜻으로, 당장의 편안함만을 꾀하는 일시적인 방편 ⑪ 동족방뇨(凍足放尿)

高臺廣室 고대광실	높은 대(臺)와 넓은 집이란 뜻으로, 굉장히 크고 좋은 집을 말함

高屋建瓴 ★★ 고옥건령	높은 지붕 위에서 물을 담은 독을 기울여 쏟으면 그 내리쏟는 물살은 무엇으로도 막기 힘들다는 뜻으로, 기세가 왕성함을 이르는 말

苦肉之策 고육지책	자기 몸을 상해가면서까지 꾸며 내는 계책. 어려운 상태에서 벗어나기 위해 어쩔 수 없이 꾸며 내는 계책 ⑪ 고육지계(苦肉之計)

孤掌難鳴 ★★ 고장난명	외손뼉은 울리지 않는다는 뜻으로, 혼자만의 힘으로는 어떤 일을 하기가 어렵다는 것을 비유함

苦盡甘來 ★★ 고진감래	괴로움이 다하면 즐거움이 온다는 말

公明正大 공명정대	공명하고 정대함. 떳떳함

曲學阿世 곡학아세	학문을 왜곡하여 세속에 아부함

空前絶後 ★★ 공전절후	비교(比較)할 만한 것이 이전(以前)에도 없고 이후(以後)에도 없음 ㉠ 전무후무(前無後無)

汨沒無暇 골몰무가	한 가지 일에 빠져 조금도 틈이 없음 ㉠ 골골무가(汨汨無暇)

空中樓閣 공중누각	공중의 누각이라는 뜻으로, 근거없는 가공의 사물

骨肉相爭 ★★★ 골육상쟁	뼈와 살이 서로 싸운다는 말로, 동족이나 친족끼리 서로 싸우는 것을 비유함 ㉠ 골육상잔(骨肉相殘), 골육상전(骨肉相戰)

過恭非禮 과공비례	지나치게 공손한 것은 예가 아니라는 뜻으로, 지나친 공손은 도리어 실례가 된다는 말

公卿大夫 공경대부	공경(公卿 : 三公과 九卿)이나 대부(大夫)의 지위에 있는 사람들. 벼슬이 높은 사람들

誇大妄想 과대망상	턱없이 과장하여 그것을 믿는 망령된 생각

共倒同亡 공도동망	같이 넘어지고 함께 망함. 운명을 같이함

過猶不及 ★★ 과유불급	정도를 지나침은 미치지 못한 것과 같음 ㉠ 과여불급(過如不及)

空理空論 ★★ 공리공론	헛된 이치(理致)와 논의(論議)란 뜻으로, 사실(事實)에 맞지 않은 이론(理論)과 실제(實際)와 동떨어진 논의(論議)

瓜田李下 과전이하	오이밭에서는 신을 고쳐 신지 않고, 오얏나무 밑에서는 갓을 고쳐 쓰지 않음. 의심받을 일은 하지 말라는 비유

管鮑之交 관포지교	춘추시대 제(齊)나라의 관중(管仲)과 포숙(鮑叔)이 매우 사이좋게 교제하였다는 고사에서, 친구 사이의 매우 다정하고 허물없는 교제를 말함

★ 教外別傳 교외별전	선종(禪宗)에서 경전(經典) 등의 문자나 말에 의하지 않고 석존(釋尊)의 오도(悟道)를 마음에서 마음으로 전하는 것

刮目相對 괄목상대	눈을 비비고 서로 대한다는 말로, 남의 학식이나 재주가 갑자기 크는 것을 보고 그에 대한 인식을 새롭게 함

★ 膠柱鼓瑟 교주고슬	비파나 거문고의 기러기발을 아교로 붙여 놓으면 음조를 바꾸지 못하여 한 가지 소리밖에 내지 못하듯이, 고지식하여 융통성이 전혀 없음

光明正大 광명정대	언행이 떳떳하고 정당함 ㊠ 공명정대(公明正大)

★ 教學相長 교학상장	남을 가르치는 일과 스승에게서 배우는 일이 서로 도와서 자기의 학문을 길러 줌

光陰如流 광음여류	세월의 흐름이 흐르는 물과 같이 빠름 ㊠ 광음유수(光陰流水)

救世濟民 구세제민	세상을 구하고 민생을 구제함

曠日持久 광일지구	헛되이 날을 보내며 오래 버팀

九曲肝腸 구곡간장	굽이굽이 사무친 마음속 ㊠ 구절양장(九折羊腸)

矯角殺牛 교각살우	소의 뿔을 바로잡으려다 소를 죽임. 작은 결점이나 흠을 고치려다가 수단이 지나쳐서 일을 그르치는 것을 비유함

救國干城 구국간성	나라를 구원하는 방패와 성이란 뜻으로, 나라를 구하여 지키는 믿음직한 군인이나 인물을 비유함

巧言令色 교언영색	남의 환심을 사려고 아첨하는 교묘한 말과 보기 좋게 꾸미는 얼굴빛

口腹之計 구복지계	먹고 살아가는 방법

口蜜腹劍 구밀복검	입으로는 달콤한 소리를 하면서 마음속에 칼을 품음. 겉으로는 친절한 듯하나 속으로는 해칠 생각을 품는 것을 말함	國泰民安 국태민안	나라는 태평하고 백성은 평안함
★ 九死一生 구사일생	거의 죽을 뻔하다가 겨우 살아남 ㊠ 기사회생(起死回生)	群鷄一鶴 군계일학	많은 닭 가운데의 한 마리의 학. 많은 평범한 사람들 중의 뛰어난 인물 ㊠ 계군일학(鷄群一鶴), 계군고학(鷄群孤鶴)
★ 口尙乳臭 구상유취	입에서 아직 젖내가 난다는 뜻으로, 언행이 매우 유치함 ㊠ 황구유취(黃口乳臭)	軍令泰山 군령태산	군대의 명령은 태산같이 무거움
★★ 口耳之學 구이지학	남에게 들은 것을 그대로 남에게 전할 정도(程度)밖에 되지 않는 천박(淺薄)한 학문(學問)	君臣有義 군신유의	오륜(五倫)의 하나로, 임금과 신하에게는 의(義)가 있어야 한다는 말
九回之腸 구회지장	장이 뒤틀릴 정도로 괴롭고 고통스러움. 뒤틀려 꼬부라진 모양	群雄割據 군웅할거	많은 영웅이 각지에 자리 잡고 서로 세력을 다툼
★★★★ 九牛一毛 구우일모	여러 마리의 소의 털 가운데서 한 가닥의 털. 곧, 아주 큰 물건 속에 있는 아주 작은 물건 ㊠ 대해일속(大海一粟)	君爲臣綱 군위신강	삼강(三綱)의 하나로, 임금은 신하의 모범이 되어야 한다는 말
九折羊腸 구절양장	아홉 번 꺾인 양의 창자란 뜻에서, 꼬불꼬불하고 험한 산길을 말함	★★ 君子三樂 군자삼락	맹자가 말한 군자의 세 가지 즐거움. 부모가 살아 계시고 형제가 무고한 것, 하늘에 부끄러울 것이 없고 천하의 뛰어난 인재를 얻어 교육하는 것

屈而不伸 굴이불신	굽히고는 펴지 아니함

極惡無道 극악무도	아주 악하고 도리에 완전히 어긋나 있음

窮餘之策 궁여지책	매우 궁(窮)한 나머지 짜낸 계책 ㊠ 궁여일책(窮餘一策)

克己復禮 극기복례	자기의 사욕을 극복하고 예(禮)를 회복함

權謀術數 권모술수	사람을 속이는 임기응변(臨機應變) 의 모략과 수단

★ **近墨者黑** 근묵자흑	먹을 가까이하는 사람은 검어진다 는 뜻으로, 나쁜 사람을 가까이하면 그 버릇에 물들기 쉽다는 말 ㊠ 근주자적(近朱者赤)

權不十年 권불십년	아무리 높은 권세도 십 년을 가지 못한다는 말

近朱者赤 근주자적	붉은색을 가까이하는 사람은 붉어 지게 됨 ㊠ 근묵자흑(近墨者黑)

勸善懲惡 권선징악	착한 일을 권장하고 악한 일을 징계함

★★ **金科玉條** 금과옥조	금옥(金玉)과 같이 몹시 귀중한 법 칙이나 규정

★ **捲土重來** 권토중래	흙먼지를 날리며 다시 온다는 뜻으 로, 한 번 패한 자가 힘을 돌이켜 전 력을 다하여 다시 쳐들어옴 ㊠ 사회부연(死灰復燃)

金蘭之契 금란지계	친구 사이의 매우 두터운 정 ㊠ 문경지교(刎頸之交)

貴耳賤目 귀이천목	귀를 귀하게 여기고 눈을 천하게 여 김. 먼 곳에 있는 것을 귀하게 여기 고, 가까운 것을 천하게 여김

錦上添花 금상첨화	비단 위에다 꽃을 얹는다는 뜻으로, 좋은 일이 겹침 ㊡ 설상가상(雪上加霜)

金石盟約 금석맹약	쇠나 돌 같은 굳은 약속(約束) 🔵 금석지계(金石之契)
今昔之感 금석지감	지금과 옛적을 비교하여 생각할 때 그 차이가 심함을 보고 느끼는 감정 🔵 격세지감(隔世之感)
金石之交 금석지교	쇠나 돌처럼 굳고 변함없는 교제 🔵 금석지계(金石之契)
金城湯池 금성탕지	쇠로 만든 성과 그 둘레에 파 놓은 뜨거운 물로 가득 찬 못. 방어시설이 잘되어 있는 성을 말함
錦繡江山 금수강산	비단 위에 수(繡)를 놓은 듯 아름다 운 산천(山川). 우리나라 강산의 아 름다움을 일컫는 말
琴瑟之樂 금슬지락	부부 사이가 좋은 것. 금슬(琴瑟)은 거문고와 비파로, 부부 또는 부부 사 이를 말함 🔵 금슬상화(琴瑟相和)
今始初聞 금시초문	이제야 비로소 처음으로 들음

錦衣夜行 금의야행	비단옷을 입고 밤에 다닌다는 뜻으 로, 아무 보람이 없는 행동을 비유함
錦衣玉食 금의옥식	비단옷, 옥과 같이 흰 쌀밥이란 뜻으 로, 호화롭고 사치스런 의식을 가리킴 🔵 호의호식(好衣好食) 🔴 악의악식(惡衣惡食)
錦衣還鄉 금의환향	비단옷을 입고 고향으로 돌아온다는 뜻으로, 출세를 하여 고향에 돌아옴 🔵 금의주행(錦衣晝行)
金枝玉葉 금지옥엽	금으로 된 가지와 옥으로 된 잎사귀 라는 뜻으로, 임금의 자손이나 집안, 혹은 귀여운 자손을 비유함
氣高萬丈 기고만장	기격(氣格)의 높이가 만 발이나 된 다는 뜻으로, 기운이 펄펄 나는 모양 을 말함
起死回生 기사회생	사경(死境)에서 일어나 되살아남. 곧, 중병(重病)으로 죽을 뻔하다가 도로 회복되어 살아남
奇想天外 기상천외	보통으로는 생각할 수 없는 기발한 생각이나 그런 모양

起承轉結	한시에서 시구를 구성하는 방법. 글을 짜임새 있게 짓는 형식
기승전결	

吉凶禍福	길흉(吉凶)과 화복(禍福)
길흉화복	

奇巖怪石	기이한 바위와 괴이한 돌
기암괴석	

落落長松	가지가 축축 길게 늘어지고 키가 큰 소나무
낙락장송	

杞人之憂	기(杞)나라 사람이 하늘이 무너져 내리지 않을까 걱정했다는 고사에서 유래한 말로, 장래의 일에 대한 쓸데없는 걱정을 말함
기인지우	

落木寒天	낙엽 진 나무와 차가운 하늘. 곧, 추운 겨울철을 말함
낙목한천	

幾至死境	거의 죽을 지경에 이름
기지사경	

落花流水	떨어지는 꽃과 흐르는 물. 가는 봄의 경치, 또는 영락(零落)한 상황을 말함. 남녀 사이에 서로 그리는 정이 있다는 비유로도 쓰임
낙화유수	

氣盡脈盡	기운(氣運)과 정력(精力)이 다함
기진맥진	

難攻不落	공격하기가 어려워 함락(陷落)되지 않음
난공불락	

其臭如蘭	매우 가까운 친구 사이
기취여란	

亂臣賊子	난신(나라를 어지럽히는 신하)과 적자[임금이나 부모에게 不忠不孝(불충불효)하는 사람]
난신적자	

騎虎之勢	범을 타고 달리는 듯한 기세라는 뜻으로, 중도에서 그만둘 수 없는 형세를 나타내는 말 ⊕ 기수지세(騎獸之勢)
기호지세	

★★★★ 難兄難弟	누가 형이고 아우인지 분간하기 어렵다는 뜻으로, 두 사물의 낫고 못함을 정하기 어려울 때를 비유하는 말 ⊕ 막상막하(莫上莫下)
난형난제	

南柯一夢 남가일몽	남쪽 가지에서의 꿈이란 뜻으로, 덧없는 꿈이나 한때의 헛된 부귀영화를 이르는 말 ㊌ 일장춘몽(一場春夢)

★ 南橘北枳 남귤북지	남쪽 땅의 귤나무를 북쪽에 옮겨 심으면 탱자 나무로 변한다는 뜻으로, 사람도 그 처해 있는 곳에 따라 선하게도 되고 악하게도 됨을 이르는 말

★ 南男北女 남남북녀	예전부터 우리나라에서 남쪽 지방(地方)은 남자(男子)가 잘나고, 북쪽 지방(地方)은 여자(女子)가 곱다는 뜻으로 일러 내려오는 말

男負女戴 남부여대	남자는 등에 지고 여자는 머리에 인다는 뜻. 가난한 사람들이 떠돌아다니면서 사는 것

★ 囊中之錐 낭중지추	주머니 속에 든 송곳은 끝이 뾰족하여 밖으로 나옴. 뛰어난 재주를 가진 사람은 숨기려 해도 저절로 드러난다는 뜻

囊中取物 낭중취물	주머니 속에 지닌 물건을 꺼낸다는 뜻으로, 아주 쉬운 일이나 손쉽게 얻을 수 있는 일을 비유하는 말

內憂外患 내우외환	나라 안팎의 근심 걱정

內柔外剛 내유외강	사실은 마음이 약한데도 외부에는 강하게 나타남 ㊙ 내강외유(內剛外柔)

怒氣衝天 노기충천	성난 기색(氣色)이 하늘을 찌를 정도라는 뜻으로, 잔뜩 성이 나 있음을 말함

路柳墻花 노류장화	누구나 꺾을 수 있는 길가의 버들과 담 밑의 꽃으로, 창부(娼婦)를 가리키는 말

勞心焦思 노심초사	마음으로 애를 쓰며 속을 태움

綠楊芳草 녹양방초	푸른 버들과 아름다운 풀

綠衣紅裳 녹의홍상	연두 저고리에 다홍 치마. 젊은 여자의 곱게 치장한 복색(服色)

★ 論功行賞 논공행상	세운 공을 논정(論定)하여 상을 줌

弄假成眞	장난삼아 한 것이 참으로 한 것 같이 됨
농가성진	

★★ 多才多能	재능이 많다는 말
다재다능	

雷聲霹靂	천둥소리와 벼락을 아울러 이르는 말
뇌성벽력	

斷機之敎	학문을 중도에서 그만두는 것은 짜던 베의 날을 끊는 것과 같다는 가르침 ⊕ 단기지계(斷機之戒), 맹모단기 (孟母斷機)
단기지교	

累卵之勢	달걀을 포개어 놓은 것과 같은 몹시 위태로운 형세를 말함 ⊕ 누란지위(累卵之危), 위여누란 (危如累卵)
누란지세	

★ 單刀直入	한칼로 바로 적진에 쳐들어간다는 뜻으로, 문장 등에서 요점을 바로 말하여 들어감 ⊕ 일침견혈(一針見血)
단도직입	

能小能大	작은 일에도 능하고 큰일에도 능하다는 뜻으로, 모든 일에 두루 능함
능소능대	

簞食瓢飮	대바구니의 밥과 표주박의 물이란 뜻으로, 변변치 못한 음식, 소박한 생활을 비유하는 말 ⊕ 단표누항(簞瓢陋巷)
단사표음	

多岐亡羊	달아난 양(羊)을 찾으려 할 때에 길이 여러 갈래여서 끝내 양을 잃었다는 것에서 유래한 말. 방침(方針)이 많아서 도리어 갈 바를 모름
다기망양	

堂狗風月	당구삼년(堂狗三年)에 폐풍월(吠風月). 즉, 서당 개 삼 년에 풍월을 짓는다는 속담
당구풍월	

★★★★★ 多多益善	많을수록 더욱 좋음
다다익선	

螳螂拒轍	사마귀가 팔을 벌리고 수레바퀴를 막는다는 뜻으로, 제 분수도 모르고 강적에게 반항함
당랑거철	

多事多難	여러 가지로 일도 많고 어려움도 많음
다사다난	

當然之事	당연한 일
당연지사	

大驚失色	크게 놀라서 얼굴빛을 잃음
대경실색	

徒勞無益	한갓 애만 쓰고 이로움이 없음
도로무익	

大器晚成	큰 솥이나 큰 종 같은 것을 주조(鑄造)하는 데는 시간이 오래 걸리듯이 크게 될 사람은 늦게 이루어진다는 말
대기만성	

★ 道聽塗說	길에서 듣고 길에서 말한다는 뜻으로, 길거리에 떠돌아다니는 뜬소문 ⑲ 가담항설(街談巷說)
도청도설	

大同小異	다른 점보다는 같은 점이 많음 ⑲ 오십보백보(五十步百步)
대동소이	

塗炭之苦	진흙탕에 빠지고 숯불에 타는 듯한 고생
도탄지고	

大聲痛哭	큰 목소리로 슬피 욺 ⑲ 방성대곡(放聲大哭)
대성통곡	

獨不將軍	혼자서는 장군이 못 된다는 뜻으로, 남과 협조해야 한다는 말. 제 생각대로 혼자서 처리하는 사람, 혹은 따돌림을 받는 사람을 말함
독불장군	

大義滅親	대의를 위해서는 부모와 형제도 돌아보지 않음
대의멸친	

讀書三到	책을 읽는 데에는 눈으로 보고, 입으로 읽고, 마음으로 깨우쳐야 한다는 말
독서삼도	

大義名分	정당한 명분
대의명분	

讀書三昧	오직 책 읽기에만 골몰하는 일
독서삼매	

大慈大悲	불교 용어로, 넓고 커서 끝이 없는 자비를 말함
대자대비	

獨也靑靑	홀로 푸름. 혼탁한 세상에서 홀로 높은 절개를 드러내고 있음을 말함
독야청청	

同價紅裳	같은 값이면 다홍치마. 같은 조건이면 좀 더 나은 것을 선택함
동가홍상	

東奔西走 ★★	사방으로 이리저리 바삐 돌아다님 ⊕ 남선북마(南船北馬)
동분서주	

同苦同樂	같이 고생하고 같이 즐김. 괴로움과 즐거움을 함께 함
동고동락	

同床異夢	같은 잠자리에서 다른 꿈을 꾼다는 뜻으로, 같은 처지에 있으면서도 목표가 저마다 다름 ⊕ 동병상련(同病相憐)
동상이몽	

同工異曲	재주는 같으나 취미가 다름. 곧 모두 기교는 훌륭하나 그 내용이 다르다는 말 ⊕ 동공이체(同工異體)
동공이곡	

凍足放尿 ★	언 발에 오줌 누기라는 뜻. 잠시의 효력이 있을 뿐, 마침내는 더 나쁘게 될 일을 함. 고식지계(姑息之計)를 비웃는 말
동족방뇨	

東頭西尾	제사를 지내면서 제수(祭需)를 진설(陳設)할 때, 생선의 경우는 머리를 동쪽으로 놓고 꼬리를 서쪽으로 놓는 것을 말함
동두서미	

杜門不出	문을 닫고 나오지 않는다는 뜻으로, 세상과의 인연을 끊고 은거함
두문불출	

棟梁之材	마룻대와 들보가 될 만한 재목이라는 뜻에서, 한 집이나 한 나라를 맡아 다스릴 만한 훌륭한 인재를 말함
동량지재	

得失相半	얻고 잃는 것이 서로 반이라는 뜻으로, 이로움과 해로움이 서로 마찬가지임
득실상반	

東問西答 ★★★★★	동쪽에서 묻는데 서쪽에서 대답한다는 뜻으로, 묻는 말에 대하여 아주 딴판의 소리로 대답함 ⊕ 문동답서(問東答西)
동문서답	

登高自卑	높은 곳에 올라가려면 낮은 곳에서부터 오름. 일을 하는 데는 반드시 순서를 밟아야 함. 지위가 높아질수록 스스로를 낮춘다는 뜻도 있음
등고자비	

同病相憐	같은 병을 앓는 사람끼리 서로 가엾게 여긴다는 뜻으로, 처지가 비슷한 사람끼리 서로 동정함 ⊕ 동상이몽(同床異夢)
동병상련	

燈下不明	등잔 밑이 어둡다는 뜻으로, 가까이 있는 것을 모름
등하불명	

★★★★★ **燈火可親** 등화가친	가을밤은 서늘하여 등불을 가까이 하여 글 읽기에 좋다는 말 윤 신량등화(新凉燈火)
馬脚露出 마각노출	말의 다리가 드러남. 숨기려던 정체 가 드려남
★★ **馬耳東風** 마이동풍	봄바람이 말의 귀에 스쳐도 아무 감 각이 없듯이, 남의 말을 귀담아 듣지 아니하고 지나쳐 흘려버림 윤 우이독경(牛耳讀經)
莫上莫下 막상막하	위도 없고 아래도 없다는 뜻으로, 우 열의 차가 없다는 말
莫逆之友 막역지우	서로의 뜻을 거스르지 않는 친한 벗 윤 관포지교(管鮑之交)
萬頃蒼波 만경창파	한없이 넓고 푸른 바다. 만경(萬頃) 은 '만 이랑', 창파(蒼波)는 '푸른 파 도'라는 뜻
萬古不滅 만고불멸	오랜 세월을 두고 사라지지 않음

萬古不變 만고불변	오랜 세월을 두고 변하지 않음
萬古常靑 만고상청	오랜 세월 동안 언제나 푸름
萬古風霜 만고풍상	오랫동안 겪어 온 갖가지 고생. 풍상(風霜 : 바람과 서리로서 세상의 어 려움) 윤 만고풍설(萬古風雪)
萬里長天 만리장천	아득히 높고 먼 하늘
萬事太平 만사태평	어리석어서 모든 일에 아무 걱정이 없이 지냄을 비웃는 말
晩時之歎 만시지탄	때늦은 한탄이라는 뜻으로, 기회를 놓친 것이 원통하여 탄식하는 것을 말함
★ **滿身瘡痍** 만신창이	온몸이 성한 데 없는 상처(傷處)투 성이라는 뜻으로, 아주 형편(形便) 없이 엉망임을 형용(形容)해 이르 는 말

滿場一致	모든 사람의 의견이 같음
만장일치	

茫然自失	정신을 잃고 어리둥절한 모양
망연자실	

晩秋佳景	늦가을의 아름다운 경치
만추가경	

望雲之情	구름을 바라보며 그리워한다는 뜻으로, 타향에서 고향에 계신 부모를 그리워함
망운지정	

亡命圖生	망명(亡命)하여 삶을 꾀함
망명도생	

亡子計齒	죽은 자식 나이 세기라는 뜻으로, 이미 지나간 쓸데없는 일을 생각하며 애석(哀惜)하게 여김
망자계치	

罔極之恩	다함이 없는 임금이나 부모의 큰 은혜
망극지은	

妄自尊大	아주 건방지게 자기만 잘났다고 뽐내며 남을 업신여김
망자존대	

★ 忘年之交	나이 차이를 잊고 허물없이 서로 사귐 ⊕ 망년교(忘年交), 망년지우(忘年之友), 망년우(忘年友)
망년지교	

麥秀之嘆	무성하게 자라는 보리를 보고 탄식한다는 뜻으로, 고국의 멸망에 대한 탄식을 말함
맥수지탄	

亡羊補牢	양을 잃고 우리를 고친다는 말로, 속담 중 '소 잃고 외양간 고친다.'와 같은 뜻
망양보뢰	

★★ 孟母三遷	맹자의 어머니가 맹자를 제대로 교육하기 위하여 집을 세 번이나 옮겼다는 뜻으로, 교육에는 주위 환경이 중요하다는 가르침
맹모삼천	

★★ 亡羊之歎	갈림길에서 양을 잃고 탄식한다는 뜻으로 학문의 길이 여러 갈래로 나뉘져 있어 진리를 찾기 어려움 ⊕ 다기망양(多岐亡羊)
망양지탄	

★ 面從腹背	앞에서는 복종하고 마음속으로는 배반한다는 뜻으로, 겉으로는 복종하면서 속으로는 배반하는 것을 말함 ⊕ 양봉음위(陽奉陰違)
면종복배	

滅私奉公 멸사봉공	사적(私的)인 것을 버리고 공적(公的)인 것을 위하여 힘써 일함

★★ **明鏡止水** 명경지수	맑은 거울과 조용한 물이란 뜻으로, 고요하고 잔잔한 마음을 비유함 ㊠ 운심월성(雲心月性)

名實相符 명실상부	명목(名目)과 실상(實相)이 서로 부합함

★★★ **明若觀火** 명약관화	밝기가 불을 보는 것과 같다는 뜻으로, 어떤 사실이 불을 보듯이 환함 ㊠ 불문가지(不問可知)

命在頃刻 명재경각	목숨이 경각(頃刻 : 아주 짧은 시간)에 있다는 뜻으로, 거의 죽게 되거나 숨이 넘어갈 지경에 이름

目不識丁 목불식정	속담 '낫 놓고 기역자도 모른다.'는 말과 같음 ㊠ 일자무식(一字無識)

目不忍見 목불인견	차마 눈으로 볼 수 없을 정도로 참혹하거나 딱한 상황

無骨好人 무골호인	뼈가 없이 좋은 사람이라는 뜻으로, 성질이 순하여 어느 누구의 비위에나 두루 맞는 사람을 이르는 말

無不通知 무불통지	환히 통하여 알지 못하는 것이 없음 ㊠ 무불통달(無不通達)

武陵桃源 무릉도원	속세를 떠난 별천지(別天地). 도연명(陶淵明)의 도화원기(桃花源記)에서 유래한 말

無所不知 무소부지	모르는 것이 없음

無所不爲 무소불위	못하는 것이 없음. 흔히 권세를 마음대로 부리는 사람, 또는 그러한 경우에 쓰는 말

無爲徒食 무위도식	아무 하는 일이 없이 먹기만 함. 게으르거나 능력이 없는 사람을 이르는 말

無障無碍 무장무애	아무런 장애가 없음

無知蒙昧 ★	아는 것이 없이 어리석음
무지몽매	

物我一體 ★★	바깥 사물과 나, 객관(客觀)과 주관(主觀), 또는 물질계(物質界)와 정신계(精神界)가 어울려 한 몸으로 이루어진 그것
물아일체	

刎頸之交	목이 달아나는 한이 있어도 마음이 변치 않을 만큼 친한 교제. 생사를 함께 하는 친한 사이
문경지교	

物外閑人	세상 물정의 번잡함을 벗어나 한가하게 지내는 사람
물외한인	

文房四友	종이 · 붓 · 먹 · 벼루의 네 문방구(文房具)
문방사우	

美辭麗句	좋은 말과 화려한 글귀
미사여구	

聞一知十 ★★★	하나를 들으면 열을 안다는 뜻으로, 아주 총명함
문일지십	

美風良俗	아름답고 좋은 풍속
미풍양속	

門前乞食	문 앞에서 음식을 구걸한다는 뜻으로, 이집 저집 돌아다니며 빌어먹는 것을 말함
문전걸식	

博覽强記 ★	동서(東西) 고금(古今)의 서적(書籍)을 널리 읽고, 그 내용(內容)을 잘 기억(記憶)하고 있음 ⓤ 박문강기(博聞强記)
박람강기	

門前成市 ★★★	권세를 드날리거나 부자가 되어 집의 문 앞이 방문객으로 저자(市)를 이루다시피 한다는 말 ⓤ 문정약시(門庭若市)
문전성시	

博學多識	배워서 얻은 지식이 넓고 아는 것이 많음
박학다식	

勿失好機 ★	좋은 기회를 놓치지 않음 ⓤ 시불가실(時不可失)
물실호기	

博而不精 ★★★	널리 알지만 능숙하거나 정밀하지 못함
박이부정	

拍掌大笑	손뼉을 치면서 크게 웃음
박장대소	

方底圓蓋	네모난 바닥에 둥근 뚜껑이란 뜻으로, 사물이 서로 맞지 않음
방저원개	

伴食宰相	자리만 차지하고 있는 무능한 재상(대신)을 비꼬아 이르는 말
반식재상	

方寸已亂	마음이 이미 혼란스러워졌다는 말로, 마음이 흔들린 상태에서는 어떠한 일도 계속할 수 없음
방촌이란	

★ 斑衣之戲	때때옷을 입고 하는 놀이라는 뜻으로, 늙어서도 부모에게 효양(孝養)함을 이르는 말. 부모를 위로하려고 색동 저고리를 입고 기어가 보임
반의지희	

杯盤狼藉	술잔과 접시가 마치 이리에게 깔렸던 풀처럼 어지럽게 흩어져 있음. 술을 마시고 한창 노는 모양이나 술자리가 파할 때의 모습
배반낭자	

★ 反哺之孝	까마귀 새끼가 자란 뒤에 늙은 어미에게 먹이를 물어다 주는 효성(孝誠)이라는 뜻으로, 자식이 자라서 부모를 봉양(奉養)함
반포지효	

背水之陣	물러설 수 없도록 물을 등지고 적을 치는 전법의 하나. 목숨을 걸고 싸우는 경우를 비유
배수지진	

拔本塞源	근본을 뽑고 근원을 막아 버린다는 뜻으로, 근본적인 차원에서 그 폐단을 없애 버림 유 거기지엽(去其枝葉)
발본색원	

杯中蛇影	술잔 속에 비친 뱀의 그림자란 뜻으로, 쓸데없는 의심을 품고 스스로 고민함을 비유
배중사영	

★★ 發憤忘食	무엇을 이루려고 끼니조차 잊고 분발하여 노력함
발분망식	

白駒過隙	흰 망아지가 빨리 달리는 것을 문틈으로 본다는 뜻으로, 인생과 세월의 덧없고 짧음을 이르는 말
백구과극	

傍若無人	곁에 사람이 없는 것 같이 여긴다는 뜻으로, 주위의 다른 사람을 전혀 의식하지 않고 제멋대로 마구 행동함
방약무인	

★★★ 百年河淸	중국의 황하(黃河)가 항상 흐려 맑을 때가 없다는 말로, 아무리 세월이 가도 일이 해결될 희망이 없음을 비유 유 하청난사(河淸難俟)
백년하청	

白頭如新 백두여신	머리가 파뿌리처럼 되기까지 교제하더라도 서로 마음이 안 통하면 새로 사귀기 시작한 사람과 같다는 말

伯牙絶鉉 백아절현	백아(伯牙)가 친구의 죽음을 슬퍼하여 거문고 줄을 끊었다는 고사에서 유래한 말로, 참다운 벗의 죽음을 슬퍼함을 이르는 말

伯樂一顧 백락일고	백락이 한 번 돌아본다는 말로, 현명한 사람 또한 그 사람을 알아주는 자를 만나야 출세할 수 있음을 비유

百戰百勝 백전백승	백 번 싸워 백 번 이긴다는 뜻으로, 싸울 때마다 반드시 이긴다는 말

白龍魚服 백룡어복	흰 용이 물고기의 옷을 입는다는 말로, 신분이 높은 사람이 서민의 차림으로 다니다 위태로운 지경에 빠지게 됨을 비유

伯仲之勢 백중지세	우열의 차이가 없이 엇비슷함

百里負米 백리부미	백 리나 떨어진 먼 곳으로 쌀을 진다는 말로, 가난하게 살면서도 효성이 지극하여 갖은 고생을 하며 부모의 봉양을 잘하는 것을 비유

百八煩惱 백팔번뇌	불교에서 나온 말로 인간의 과거, 현재, 미래에 걸친 108가지 번뇌를 뜻함

栢舟之操 백주지조	백주(栢舟)라는 시에서 유래된 것으로, 남편을 일찍 잃은 아내가 굳은 절개를 지키는 것을 비유한 말

兵家常事 병가상사	전쟁에서 이기고 지는 일은 흔히 있는 일이므로 실패해도 낙심하지 말라는 뜻

★★★★★ **白面書生** 백면서생	오로지 글만 읽고 세상일에 경험이 없는 젊은이를 이르는 말 유 백면서랑(白面書郎)

兵死之也 병사지야	전쟁에서 사람은 죽는다는 말로, 전쟁은 목숨을 던질 각오를 하고 해야 된다는 뜻

白手乾達 백수건달	아무것도 없이 난봉을 부리고 돌아다니는 사람

報怨以德 보원이덕	원수에게 덕으로 보답하라는 말

覆車之戒 복차지계	앞의 수레가 넘어져 엎어지는 것을 보고 뒷수레는 미리 경계하여 엎어지지 않도록 함. 앞사람을 거울삼아 실패하지 말라는 뜻	釜中之魚 부중지어	솥 안의 물고기. 눈앞에 닥칠 위험도 모른 채 쾌락에 빠져 있는 사람을 이르는 말
★★★ 富貴在天 부귀재천	부귀(富貴)는 하늘이 부여(附與)하는 것이라 사람의 힘으로는 어찌할 수 없음을 이르는 말	不俱戴天 불구대천	하늘을 같이 이지 못한다는 뜻으로, 이 세상에서 같이 살 수 없을 만큼 큰 원한을 비유하여 이르는 말
婦言是用 부언시용	여자의 말을 무조건 옳게 쓴다는 뜻으로, 줏대 없이 여자의 말을 잘 듣는 것을 비유	不老長生 불로장생	늙지 않고 오래 삶
夫唱婦隨 부창부수	남편이 주장하고 아내가 이에 따름. 가정에서의 부부 화합의 도리를 이르는 말	★ 不問曲直 불문곡직	굽음과 곧음을 묻지 않는다는 뜻으로, 옳고 그름을 가리지 않고 함부로 일을 처리(處理)함 윤 곡직불문(曲直不問)
附和雷同 부화뇌동	우렛소리에 맞춰 함께 한다는 뜻으로, 자신의 뚜렷한 소신 없이 남이 하는 대로 따라감	不飛不鳴 불비불명	날지도 않고 울지도 않는다는 말로, 큰일을 하기 위해 오랫동안 조용히 때를 기다린다는 뜻
北山之感 북산지감	북산의 감개함이라는 말로, 나랏일로 인해 부모님을 제대로 봉양하지 못하는 것을 비유	★ 不遠千里 불원천리	천 리 길도 멀다 하지 않는다는 뜻으로, 먼 길인 데도 개의치 않고 열심히 달려감을 이르는 말 윤 불원만리(不遠萬里)
焚書坑儒 분서갱유	중국 진시황이 민간의 서적을 불사르고 유생을 구덩이에 묻어 죽인 일	鵬程萬里 붕정만리	붕새가 날아갈 길이 만리라는 뜻으로, 머나먼 노정, 또는 사람의 매우 양양한 장래를 비유적으로 이르는 말

非一非再 비일비재	같은 일이 한두 번이 아니고 많음

★ 四面楚歌 사면초가	사방이 다 적에게 둘러싸인 경우와 도움이 없이 고립된 상태를 이르는 말 ⊕ 고립무원(孤立無援)

比肩繼踵 비견계종	어깨가 맞닿고 다리가 부딪칠 정도로 많은 사람으로 북적거리고 있는 모양을 이름. 또는 뒤이어 연달아 끊어진 곳이 없음

事半功倍 사반공배	일은 반(半)만 하고도 공은 배(倍)나 된다는 뜻으로, 들인 힘은 적고 성과는 많음

悲憤慷慨 비분강개	슬프고 분한 마음이 가득함

四分五裂 사분오열	이리저리 아무렇게나 나눠지고 찢어짐. 천하가 매우 어지러움

牝鷄之晨 빈계지신	암탉이 새벽을 알린다. 즉, 여자가 남편을 업신여겨 집안일을 자기 마음대로 처리함을 비유

死灰復燃 사회부연	다 탄 재가 다시 불이 붙었다는 뜻으로, 세력을 잃었던 사람이 다시 세력을 잡음

貧者一燈 빈자일등	가난하더라도 정성을 다해 부처님에게 바친 등불 하나가 만 개의 등불보다 공덕이 크다는 뜻으로, 참다운 마음과 정성이 소중함

事不如意 사불여의	일이 뜻대로 되지 않음

氷炭不容 빙탄불용	서로 용납할 수 없는 얼음과 숯. 두 사물이 서로 화합할 수 없음

沙上樓閣 사상누각	모래 위의 누각이라는 뜻으로, 오래 유지되지 못할 일이나 실현 불가능한 일

四顧無親 사고무친	사방을 둘러보아도 친한 사람이 없음. 의지할 사람이 없음

四書三經 사서삼경	유교의 경전인 사서(논어, 맹자, 중용, 대학)와 삼경(시경, 서경, 주역)을 말함

四通五達 사통오달	길이나 교통망·통신망 등이 사방으로 막힘없이 통함 ⑨ 사통팔달(四通八達)	**三綱五倫** 삼강오륜	삼강(군위신강, 부위부강, 부위자강)과 오륜(군신유의, 부자유친, 부부유별, 장유유서, 붕우유신)
事必歸正 사필귀정	모든 일은 결국에 가서는 반드시 정리(正理)로 돌아감 ⑨ 사불범정(邪不犯正)	★ **三顧草廬** 삼고초려	인재를 맞기 위해 참을성 있게 힘쓰는 것을 말함
山窮水盡 산궁수진	산이 막히고 물줄기가 끊어짐. 막다른 경우 ⑨ 산진수궁(山盡水窮)	★ **森羅萬象** 삼라만상	우주(宇宙) 안에 있는 온갖 사물(事物)과 현상(現象)
山紫水明 산자수명	산은 자주빛이고 물은 맑다는 뜻으로, 산수(山水)의 경치가 매우 아름다움 ⑨ 산명수려(山明水麗)	★★ **三旬九食** 삼순구식	한 달에 아홉 끼를 먹을 정도로 매우 가난한 생활을 말함. 삼순(三旬)은 30일로 한 달, 구식(九食)은 아홉 끼를 뜻함
★★★★ **山戰水戰** 산전수전	산에서 싸우고 물에서 싸웠다는 뜻으로, 세상일에 경험이 많음 ⑨ 백전노장(百戰老將)	★★★ **三人成虎** 삼인성호	세 사람이면 없던 호랑이도 만든다는 뜻으로, 거짓말이라도 여러 사람이 말하면 사실로 믿기 쉽다는 말 ⑨ 시호삼전(市虎三傳)
山海珍味 산해진미	산과 바다에서 나는 재료로 만든 맛좋은 음식	**三日遊街** 삼일유가	과거(科擧)에 급제(及第)한 사람이 사흘 동안 시험관과 선배 급제자와 친척을 방문하던 일
★★★★★ **殺身成仁** 살신성인	목숨을 바쳐 인(仁)을 이룸 ⑨ 사생취의(捨生取義)	★★★ **三日天下** 삼일천하	사흘 간의 천하라는 뜻으로, 권세(權勢)의 허무(虛無)를 일컫는 말

三從之道 삼종지도	여자는 어렸을 때는 아버지를 따르고, 시집을 가서는 남편을 따르고, 남편이 죽으면 아들을 따라야 한다는 유교의 규범

上通下達 상통하달	아랫사람이 윗사람에게 의사를 통함

三尺童子 삼척동자	키가 석 자에 불과한 자그만 어린아이. 무식한 사람을 비유하는 말로도 쓰임

塞翁得失 새옹득실	한때의 이로움이 장래의 해가 되기도 하고, 이와 반대의 경우도 있다는 말로, 새옹지마(塞翁之馬)에서 유래 ㊀ 새옹화복(塞翁禍福)

三遷之教 삼천지교	맹자의 어머니가 아들의 교육을 위해 거처를 세 번 옮겼다는 말로, 생활 환경이 교육에 있어 중요함을 말함

★ **塞翁之馬** 새옹지마	인생의 길흉화복(吉凶禍福)이란 항상 바뀌어 예측할 수 없다는 말 ㊀ 세옹위복(塞翁爲福)

★★ **喪家之狗** 상가지구	초상집의 개라는 뜻으로, 별 대접(待接)을 받지 못하는 사람을 이르는 말. 여위고 지친 수척한 사람

生者必滅 생자필멸	생명이 있는 것은 반드시 죽음. 세상 만사의 덧없음

傷弓之鳥 상궁지조	한 번 놀란 사람이 조그만 일에도 겁을 내어 위축됨을 비유하는 말

★ **席藁待罪** 석고대죄	거적을 깔고 엎드려 벌(罰)주기를 기다린다는 뜻으로, 죄과(罪過)에 대한 처분(處分)을 기다림

上漏下濕 상루하습	위에서는 비가 새고 아래에서는 습기가 차오름. 가난한 집을 비유하는 말

先見之明 선견지명	앞일을 미리 내다보는 밝은 지혜

★★ **桑田碧海** 상전벽해	뽕나무 밭이 변하여 푸른 바다가 되었다는 뜻으로, 세상일의 변천이 심하여 사물이 바뀜

★★ **先公後私** 선공후사	공사(公事)를 먼저 하고 사사(私事)를 뒤로 미룸 ㊀ 지공무사(至公無私)

善男善女 선남선녀	선량한 남녀. 즉, 보통 사람 ⑨ 갑남을녀(甲男乙女), 장삼이사 (張三李四), 초동급부(樵童汲婦), 필부필부(匹夫匹婦)	**盛者必衰** 성자필쇠	불교 용어로, 세상 일은 무상하여 한 번 성한 것은 반드시 쇠하기 마련이 라는 말
仙風道骨 선풍도골	신선(神仙)의 풍채와 도인(道人)의 골격이란 뜻으로, 남달리 뛰어나게 고아(高雅)한 풍모(風貌)를 말함	**世俗五戒** 세속오계	화랑의 다섯 가지 계율. 사군이충, 사친이효, 교우이신, 임전무퇴, 살 생유택
舌芒於劍 설망어검	혀가 칼보다 날카롭다는 뜻으로, 매 서운 변설(辯舌)을 이르는 말 ⑨ 설망우검(舌芒于劍)	**歲寒三友** 세한삼우	추운 겨울의 세 벗. 소나무, 대나무, 매화나무
雪膚花容 설부화용	눈 같은 살결과 꽃 같은 얼굴. 미인을 말함	**小貪大失** 소탐대실	작은 것을 탐하다가 큰 것을 잃음 ⑨ 교각살우(矯角殺牛)
★★ **雪上加霜** 설상가상	눈 위에 서리가 덮인다는 뜻으로, 불 행한 일이 거듭하여 겹침을 비유함. 엎친 데 덮친 격 ⑪ 금상첨화(錦上添花)	**束手無策** 속수무책	손을 묶어 놓아 방책이 없다는 뜻으 로, 손을 묶은 듯이 꼼짝할 수 없음
說往說來 설왕설래	말만 오고간다는 뜻으로, 서로 자신 의 주장을 내세우며 옥신각신하는 것을 말함	**送舊迎新** 송구영신	묵은 해를 보내고 새 해를 맞음. 송영(送迎)
誠心誠意 성심성의	참되고 성실한 마음과 뜻	★★ **松茂栢悅** 송무백열	소나무가 무성하면 잣나무가 기뻐 한다는 뜻으로 벗이 잘되는 것을 기 뻐함을 비유하여 이르는 말

首尾一貫 수미일관	처음부터 끝까지 변함없이 일을 해 나감 유 시종일관(始終一貫)
壽福康寧 수복강녕	장수하고 행복하며 건강하고 평안함
★★★★ **手不釋卷** 수불석권	손에서 책을 놓지 않는다는 뜻으로, 늘 책을 가까이하여 학문(學問)을 열심히 함
首鼠兩端 수서양단	수서(首鼠)는 구멍에서 머리만 내밀고 엿보는 쥐를 말함. 머뭇거리며 진퇴(進退)·거취(去就)를 결정짓지 못하고 관망하는 상태
袖手傍觀 수수방관	팔짱을 끼고 곁에서 보고만 있다는 뜻으로, 직접 간여하지 않고 그대로 버려둠
修身齊家 수신제가	자신의 몸을 닦고 집안을 바로 잡음
★★★★★ **水魚之交** 수어지교	물과 고기의 사이처럼 떨어질 수 없는 특별한 친분 유 수어지친(水魚之親)

水滴穿石 수적천석	물방울이 돌을 뚫는다는 말. 아무리 하찮은 것일지라도 이를 계속하면 결국 어떤 성과를 얻게 됨
守株待兔 수주대토	농부가 토끼가 그루터기에 부딪쳐 죽은 것을 잡은 후, 그곳만 지키고 있었다는 데서 유래. 한 가지 일에 매달려 변화와 발전을 모르는 사람
壽則多辱 수즉다욕	오래 살면 욕되는 일이 많다는 말
宿虎衝鼻 숙호충비	잠자는 범의 코를 찌른다는 뜻으로, 불리함을 자초한다는 말
脣亡齒寒 순망치한	입술이 없으면 이가 시리다는 뜻으로, 가까운 사람 가운데 한 사람이 없으면 다른 사람도 위험하게 됨
脣齒之勢 순치지세	입술과 이와 같이 서로 의지하고 돕는 형세
乘勝長驅 승승장구	싸움에서 이긴 기세를 타고 계속 적을 몰아침

是是非非	옳은 것을 옳다고 하고, 그른 것을 그르다고 함. 즉, 옳고 그름을 가리어 밝힘. 잘잘못이란 뜻도 있음
시시비비	

★ 尸位素餐	재덕(才德)이나 공적(功績)도 없이 높은 자리에 앉아 녹만 받는다는 뜻으로, 자기(自己) 직책(職責)을 다하지 않음을 이르는 말
시위소찬	

始終如一	처음부터 끝까지 한결같아서 변함이 없음 ⊕ 종시여일(終始如一)
시종여일	

始終一貫	처음부터 끝까지 한결같이 관철함 ⊕ 종시일관(終始一貫)
시종일관	

食少事煩	먹을 것은 적고 할 일은 많음
식소사번	

★★ 識字憂患	글자를 아는 것이 도리어 근심이 됨
식자우환	

信賞必罰	상을 줄 만한 사람에게는 반드시 상을 주고, 벌을 줄 만한 사람에게는 반드시 벌을 줌. 상벌(賞罰)을 공정하고 엄중히 하는 일
신상필벌	

身言書判	인물을 선택하는 네 가지 조건으로, 신수·말씨·글씨·판단력을 말함
신언서판	

信之無疑	믿어 의심함이 없음
신지무의	

神人共怒	신과 사람이 함께 노한다는 뜻으로, 누구나 분노할 만큼 도저히 용납될 수 없음 ⊕ 천인공노(天人共怒)
신인공노	

神出鬼沒	귀신과 같이 홀연히 나타났다가 홀연히 사라짐. 자유자재로 출몰하여 그 변화를 쉽게 헤아릴 수 없음
신출귀몰	

身土不二	몸과 땅은 둘이 아니라는 뜻으로, 사람의 몸은 자신이 사는 땅에서 자란 농산물을 먹어야 체질에 맞음
신토불이	

實事求是	실제의 일에서 진리를 추구한다는 뜻으로, 사실에 의거하여 진리를 탐구하는 것을 말함
실사구시	

深思熟考	깊이 생각하고 곰곰이 생각함
심사숙고	

深山幽谷 심산유곡	깊은 산의 으슥한 골짜기	**惡木不陰** 악목불음	나쁜 나무에는 그늘이 생기지 않는다는 말로, 덕망이 없는 사람에게는 바랄 것이 없다는 말

深山幽谷
심산유곡

깊은 산의 으슥한 골짜기

惡木不陰
악목불음

나쁜 나무에는 그늘이 생기지 않는다는 말로, 덕망이 없는 사람에게는 바랄 것이 없다는 말

心心相印
심심상인

마음이 서로 도장을 찍은 듯 말이 없어도 마음과 마음이 서로 통하는 것을 말함
㊠ 이심전심(以心傳心)

★★★
眼高手卑
안고수비

눈은 높으나 손은 낮음이란 뜻으로, 눈은 높으나 실력(實力)은 따라서 미치지 못함. 이상(理想)만 높고 실천(實踐)이 따르지 못함

十伐之木
십벌지목

열 번 찍어서 안 넘어가는 나무가 없음
㊠ 마부작침(磨斧作針)

★★★★★
安貧樂道
안빈낙도

가난한 생활을 하면서도 편안한 마음으로 도를 즐겁게 지킴
㊠ 안분지족(安分知足)

十匙一飯
십시일반

열 사람이 한 술씩 보태면 한 사람 먹을 분량이 된다는 뜻으로, 여러 사람이 힘을 합하면 한 사람을 구제하기는 쉽다는 말

眼中之釘
안중지정

눈에 박힌 못이라는 뜻으로, 나에게 해를 끼치는 사람 또는 몹시 싫거나 미워서 항상 눈에 거슬리는 사람(눈엣가시)을 비유

★★
十中八九
십중팔구

열이면 그 가운데 여덟이나 아홉은 그러함
㊠ 십상팔구(十常八九)

★★★★
眼下無人
안하무인

눈 아래에 사람이 없다는 뜻으로, 사람됨이 교만(驕慢)하여 남을 업신여김을 이르는 말
㊠ 안중무인(眼中無人)

★
阿鼻叫喚
아비규환

불교에서 말하는 아비지옥. 뜻하지 않은 사고가 발생하여 많은 사람이 괴로움을 당하여 울부짖는 참상

暗中摸索
암중모색

어둠 속에서 손으로 더듬어 찾는다는 뜻으로, 어림짐작으로 찾는다(혹은 추측한다)는 말

★★★★
我田引水
아전인수

자기 논에 물대기. 자신에게만 이롭게 되도록 생각하거나 행동함
㊝ 역지사지(易地思之)

殃及池魚
앙급지어

재앙이 연못 속 고기에 미친다는 뜻으로, 이유 없이 재앙을 당하는 것을 비유하는 말

藥房甘草 ★★	무슨 일이나 빠짐없이 끼임. 반드시 끼어야 할 사물(事物)
약방감초	

漁父之利 ★★	두 사람이 이해관계로 다투는 사이에 엉뚱한 딴 사람이 이득을 보는 경우를 일컬음 유 견토지쟁(犬兎之爭)
어부지리	

良禽擇木	현명한 새는 좋은 나무를 가려서 둥지를 친다는 뜻으로, 현명한 사람은 자기 재능을 키워 줄 훌륭한 사람을 가려서 섬김
양금택목	

言中有骨 ★★★★★	말 속에 뼈가 있다는 뜻으로, 예사(例事)로운 표현(表現) 속에 만만치 않은 뜻이 들어 있음
언중유골	

羊頭狗肉	양 머리를 걸어놓고 개고기를 판다는 뜻으로, 겉과 속이 일치하지 않음
양두구육	

言行一致 ★	말과 행동(行動)이 같음. 말한 대로 행동(行動)함
언행일치	

梁上君子	대들보 위의 군자라는 뜻으로, 집안에 들어온 도둑을 비유함
양상군자	

掩耳盜鐘	자기만 듣지 않으면 남도 듣지 못한다고 생각하는 어리석은 행동. 또는 얕은 수로 남을 속이려 함
엄이도종	

良藥苦口 ★★	효험이 좋은 약은 입에 쓰다는 뜻으로, 충언은 귀에는 거슬리나 자신에게 이롭다는 말
양약고구	

餘桃之罪	같은 행동이라도 사랑을 받을 때와 미움을 받을 때 상대방에게 각각 다르게 받아들여질 수 있음
여도지죄	

安分知足	자기 분수에 만족함
안분지족	

逆旅過客	① 지나가는 길손과 같이 아무 관계도 없는 사람 ② 세상은 여관과 같고, 인생은 나그네와 같다는 말
역려과객	

養虎遺患	호랑이를 길러서 근심을 가진다는 뜻으로, 스스로 화를 자초한다는 말
양호유환	

緣木求魚	나무에 올라가서 물고기를 구함. 목적이나 수단이 일치하지 않아 성공이 불가능함. 또는 허술한 계책으로 큰일을 도모함
연목구어	

烏飛梨落	까마귀 날자 배 떨어진다. 아무 관계도 없는 일이 공교롭게도 때가 같아 억울하게 의심을 받게 됨
오비이락	

屋上架屋	지붕 위에 집을 세운다는 뜻으로, 쓸데없이 중복하여 볼품없게 만듦
옥상가옥	

五里霧中	짙은 안개 속에 있어 방향을 알 수 없는 것과 같이 무슨 일에 대해 알 길이 없음
오리무중	

玉石俱焚	옥과 돌이 함께 불탄다는 뜻으로, 선악의 구분 없이 함께 멸망함
옥석구분	

吾鼻三尺	내 코가 석자. 내 사정이 급하기 때문에 남의 사정을 돌볼 겨를이 없음
오비삼척	

玉石混淆	옥과 돌이 함께 뒤섞여 있다는 뜻으로, 선과 악, 좋은 것과 나쁜 것이 함께 섞여 있음
옥석혼효	

五十步百步	오십 보 도망한 자가 백 보 도망한 자를 비웃는다는 뜻으로, 조금 낫고 못한 차이는 있지만 본질적으로 차이가 없음
오십보백보	

屋下架屋	지붕 밑에 또 지붕을 만든다는 뜻으로, 독창성 없이 전 시대인의 것을 모방만 함을 경계하여 이르는 말
옥하가옥	

★ 吳越同舟	오나라 사람과 월나라 사람이 한 배에 타고 있다는 뜻으로, 어려운 상황에서는 원수라도 협력하게 됨
오월동주	

★★★★ 溫故知新	옛 것을 익히고 그것으로 미루어 새 것을 안다는 뜻 ⊕ 박고지금(博古知今)
온고지신	

烏有先生	상식적으로는 도저히 있을 수 없는 사람. 있는 것처럼 꾸며 만든 인물
오유선생	

蝸角之爭	달팽이의 더듬이 위에서 싸운다는 뜻으로, 매우 하찮은 일로 다투는 것. 또는 좁은 범위 안에서 싸우는 일
와각지쟁	

烏合之卒	질서 없이 어중이떠중이가 모인 군중을 뜻함. 또는 제각기 보잘것없는 수많은 사람
오합지졸	

★★ 臥薪嘗膽	섶에 눕고 쓸개를 맛본다는 뜻으로, 원수를 갚기 위해 괴로움과 어려움을 참고 견딤
와신상담	

玩物喪志 완물상지	쓸데없는 물건을 가지고 노는 데 정신이 팔려 소중한 뜻을 잃는 것을 말함

愚公移山 우공이산	남들이 어리석게 여겨도 한 가지 일을 소신있게 하면 언젠가는 목적을 달성할 수 있음

★★ 外柔內剛 외유내강	겉으로 보기에는 부드러우나 속은 꿋꿋하고 강(强)함

★★ 牛刀割鷄 우도할계	소 잡는 칼로 닭을 잡는다는 뜻으로, 작은 일을 하면서 동작이 지나치게 큼을 비유

遼東之豕 요동지시	요동의 돼지라는 뜻으로, 견문이 좁고 오만한 탓에 하찮은 공을 득의양양하여 자랑함을 비유

遇事生風 우사생풍	원래는 젊은이들이 기개 있게 일을 처리함을 뜻하였으나, 지금은 무슨 일마다 시비를 일으키기 좋아한다는 뜻으로도 쓰임

要領不得 요령부득	사물의 중요한 부분을 잡을 수 없다는 뜻으로, 말이나 글의 요령을 잡을 수 없음

★★★ 右往左往 우왕좌왕	바른쪽으로 갔다 왼쪽으로 갔다하며 종잡지 못함. 사방(四方)으로 왔다갔다함

燎原之火 요원지화	들판의 불길 같은 엄청난 기세

羽翼已成 우익이성	깃과 날개가 이미 자랐다는 말로 성숙해졌다는 뜻

欲速不達 욕속부달	빨리하고자 하면 도달하지 못한다는 뜻으로, 어떤 일을 급하게 하면 도리어 이루지 못함

羽化登仙 우화등선	땅에 발을 붙이고 살게 되어 있는 사람이 날개가 돋친 듯 날아 올라가 신선이 된다는 뜻. 일종의 이상, 동경이라 할 수 있음

龍頭蛇尾 용두사미	용의 머리에 뱀의 꼬리라는 말로, 시작은 거창했지만 결국엔 보잘것없음

旭日昇天 욱일승천	아침 해가 떠오른다는 뜻으로, 떠오르는 아침 해처럼 세력(勢力)이 성대(盛大)해짐을 이르는 말

運用之妙 운용지묘	송(宋)나라의 용장 악비(岳飛)가 말한 '그때그때 변하는 상황에 따라 활용하고 대처하는 것은 사람의 마음에 달린 것이다'에서 유래한 말

柔能制剛 유능제강	어떤 상황에 대처할 때 강한 힘으로 억누르는 것이 이기는 것 같지만 부드러움으로 대응하는 것에 당할 수는 없다는 뜻

遠交近攻 원교근공	먼 나라와 친교를 맺고 가까운 나라를 공략하는 정책

有備無患 유비무환	준비가 있으면 근심할 것이 없음

怨入骨髓 원입골수	원한이 뼈에 사무친다는 뜻으로, 원한이 마음속 깊이 맺혀 잊을 수 없다는 말

孺子可教 유자가교	젊은이는 가르칠 만하다는 뜻으로, 열심히 공부하려는 아이를 칭찬하는 말

★遠禍召福 원화소복	화를 멀리하고 복을 불러들임

有口無言 유구무언	입은 있으나 말이 없다는 뜻으로, 변명할 말이 없음

月下氷人 월하빙인	월하노(月下老)와 빙상인(氷上人)이 합쳐진 말로, 결혼 중매인을 뜻함

流言蜚語 유언비어	아무 근거(根據)없이 널리 퍼진 소문(所聞). 터무니없이 떠도는 말 ⑧ 부언낭설(浮言浪說)

★★韋編三絶 위편삼절	독서를 열심히 함. 한 책을 되풀이하여 숙독함

★★類類相從 유유상종	사물(事物)은 같은 무리끼리 따르고, 같은 사람은 서로 찾아 모인다는 뜻 ⑧ 초록동색(草綠同色)

有敎無類 유교무류	가르침이 있으면 종류가 없다는 말로, 가르침만 있다면 모든 사람이 선한 곳으로 돌아올 수 있어 차별이 없다는 뜻

有志竟成 유지경성	굳건한 뜻이 있으면 반드시 이루어낸다는 말

有名無實	
유명무실	이름만 그럴듯하고 실속은 없음

以管窺天	
이관규천	대롱 구멍으로 하늘을 엿봄. 좁은 소견으로 사물을 살펴 보았자 그 전체의 모습을 파악할 수 없음

陰德陽報	
음덕양보	사람이 보지 않는 곳에서 좋은 일을 베풀 경우에 나중에라도 반드시 그 일이 드러나서 보답을 받게 됨

移木之信	
이목지신	위정자가 나무 옮기기로 백성들을 믿게 한다는 뜻으로, 남을 속이지 아니한 것을 밝힘. 또는 약속을 실행함을 의미

遺臭萬年	
유취만년	냄새가 만 년에까지 남겨진다는 뜻으로, 더러운 이름을 후세에 오래도록 남김

以心傳心	
이심전심	말이나 글로 전하지 않고 마음에서 마음으로 전한다는 말로, 마음과 마음이 서로 통한다는 뜻

★泣斬馬謖	
읍참마속	눈물을 머금고 마속의 목을 벤다는 뜻으로, 사랑하는 신하를 법(法)대로 처단하여 질서를 바로잡음을 이르는 말

泥田鬪狗	
이전투구	진흙탕에서 싸우는 개. 이익을 차지하기 위하여 몰골사납게 싸우는 경우

應對如流	
응대여류	물 흐르듯 응대한다는 뜻으로, 언변이 능수능란하다는 의미

理判事判	
이판사판	뾰족한 방법이 없어 막다른 상황에 이름

應接不暇	
응접불가	아름다운 경치가 계속 나타나 인사할 틈도 없다는 뜻으로, 여유가 없을 만큼 매우 바쁜 상황을 비유

以暴易暴	
이포역포	폭력으로 폭력을 다스린다는 말로, 정치를 함에 있어 덕(德)으로 하지 않고 힘(力)으로 다스린다는 말

疑心暗鬼	
의심암귀	마음속에 의심이 생기면 갖가지 무서운 망상이 잇달아 일어나 불안해짐. 선입관은 판단을 빗나가게 함

益者三友	
익자삼우	사귀어 자기에게 유익한 세 부류의 벗이라는 뜻으로, 정직한 사람, 친구의 도리를 지키는 사람, 지식이 있는 사람을 이르는 말

人生朝露	인생은 아침 이슬과 같이 덧없음
인생조로	

日暮途遠	날은 저물고 갈 길은 멀다는 뜻으로, 나이가 늙어서도 할 일이 많음
일모도원	

一家之言	학자들 가운데 누가 보아도 깜짝 놀랄 정도로 독자적인 학문체계를 이룬 사람
일가지언	

一瀉千里	강물이 빨리 흘러가 단번에 천 리를 간다는 뜻으로, 일이 거침없이 신속하게 진행됨
일사천리	

一刻千金	매우 짧은 시간도 천금과 같은 큰 가치가 있음
일각천금	

一石二鳥	한 개의 돌을 던져 두 마리의 새를 맞추어 떨어뜨린다는 뜻으로, 한 가지 일을 해서 두 가지 이익(利益)을 얻음
일석이조	

★★★★★ 一擧兩得	한 가지 일을 하여 두 가지 이익을 얻음 🅮 일석이조(一石二鳥)
일거양득	

一以貫之	하나의 이치로써 모든 일을 꿰뚫음
일이관지	

一網打盡	한꺼번에 모조리 잡음
일망타진	

★★★ 一日三省	하루의 일 세 가지를 살핀다는 뜻으로, 하루에 세 번씩 자신(自身)의 행동(行動)을 반성(反省)함
일일삼성	

一面之交	한 번 서로 인사를 한 정도(程度)로 아는 친분(親分)
일면지교	

一字千金	글자 하나의 값이 천금의 가치가 있다는 말. 심금을 울릴 정도로 아주 훌륭한 글씨나 문장
일자천금	

一鳴驚人	평소에 묵묵히 있던 사람이 갑자기 사람을 놀라게 할 만한 일을 해냄
일명경인	

一場春夢	한바탕의 봄꿈처럼 헛된 영화(榮華)나 덧없는 일
일장춘몽	

一觸卽發 일촉즉발	한 번 건드리기만 해도 폭발할 것 같이 몹시 아슬아슬하고 위급한 상태

★★★ 作心三日 작심삼일	마음 먹은 지 삼일(三日)이 못 간다는 뜻으로, 결심(決心)이 얼마 되지 않아 흐지부지 된다는 말

一針見血 일침견혈	한 번에 침을 놓아 피를 봄. 일의 본질을 파악하여 한 번에 정곡을 찌름

★★ 張三李四 장삼이사	장 씨의 셋째 아들과 이 씨의 넷째 아들이란 뜻으로, 성명(姓名)이나 신분(身分)이 뚜렷하지 못한 평범(平凡)한 사람들

日就月將 일취월장	날마다 달마다 성장(成長)하고 발전(發展)한다는 뜻으로, 학업(學業)이 날이 가고 달이 갈수록 진보(進步)함을 이름

低首下心 저수하심	머리를 낮게 하고 마음을 아래로 향하게 한다는 뜻으로, 남에게 머리 숙여 복종하는 것을 말함

一敗塗地 일패도지	단 한 번 싸움에 패하여 전사자의 으깨진 간과 뇌가 흙과 범벅이 되어 땅을 도배한다는 뜻으로, 여지없이 패하여 재기불능이 된 상태

前車可鑑 전거가감	앞 수레가 엎어진 것을 보고 뒷 수레가 엎어지지 않도록 경계한다는 말로, 과거의 실패를 거울삼아 이를 경계해야 함

★ 一攫千金 일확천금	한꺼번에 많은 돈을 얻는다는 뜻으로, 노력(努力)함이 없이 벼락부자(-富者)가 되는 것

積小成大 적소성대	작은 것도 쌓이면 크게 됨

自暴自棄 자포자기	절망 상태에 빠져서 자신을 버리고 돌보지 않음

★★ 赤手空拳 적수공권	맨손과 맨주먹이란 뜻으로, 곧 아무 것도 가진 것이 없음

自畫自讚 자화자찬	자기가 그린 그림을 스스로 칭찬한다는 뜻으로, 자기가 한 일을 스스로 자랑함

★★★★ 電光石火 전광석화	번갯불이나 부싯돌의 불이 번쩍이는 것처럼, 극히 짧은 시간, 아주 신속한 동작, 일이 매우 빠른 것을 가리키는 말

戰戰兢兢 ★ 전전긍긍	벌벌 떨며 매우 두려워함

漸入佳境 점입가경	경치나 문장·사건이 갈수록 재미 있게 전개됨

輾轉反側 ★ 전전반측	누워서 이리저리 뒤척거리며 잠을 못 이룸

井中之蛙 정중지와	우물 안 개구리. 견문이 좁아서 넓은 세상의 사정을 모름 ㉭ 정저지와(井底之蛙)

前車覆轍 전차복철	앞 수레의 엎어진 바퀴 자국이란 뜻으로, 앞사람의 실패나 실패의 전례를 거울삼아 주의하라는 교훈

糟糠之妻 조강지처	술지게미나 쌀겨와 같은 험한 음식을 함께 먹은 아내. 가난할 때부터 함께 고생해 온 아내를 의미

前虎後狼 전호후랑	앞문의 호랑이를 막으니 뒷문의 이리가 나온다는 말로, 하나의 재난을 피하자 또 다른 재난이 나타나는 것을 비유

朝令暮改 ★★★ 조령모개	아침에 영을 내리고 저녁에 고친다는 말로, 일관성 없는 정책을 빗대어 쓰는 말 ㉭ 조개모변(朝改暮變)

轉禍爲福 ★★★★ 전화위복	화(禍)가 바뀌어 오히려 복이 됨 ㉭ 새옹지마(塞翁之馬)

朝名市利 조명시리	명성은 조정에서 다투고 이익은 시장에서 다투라는 뜻으로, 무슨 일이든 적당한 장소에서 행하라는 말

切磋琢磨 ★★★ 절차탁마	옥, 돌, 상아 따위를 자르고 쪼아 갈고 닦아서 빛낸다는 뜻으로, 학문·덕행을 갈고 닦음

朝變夕改 ★ 조변석개	아침, 저녁으로 뜯어고친다는 뜻으로, 계획(計劃)이나 결정(決定) 따위를 자주 바꾸는 것을 이름

切齒腐心 ★ 절치부심	이를 갈고 마음을 썩히다는 뜻으로, 대단히 분(憤)하게 여기고 마음을 썩임

朝三暮四 ★ 조삼모사	간사한 꾀로 남을 속여 희롱함을 이르는 말. 눈앞에 당장 나타나는 차별만을 알고 그 결과가 같음을 모름

朝雲暮雨 조운모우	아침에는 구름, 저녁에는 비라는 뜻으로, 남녀의 언약(言約)이 굳은 것. 또는 남녀의 정교(情交)를 이르는 말

酒池肉林 주지육림	술로 연못을 이루고 고기로 숲을 이룬다는 뜻으로, 지극히 호사스럽고 방탕한 술잔치를 이르는 말

鳥足之血 조족지혈	새발의 피. 매우 적은 분량

★★ 竹馬故友 죽마고우	어릴 때 대나무 말을 타고 함께 놀던 친구라는 뜻으로, 어렸을 때 친하게 사귄 사이를 의미

終南捷徑 종남첩경	종남산(終南山)이 지름길이라는 뜻으로, 쉽게 출세하거나 목적을 달성할 수 있는 지름길을 이르는 말

晝夜不息 주야불식	낮이나 밤이나 쉬지 않음. 매우 열심히 함

★★ 坐不安席 좌불안석	자리에 편안히 앉지 못한다는 뜻으로, 마음에 불안(不安)이나 근심 등(等)이 있어 한자리에 오래 앉아 있지 못함

衆寡不敵 중과부적	적은 수가 많은 수를 대적하지 못함

★★ 左之右之 좌지우지	왼쪽으로 돌렸다 오른쪽으로 돌렸다 한다는 뜻으로, 사람이 어떤 일이나 대상(對象)을 제 마음대로 처리(處理)하거나 다루는 것

★★ 衆口難防 중구난방	많은 사람이 마구 떠들어대는 소리는 막기가 어려움. 여러 사람이 마구 지껄이는 것을 이르는 말

晝耕夜讀 주경야독	낮에는 농사짓고, 밤에는 글을 읽는다는 뜻으로, 어려운 상황 속에서도 꿋꿋이 공부함

★★ 走馬看山 주마간산	말을 타고 달리며 산천을 구경한다는 뜻으로, 자세히 살피지 아니하고 대충 보고 지나감

走馬加鞭 주마가편	달리는 말에 채찍질하기라는 속담의 한역. 형편이나 힘이 한창 좋을 때에 더욱 힘을 더한다는 말. 힘껏 하는 데도 자꾸 더 하라고 격려함

中原逐鹿 중원축록	넓은 들판에서 사슴을 쫓는다는 뜻으로, 제위(帝位)·정권을 다툼. 어떤 지위를 얻기 위해 서로 경쟁함

衆醉獨醒 중취독성	세상의 모든 사람이 불의와 부정을 저지르고 있지만 혼자 깨끗한 삶을 산다는 뜻

曾參殺人 증삼살인	터무니없는 말이라도 여러 사람이 되풀이하면 믿지 않을 수 없음

指鹿爲馬 지록위마	사슴을 가리켜 말이라고 함. 사실이 아닌 것을 끝까지 우겨서 사실로 만들어 강압적으로 인정하게 함

紙上談兵 지상담병	종이 위에서 병법을 말한다는 뜻으로, 이론에만 밝을 뿐 실제적인 지식은 없는 경우에 사용

池魚之殃 지어지앙	화(禍)가 엉뚱한 곳에 미침. 상관없는 일의 재난에 휩쓸림

至楚北行 지초북행	초나라에 이르려고 하면서 북쪽으로 간다는 말로, 생각과 행동이 상반되는 것 혹은 방향이 틀린 것을 뜻하는 말

此日彼日 차일피일	이날저날 하고 자꾸 미루기만 함

創業守成 창업수성	일을 시작하기는 쉬우나 이룬 것을 지키기는 어렵다는 말

滄桑之變 창상지변	푸른 바다가 뽕밭으로 바뀌는 변화라는 뜻으로, 자연이나 사회에 심한 변화가 일어남. 또는 그 일어난 변화를 이르는 말

滄海一粟 창해일속	푸른 바닷속에 있는 좁쌀 한 톨이라는 뜻. 크고 넓은 것 가운데에 있는 아주 작고 보잘것없는 것을 의미

★天高馬肥 천고마비	하늘이 높고 말이 살찐다는 뜻으로, 하늘이 맑고 곡식이 무르익는 가을 또는 활동하기 좋은 계절을 이르는 말

天道是非 천도시비	세상의 불공정을 한탄하고 하늘의 정당성을 의심하는 말

★千慮一失 천려일실	지혜로운 사람이라도 많은 생각을 하다 보면 하나쯤은 실책이 있을 수 있다는 말

千慮一得 천려일득	어리석은 사람이라도 많은 생각을 하면 한 가지쯤은 좋은 것이 나올 수 있음

天佑神助 천우신조	하늘이 돕고 신이 도움
★★ 千載一遇 천재일우	천 년에 한 번 온 기회. 좀처럼 만나기 어려운 기회
★ 天眞爛漫 천진난만	천진함이 넘친다는 뜻으로, 조금도 꾸밈없이 아주 순진(純眞)하고 참됨
靑雲之志 청운지지	푸른 구름의 뜻을 품음. 높은 지위에 오르려는 욕망을 비유
靑天白日 청천백일	맑게 갠 대낮. 원죄가 판명되어 무죄가 되는 일을 뜻함
靑天霹靂 청천벽력	맑은 하늘에서 치는 날벼락이라는 뜻으로, 뜻밖에 갑자기 일어난 큰 사고를 이르는 말
靑出於藍 청출어람	쪽에서 나온 푸른 물감이 쪽보다 푸르다는 뜻으로, 제자가 스승보다 나음

焦眉之急 초미지급	눈썹에 불이 붙은 급한 상태. 아주 화급한 상태
★★★★★ 寸鐵殺人 촌철살인	한 치의 쇠로 사람을 죽임. 간단한 말로 사람을 감동시킴. 또는 사물의 급소를 찌름 ⊕ 정문일침(頂門一鍼)
秋高馬肥 추고마비	가을 하늘이 높으니 말은 살찐다는 뜻으로, 당나라의 초기 시인 두심언의 시에 나옴
★★ 推己及人 추기급인	자신의 처지를 미루어 다른 사람의 형편을 헤아린다는 뜻
★★★ 追遠報本 추원보본	조상의 덕을 추모(追慕)하여 제사를 지내고, 자기의 태어난 근본을 잊지 않고 은혜를 갚음
春秋筆法 춘추필법	공정한 태도로 준엄하게 비판하는 기술방식
忠言逆耳 충언역이	바른 말은 귀에 거슬린다는 뜻으로, 바르게 타이르는 말일수록 듣기 싫어함을 이르는 말

草綠同色 초록동색	풀빛과 녹색은 같은 색이라는 뜻으로, 모양과 처지가 비슷하거나 인연이 있는 것끼리는 같은 편임을 비유 ✿ 유유상종(類類相從)

卓上空論 탁상공론	탁자 위에서만 펼치는 헛된 논리. 실천성이 없는 허황된 이론

天壤之差 천양지차	하늘과 땅 차이. 매우 큰 차이

貪官汚吏 탐관오리	탐관(탐욕스런 관리)과 오리(더러운 관리). 탐욕이 많고 청렴하지 못한 관리

七步之才 칠보지재	일곱 걸음을 옮기는 사이에 시를 지을 수 있는 재주라는 뜻으로, 뛰어난 글재주를 이름

泰山北斗 태산북두	태산과 북두성이란 뜻에서, 남에게 존경을 받는 뛰어난 인물을 말함. 태두(泰斗), 산두(山斗)

七縱七擒 칠종칠금	일곱 번 놓아주고 일곱 번 사로잡음. 곧 마음대로 잡고 놓아 주는 자유자재로운 전술의 비상한 재주를 일컫는 말

兎死狗烹 토사구팽	토끼를 잡고 나면 사냥개는 삶아먹는다는 뜻으로, 필요할 때는 이용하고 이용 가치가 떨어졌을 때는 홀대하거나 제거하는 것을 말함

沈魚落雁 침어낙안	여인이 너무 아름다워 물고기가 잠기고 기러기가 떨어진다는 뜻으로, 아름다운 미인을 형용하는 말

★ 兎死狐悲 토사호비	토끼가 죽자 여우가 슬퍼한다는 뜻으로, 같은 무리의 불행을 슬퍼함의 비유 ✿ 호사토읍(狐死兎泣)

快刀亂麻 쾌도난마	어지럽게 뒤얽힌 삼의 가닥을 잘드는 칼로 베어 버린다는 뜻으로, 무질서한 상황을 통쾌하게 풀어 놓는 것을 말함

吐哺握髮 토포악발	위정자가 민심을 수렴하고 정무에 힘쓰느라 잠시노 편안함이 없음. 또는 훌륭한 인재를 잃지 않으려고 애쓰는 것을 비유

★★ 他山之石 타산지석	다른 산에서 난 나쁜 돌도 자기의 구슬을 가는 데에 소용이 된다는 뜻으로, 남의 하찮은 언행일지라도 배울 것이 있다는 뜻

破顔大笑 파안대소	얼굴에 매우 즐거운 표정을 지어 크게 한바탕 웃음

破釜沈船	밥 짓는 가마솥을 부수고 돌아갈 배
파부침선	도 가라앉힌다는 뜻으로, 결사의 각오로 싸움터에 나서거나 최후의 결단을 내림을 비유하는 말

★破竹之勢	적을 거침없이 물리치고 쳐들어가
파죽지세	는 당당한 기세

平地風波	고요한 땅에 바람과 물결을 일으킨
평지풍파	다는 뜻으로, 공연한 일을 만들어서 뜻밖의 분쟁이나 시끄러운 사건을 일으킴

抱腹絕倒	배를 안고 넘어질 정도로 몹시 웃음
포복절도	

飽食暖衣	배불리 먹고 따뜻하게 입음
포식난의	

表裏不同	겉과 속이 다름
표리부동	

★★風前燈火	바람 앞에 등불이란 뜻으로, 매우 위
풍전등화	급한 상황 ㊨ 누란지세(累卵之勢)

風樹之嘆	바람과 나무의 탄식이란 뜻으로, 효
풍수지탄	도를 다 하지 못한 자식의 슬픔을 의미

皮骨相接	살가죽과 뼈가 맞붙을 정도로 몹시
피골상접	마름

匹夫之勇	하찮은 남자의 용기라는 뜻으로, 소
필부지용	인이 깊은 생각 없이 혈기만 믿고 용기를 함부로 부리는 것을 말함

★夏爐冬扇	여름의 화로와 겨울의 부채. 격이나
하로동선	철에 맞지 않거나 쓸데없는 사물을 비유하는 말

下石上臺	아랫돌을 빼서 윗돌 괴고 윗돌 빼서
하석상대	아랫돌 괸다. 임시변통으로 이리저리 둘러맞춤 ㊨ 고식지계(姑息之計)

下厚上薄	아랫사람에게 후하고 윗사람에게
하후상박	박함 ㊚ 상후하박(上厚下薄)

★★鶴首苦待	학의 목처럼 목을 길게 늘여 몹시
학수고대	기다림

漢江投石 한강투석	한강에 돌 던지기. 지나치게 미미하여 전혀 효과가 없음

★ 邯鄲之步 한단지보	한단(邯鄲)에서 걸음걸이를 배운다는 뜻으로, 제 분수를 잊고 무턱대고 남을 흉내내다가 이것저것 다 잃음을 비유하여 이르는 말

咸興差使 함흥차사	함흥은 지명으로, 함흥에 갔던 어긋난 사신이란 뜻임. 한 번 간 사람이 돌아오지 않거나 소식이 없음을 일컫는 말

★ 合縱連橫 합종연횡	공수(攻守) 동맹의 뜻

亢龍有悔 항룡유회	절정에 이른 용은 자칫 후회하기 쉬움. 영달을 다한 자는 더 이상 오를 수 있는 길도 없으며, 쇠퇴할 염려가 있으므로 삼가라는 말

恒産恒心 항산항심	재산이 있어야 마음의 여유가 생김

偕老同穴 해로동혈	살아서는 함께 늙고 죽어서는 같은 무덤에 묻힘. 생사를 같이 하는 부부의 사랑의 맹세

★ 解語花 해어화	'말을 아는 꽃'이라는 뜻으로, '미녀(美女)'를 일컫는 말. 또는 '기생(妓生)'을 달리 이르는 말

行雲流水 행운유수	떠가는 구름과 흐르는 물이란 뜻으로, 어떤 것에도 구애됨이 없이 사물에 따라 순응함. 또는, 일정한 형체 없이 늘 변함

行不由徑 행불유경	지름길이나 뒤안길을 가지 않고 큰 길을 걷는다는 뜻으로, 정정당당히 일함

★ 懸頭刺股 현두자고	상투를 천장에 달아매고, 송곳으로 허벅다리를 찔러서 잠을 깨운다는 뜻으로, 학업(學業)에 매우 힘씀을 이르는 말

螢雪之功 형설지공	갖은 고생을 하며 부지런히 학문을 닦아서 이룬 공

★★ 螢窓雪案 형창설안	반딧불이 비치는 창과 눈에 비치는 책상(冊床)이라는 뜻으로, 어려운 가운데서도 학문(學問)에 힘씀을 비유한 말

虛張聲勢 허장성세	헛되이 목소리의 기세만 높인다는 뜻으로, 실력이 없으면서도 허세로만 떠벌림

狐假虎威 호가호위	여우가 호랑이의 위엄을 빌린다는 뜻으로, 남의 권세를 빌려 위세를 부림

畫龍點睛 화룡점정	용을 그려 넣고 마지막으로 눈을 그려 넣음. 가장 긴요한 부분을 끝내어 완성시킴

呼兄呼弟 호형호제	서로를 형, 아우라 부른다는 뜻으로, 가까운 친구 사이를 일컬음

畫蛇添足 화사첨족	뱀에 발을 덧붙여 그림. 쓸데없는 군일을 하다가 도리어 실패함

虎視眈眈 호시탐탐	날카로운 눈빛으로 형세를 바라보며 기회를 노린다는 뜻으로, 어떤 일에 대비하여 방심하지 않는 모습을 말함

★★★ 花朝月夕 화조월석	'꽃이 핀 아침과 달 밝은 저녁'이란 뜻으로, '경치가 가장 좋은 때'를 이르는 말. 또는 음력 2월 보름과 8월 보름 밤. 봄과 가을

浩然之氣 호연지기	하늘과 땅 사이의 가득 찬 원기. 자유롭고 유쾌한 마음. 공명정대하여 조금도 부끄러움이 없는 용기

昏定晨省 혼정신성	자식이 부모님께 아침, 저녁으로 잠자리를 보살펴드림

胡蝶之夢 호접지몽	장자가 나비가 되어 날아다닌 꿈으로, 물아(物我)의 구별을 잊음. 또는 인생의 덧없음을 비유

和氏之璧 화씨지벽	화씨가 발견한 구슬이라는 뜻으로, 천하의 귀중한 보배를 일컬음. 뛰어난 인재를 비유하는 말

★ 魂飛魄散 혼비백산	넋이 날아가고 넋이 흩어지다라는 뜻으로, 몹시 놀라 어찌할 바를 모름

畫虎類狗 화호유구	서툰 솜씨로 어려운 일을 하려다 도리어 잘못되는 것을 이르는 말. 결과가 목적과 어긋남

和光同塵 화광동진	빛을 감추고 속세의 티끌과 같이한다는 뜻으로, 자기의 재능을 감추고 속세의 사람들과 어울려 동화함을 이르는 말

換骨奪胎 환골탈태	타인의 글의 형식을 모방하면서 변화시켜 원래 것보다 더 뛰어나게 함. 전보다 나아져서 딴 사람처럼 됨

紅爐點雪	화로 위에 눈을 조금 뿌렸다는 뜻으로, 큰 일을 함에 있어 작은 힘으로는 아무런 도움이 되지 않음
홍로점설	

胸有成竹	대나무를 그리기 전에 마음속에 이미 완성된 대나무 그림이 있음. 일을 시작하기 전에 어떻게 처리할지 이미 계산되어 있음
흉유성죽	

朽木糞牆	썩은 나무는 조각할 수 없고, 썩은 벽은 칠할 수 없다는 말로, 의지가 썩은 사람은 가르칠 수 없음
후목분장	

換腐作新	낡은 것을 바꾸어 새 것으로 만듦
환부작신	

後生可畏	젊은 후배들은 선배들의 가르침을 배워 어떤 훌륭한 인물이 될지 모르기 때문에 가히 두렵다는 말
후생가외	

會者定離	만남이 있으면 반드시 헤어짐이 있음
회자정리	

[1~10] 다음 성어(成語)에서 '□'에 들어갈 알맞은 한자(漢字)는 어느 것입니까?

01 脣亡齒□

① 熱 　② 暖 　③ 溫
④ 冷 　⑤ 寒

02 孤掌□鳴

① 怒 　② 笑 　③ 雛
④ 難 　⑤ 念

03 見利思□

① 博 　② 潔 　③ 黨
④ 算 　⑤ 義

04 多多益□

① 書 　② 線 　③ 善
④ 設 　⑤ 最

05 九牛一□

① 犬 　② 蟲 　③ 羊
④ 角 　⑤ 毛

06 □刀直入

① 短 　② 飛 　③ 戰
④ 單 　⑤ 卒

07 □人成虎

① 三 　② 四 　③ 五
④ 六 　⑤ 七

08 門前成□

① 都 　② 市 　③ 店
④ 田 　⑤ 城

09 □面書生

① 黑 　② 紅 　③ 黃
④ 靑 　⑤ 白

10 九死一□

① 活 　② 生 　③ 新
④ 遺 　⑤ 存

11 **窮餘之策**

① 궁핍한 생활에도 좌절하지 않음
② 궁한 나머지 생각다 못해 꾀를 냄
③ 모든 일에는 책임이 따름
④ 언제나 떳떳하고 당당함
⑤ 여지를 남겨둠

12 **近墨者黑**

① 가까운 것이 가장 좋음
② 가까워도 멀어도 걱정함
③ 세상천지가 모두 어두움
④ 나쁜 사람을 가까이하면 물들기 쉬움
⑤ 글은 가까이 할수록 좋음

13 **美風良俗**

① 산의 경치가 매우 아름다움
② 바람이 크고 사나움
③ 바람 앞의 티끌
④ 풍속과 풍습을 어지럽게 함
⑤ 아름답고 좋은 풍속

14 **拔本塞源**

① 좋지 않은 일의 원인을 없앰
② 단단해서 뽑히지 않음
③ 많은 사람 중에 가려서 뽑음
④ 평범한 사람들과 달리 특별히 빼어남
⑤ 처음 마음먹은 것이 쉽게 변하지 않음

15 **雪上加霜**

① 매우 추움
② 엎치락뒤치락함
③ 어려운 일이 겹침
④ 인생이 덧없음
⑤ 부질없이 거듭함

16 **見物生心**

① 싼 값에 물건을 삼
② 물건을 싫어하는 마음
③ 사물과 사람의 마음은 다름
④ 물건을 여러 사람들이 사려고 함
⑤ 물건을 보면 가지고 싶은 욕심이 생김

17 安分知足

① 근심이 많음

② 가난하게 살아감

③ 공평하게 나누어 가짐

④ 자신의 분수를 지키며 만족할 줄을 앎

⑤ 눈은 높으나 재주가 그것에 미치지 못함

18 敬天勤民

① 하늘은 스스로 돕는 자를 도움

② 하늘이 두려워 백성들에게 잘 대해 줌

③ 하늘을 공경하고 백성을 위해 부지런히 일함

④ 한 하늘 아래 함께 살아갈 수 없는 원수 사이

⑤ 자신의 할 일을 다 해 놓고 하늘의 명을 기다림

19 一擧兩得

① 한 손으로 두 손을 이김

② 한 가지로 두 가지의 이득을 봄

③ 한 번에 두 가지의 일을 할 수 없음

④ 한 손바닥으로는 박수를 칠 수 없음

⑤ 하나의 이치로써 모든 일을 꿰뚫음

20 難兄難弟

① 우열을 가리기 어려움

② 형제끼리 몹시 싸움

③ 형이 동생을 이김

④ 동생이 형을 이김

⑤ 가까운 동족끼리 서로 싸움

[21~30] 다음의 뜻을 가장 잘 나타낸 성어(成語)는 어느 것입니까?

21 무엇을 이루기 위해 끼니를 잊을 정도로 노력함

① 錦衣玉食 　② 好衣好食

③ 無爲徒食 　④ 發憤忘食

⑤ 門前乞食

22 막기 어려울 정도로 여러 사람이 마구 지껄임

① 永久不變 　② 富貴在天

③ 月下氷人 　④ 身土不二

⑤ 衆口難防

23 묻지 않아도 알 수 있음

① 一擧兩得　② 一片丹心
③ 說往說來　④ 不問可知
⑤ 自業自得

24 어떤 분야의 일에 대해서 전혀 모름

① 門外漢　② 無所不知
③ 進退兩難　④ 一日三省
⑤ 門前成市

25 아무리 가르쳐 주어도 알아듣지 못함

① 骨肉相爭　② 樂山樂水
③ 牛耳讀經　④ 實事求是
⑤ 敎外別傳

26 은혜를 잊지 않고 반드시 갚음

① 平地風波　② 結草報恩
③ 靑天白日　④ 山戰水戰
⑤ 行雲流水

27 하나를 들으면 열을 앎

① 一字千金　② 聞一知十
③ 九牛一毛　④ 一石二鳥
⑤ 見聞一致

28 오랫동안 기다려도 바라는 것이 이루어질 수 없음

① 非一非再　② 望雲之情
③ 百年河淸　④ 難攻不落
⑤ 不可思議

29 남의 하찮은 언행일지라도 배울 것이 있음

① 他山之石　② 敎學相長
③ 有口無言　④ 自業自得
⑤ 有名無實

30 자기가 저지른 일은 스스로 해결해야 함

① 事必歸正　② 自業自得
③ 客反爲主　④ 結者解之
⑤ 光明正大

01	02	03	04	05	06	07	08	09	10	11	12	13	14	15
⑤	④	⑤	③	⑤	④	①	②	⑤	②	②	④	⑤	①	③
16	17	18	19	20	21	22	23	24	25	26	27	28	29	30
⑤	④	③	②	①	④	⑤	④	①	③	⑤	②	③	①	④

01 脣亡齒寒(순망치한 _ 입술 순, 망할 망, 이 치, 찰 한) : 입술이 없으면 이가 시리다는 뜻으로, 서로 이해관계가 밀접한 사이에 어느 한쪽이 망하면 다른 한쪽도 그 영향을 받아 온전하기 어려움을 이르는 말

02 孤掌難鳴(고장난명 _ 외로울 고, 손바닥 장, 어려울 난, 울 명) : 외손뼉은 울릴 수 없다는 뜻으로, 혼자서는 어떤 일을 이룰 수 없다는 말

03 見利思義(견리사의 _ 볼 견, 이로울 리, 생각 사, 옳을 의) : 눈앞의 이익을 보거든 먼저 그것을 취함이 의리에 합당한지를 생각하라는 말

04 多多益善(다다익선 _ 많을 다, 많을 다, 더할 익, 착할 선) : 많으면 많을수록 더욱 좋다는 말

05 九牛一毛(구우일모 _ 아홉 구, 소 우, 한 일, 터럭 모) : 아홉 마리의 소 가운데 박힌 하나의 털이란 뜻으로, 매우 많은 것 가운데 극히 적은 수를 이르는 말

06 單刀直入(단도직입 _ 홑 단, 칼 도, 곧을 직, 들 입) : 혼자서 칼 한 자루를 들고 적진으로 곧장 쳐들어간다는 뜻으로, 여러 말을 늘어놓지 아니하고 바로 요점이나 본문제를 중심적으로 말함을 이르는 말

07 三人成虎(삼인성호 _ 석 삼, 사람 인, 이룰 성, 범 호) : 세 사람이면 없던 호랑이도 만든다는 뜻으로, 거짓말이라도 여러 사람이 말하면 남이 참말로 믿기 쉽다는 말

08 門前成市(문전성시 _ 문 문, 앞 전, 이룰 성, 저자 시) : 찾아오는 사람이 많아 집 문 앞이 시장을 이루다시피 함을 이르는 말

09 白面書生(백면서생 _ 흰 백, 낯 면, 글 서, 날 생) : 한갓 글만 읽고 세상일에는 전혀 경험이 없는 사람

10 九死一生(구사일생 _ 아홉 구, 죽을 사, 한 일, 날 생) : 아홉 번 죽을 뻔하다 한 번 살아난다는 뜻으로, 죽을 고비를 여러 차례 넘기고 겨우 살아남을 이르는 말

11 窮餘之策(궁여지책 _ 다할 궁, 남을 여, 갈 지, 꾀 책) : 궁한 나머지 생각다 못하여 짜낸 계책

12 近墨者黑(근묵자흑 _ 가까울 근, 먹 묵, 놈 자, 검을 흑) : 먹을 가까이하면 검어진다는 뜻으로, 나쁜 사람을 가까이하면 그 버릇에 물들기 쉽다는 말

13 美風良俗(미풍양속 _ 아름다울 미, 바람 풍, 어질 양, 풍속 속) : 아름답고 좋은 풍속

14 拔本塞源(발본색원 _ 뽑을 발, 근본 본, 막힐 색, 근원 원) : 좋지 않은 일의 근본 원인이 되는 요소를 완전히 없애 버려서 다시는 그러한 일이 생길 수 없도록 함

15 雪上加霜(설상가상 _ 눈 설, 윗 상, 더할 가, 서리 상) : 눈 위에 서리가 덮인다는 뜻으로, 난처한 일이나 불행한 일이 잇따라 일어남을 이르는 말

16 見物生心(견물생심 _ 볼 견, 물건 물, 날 생, 마음 심) : 어떠한 실물을 보게 되면 그것을 가지고 싶은 욕심이 생김

17 安分知足(안분지족 _ 편안 안, 나눌 분, 알 지, 발 족) : 편안한 마음으로 제 분수를 지키며 만족할 줄을 앎

18 敬天勤民(경천근민 _ 공경 경, 하늘 천, 부지런할 근, 백성 민) : 하늘을 공경하고 백성을 위하여 부지런히 일함

19 一舉兩得(일거양득 _ 한 일, 들 거, 두 양, 얻을 득) : 한 번 들어 둘을 얻음

20 難兄難弟(난형난제 _ 어려울 난, 형 형, 어려울 난, 아우 제) : 누구를 형이라 하고 누구를 아우라 하기 어렵다는 뜻으로, 두 사물이 비슷하여 낫고 못함을 정하기 어려움을 이르는 말

21 ④ 發憤忘食(발분망식 _ 필 발, 분할 분, 잊을 망, 밥 식) : 끼니까지도 잊을 정도로 어떤 일에 열중하여 노력함

22 ⑤ 衆口難防(중구난방 _ 무리 중, 입 구, 어려울 난, 막을 방) : 막기 어려울 정도로 여러 사람이 마구 지껄임

23 ④ 不問可知(불문가지 _ 아닐 불, 물을 문, 옳을 가, 알 지) : 묻지 않아도 알 수 있음

24 ① 門外漢(문외한 _ 문 문, 바깥 외, 힌수 한) : 어떤 분야의 일에 대해서 전혀 모름

25 ③ 牛耳讀經(우이독경 _ 소 우, 귀 이, 읽을 독, 지날 경) : 아무리 가르쳐 주어도 알아듣지 못함

26 ② 結草報恩(결초보은 _ 맺을 결, 풀 초, 갚을 보, 은혜 은) : 은혜를 잊지 않고 반드시 갚음

27 ② 聞一知十(문일지십 _ 들을 문, 한 일, 알 지, 열 십) : 하나를 들으면 열을 앎

28 ③ 百年河淸(백년하청 _ 일백 백, 해 년, 물 하, 맑을 청) : 오랫동안 기다려도 바라는 것이 이루어질 수 없음

29 ① 他山之石(타산지석 _ 다를 타, 뫼 산, 갈 지, 돌 석) : 남의 하찮은 언행일지라도 배울 것이 있음

30 ④ 結者解之(결자해지 _ 맺을 결, 놈 자, 풀 해, 갈 지) : 자기가 저지른 일은 스스로 해결해야 함

상공회의소 한자 3급

최신 기출 동형 모의고사

德不孤, 心有隣.

"덕 있는 사람은 외롭지 않다. 반드시 알아줄 이웃이 있다."

– ≪논어≫, 〈위정(爲政)〉

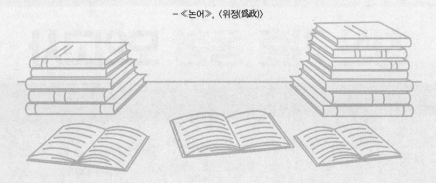

국가공인 자격검정
제1회 상공회의소 한자 시험 [3급] 문제지

형별	A형	제한 시간	60분	수험번호	성명

※ 다음 중 가장 알맞은 것을 고르시오.

〈제1영역〉 한자(漢字)

[1~2] 다음 필순(筆順)에 대한 설명에 가장 알맞은 한자는 어느 것입니까?

01 가로, 세로가 겹칠 때에는 가로획을 먼저 쓴다.

① 夫　② 不　③ 外　④ 土　⑤ 手

02 좌우 또는 가운데를 꿰뚫는 획은 나중에 쓴다.

① 川　② 世　③ 來　④ 小　⑤ 事

[3~4] 다음 한자(漢字)의 획수(劃數)는 모두 몇 획입니까?

03 醫

① 16　② 17　③ 18　④ 19　⑤ 20

04 興

① 14　② 15　③ 16　④ 17　⑤ 18

[5~6] 다음 한자(漢字)의 부수(部首)는 무엇입니까?

05 暴

① 日　② 水　③ 一　④ 共　⑤ 曰

06 藝

① 土　② 九　③ 丸　④ 云　⑤ ⧾

[7~8] 다음 한자(漢字)와 그 조자(造字)의 방식이 같은 한자는 어느 것입니까?

〈보기〉 日: ① 山　　② 休　　③ 下
　　　　④ 江　　⑤ 回
〈보기〉에 제시된 한자 '日(해의 모습을 본떠서 만들었음)'처럼 구체적인 사물의 모습을 본떠서 만든 상형자(象形字)는 '山(산의 모습을 본떠서 만들었음)'이다. 따라서 정답 ①을 골라 답란에 표기하면 된다.

07 末

① 田　② 上　③ 川　④ 羊　⑤ 母

08 仕

① 久　② 注　③ 孝　④ 堂　⑤ 本

[9~14] 다음 한자(漢字)의 음(音)은 무엇입니까?

09 富
① 당 ② 우 ③ 부 ④ 구 ⑤ 두

10 識
① 식 ② 직 ③ 칙 ④ 억 ⑤ 적

11 縣
① 한 ② 현 ③ 형 ④ 항 ⑤ 함

12 應
① 순 ② 양 ③ 영 ④ 응 ⑤ 심

13 波
① 파 ② 피 ③ 호 ④ 반 ⑤ 벽

14 騷
① 조 ② 마 ③ 모 ④ 고 ⑤ 소

[15~19] 다음 음(音)을 가진 한자는 무엇입니까?

15 역
① 進 ② 逆 ③ 迎 ④ 連 ⑤ 造

16 옥
① 歷 ② 溫 ③ 屋 ④ 密 ⑤ 烏

17 호
① 治 ② 江 ③ 流 ④ 湖 ⑤ 沙

18 선
① 兆 ② 船 ③ 調 ④ 丹 ⑤ 榮

19 면
① 勤 ② 動 ③ 勉 ④ 亂 ⑤ 武

[20~24] 다음 한자(漢字)와 음(音)이 같은 한자는 어느 것입니까?

20 射
① 寺 ② 堅 ③ 暖 ④ 甲 ⑤ 相

21 着
① 差 ② 錯 ③ 陸 ④ 産 ⑤ 察

22 傳
① 孫 ② 密 ③ 眞 ④ 電 ⑤ 線

23 詳
① 語 ② 洋 ③ 注 ④ 傷 ⑤ 述

24 神
① 案 ② 場 ③ 新 ④ 親 ⑤ 殺

[25~30] 다음 한자(漢字)의 뜻은 무엇입니까?

25 紅 : ① 붉다 ② 검다
③ 맑다 ④ 묶다
⑤ 속이다

26 哀 : ① 놀다　　② 슬프다
　　　③ 둥글다　　④ 생각하다
　　　⑤ 의지하다

27 片 : ① 종이　　② 대문
　　　③ 조각　　④ 화살
　　　⑤ 자리

28 劇 : ① 그림　　② 경치
　　　③ 장사　　④ 싸움
　　　⑤ 연극

29 隨 : ① 마치다　　② 밝히다
　　　③ 따르다　　④ 고치다
　　　⑤ 부르다

30 移 : ① 응하다　　② 구하다
　　　③ 옮기다　　④ 힘쓰다
　　　⑤ 지나다

[31~35] 다음의 뜻을 가진 한자(漢字)는 무엇입니까?

31 부르다
　　① 注　② 發　③ 商　④ 種　⑤ 唱

32 지나다
　　① 慶　② 結　③ 經　④ 緣　⑤ 約

33 채우다
　　① 充　② 忠　③ 放　④ 治　⑤ 備

34 익히다
　　① 姜　② 講　③ 計　④ 說　⑤ 設

35 바꾸다
　　① 晨　② 場　③ 景　④ 陽　⑤ 易

[36~40] 다음 한자(漢字)와 뜻이 비슷한 한자는
　　　　어느 것입니까?

36 歲
　　① 年　② 凶　③ 成　④ 末　⑤ 次

37 遇
　　① 日　② 逢　③ 危　④ 吟　⑤ 吾

38 睡
　　① 眞　② 瞬　③ 願　④ 眼　⑤ 眠

39 傾
　　① 科　② 課　③ 斜　④ 料　⑤ 斗

40 淸
　　① 決　② 快　③ 缺　④ 潔　⑤ 溪

〈제2영역〉 어휘(語彙)

[41~45] 다음 한자어(漢字語)와 발음(發音)이 같은 한자어는 어느 것입니까?

41 繫屬 : ① 碧羅　② 殃禍
　　　　　③ 糖分　④ 豚舍
　　　　　⑤ 繼續

42 負傷 : ① 勝負　② 副賞
　　　　　③ 敗北　④ 決勝
　　　　　⑤ 貧富

43 指摘 : ① 知識　② 指導
　　　　　③ 知的　④ 持地
　　　　　⑤ 地質

44 監査 : ① 感謝　② 閱覽
　　　　　③ 監督　④ 試驗
　　　　　⑤ 檢查

45 敬老 : ① 經費　② 警戒
　　　　　③ 家事　④ 經路
　　　　　⑤ 假定

[46~47] 다음 괄호 속 한자(漢字)의 음(音)이 다르게 발음되는 것은 어느 것입니까?

46 ① (惡)臭　② (惡)夢
　　③ 憎(惡)　④ 善(惡)
　　⑤ 劣(惡)

47 ① 黑(糖)　② 白(糖)
　　③ 果(糖)　④ 雪(糖)
　　⑤ (糖)分

[48~57] 다음 단어들의 '□'에 공통으로 들어갈 알맞은 한자(漢字)는 어느 것입니까?

48 □婦, 丈□, 漁□
　　① 父　② 仕　③ 想　④ 殺　⑤ 夫

49 □雪, □河, 結□
　　① 淸　② 雨　③ 飛　④ 氷　⑤ 作

50 □決, 理□, □散
　　① 解　② 觸　③ 角　④ 論　⑤ 集

51 割□, □導, 牽□
　　① 牛　② 愛　③ 引　④ 弱　⑤ 忍

52 勤□, 勸□, □學
　　① 勉　② 乘　③ 憂　④ 猶　⑤ 已

53 新□, □明, 朝□
　　① 光　② 仙　③ 魚　④ 漁　⑤ 鮮

54 缺□, □前, 或□
　　① 威　② 乙　③ 揚　④ 如　⑤ 汝

55 □集, □固, □縮
　　① 疑　② 凝　③ 收　④ 確　⑤ 散

56 爭□, □取, □還
① 集 ② 返 ③ 奪 ④ 抗 ⑤ 戰

57 隱□, □居, □群
① 逸 ② 鷄 ③ 幽 ④ 德 ⑤ 慢

[58~65] 다음 한자어(漢字語)와 뜻이 반대(反對)
이거나 상대(相對)되는 한자어는 어느
것입니까?

58 節約 : ① 約束 ② 濫用
③ 濫發 ④ 節制
⑤ 調節

59 單獨 : ① 意識 ② 到達
③ 復活 ④ 共同
⑤ 戰線

60 眞相 : ① 假相 ② 速報
③ 誤報 ④ 事實
⑤ 報道

61 拒絶 : ① 儉約 ② 浪費
③ 增加 ④ 承諾
⑤ 強硬

62 疏遠 : ① 繁密 ② 遠近
③ 疏通 ④ 疏外
⑤ 所重

63 固定 : ① 具體 ② 流動
③ 拘束 ④ 空想
⑤ 緯度

64 歡樂 : ① 悲觀 ② 忍苦
③ 悲痛 ④ 哀愁
⑤ 喜悲

65 短縮 : ① 長點 ② 悲觀
③ 寒流 ④ 未決
⑤ 延長

[66~70] 다음 성어(成語)에서 '□'에 들어갈 알맞
은 한자(漢字)는 어느 것입니까?

66 衆寡□敵
① 之 ② 不 ③ 夫 ④ 勿 ⑤ 否

67 牛□割鷄
① 力 ② 耳 ③ 刀 ④ 生 ⑤ 上

68 □不釋卷
① 手 ② 毛 ③ 排 ④ 足 ⑤ 身

69 朝□暮改
① 今 ② 冷 ③ 領 ④ 令 ⑤ 變

70 養虎□患
① 遺 ② 貴 ③ 最 ④ 遣 ⑤ 育

71 街談巷說
  ① 몹시 애쓰고 힘씀
  ② 소리 내어 크게 웃음
  ③ 길거리에 떠도는 소문
  ④ 마음속 깊이 새겨서 잊지 않음
  ⑤ 어리석고 미련하여 융통성이 없음

72 難兄難弟
  ① 길흉과 화복
  ② 매우 가까운 친구 사이
  ③ 공격하기 어려워 함락되지 않음
  ④ 두 사물의 낫고 못함을 정하기 어려움
  ⑤ 뛰어난 사람은 숨기려 해도 저절로 드러남

73 浮雲朝露
  ① 인생의 즐거움
  ② 인생이 덧없음
  ③ 파란만장한 인생
  ④ 인생에서 겪는 괴로움
  ⑤ 자연의 힘으로는 할 수 없음

74 赤手空拳
  ① 아무것도 가진 것이 없음
  ② 가진 것이 많아 남을 도와줌
  ③ 가난한 집안에서 뛰어난 인물이 나옴
  ④ 시키거나 요구하지 않아도 스스로 함
  ⑤ 자기의 잘못을 깨닫고 스스로 자신을 꾸짖음

75 切齒腐心
  ① 뜻밖에 분쟁이 일어남
  ② 옳은 일에 자기 몸을 희생함
  ③ 비슷한 상대끼리 맹렬히 다툼
  ④ 몹시 분하여 이를 갈며 속을 썩임
  ⑤ 화근이 될 것을 길러서 후환을 당하게 됨

[76~80] 다음의 뜻을 가장 잘 나타낸 성어(成語)는 어느 것입니까?

76 아는 것이 없어 어리석음
  ① 博覽强記   ② 美辭麗句
  ③ 無知蒙昧   ④ 物我一體
  ⑤ 發憤忘食

77 어떤 일에 열중하여 노력함
  ① 敬天勤民   ② 發憤忘食
  ③ 白面書生   ④ 電光石火
  ⑤ 內柔外剛

78 일을 시원시원하게 빨리 처리해 냄
  ① 見聞一致   ② 朝三暮四
  ③ 千載一遇   ④ 見事生風
  ⑤ 刻骨難忘

79 빠지지 않고 끼어드는 존재
  ① 良藥苦口   ② 百藥無效
  ③ 藥房甘草   ④ 深山幽谷
  ⑤ 眼高手卑

80 개인적인 이익보다 공익을 우선

① 先公後私　　② 先見之明
③ 後生可畏　　④ 上通下達
⑤ 率先垂範

〈제3영역〉독해(讀解)

[81~86] 다음 문장에서 밑줄 친 한자어(漢字語)의
음(音)은 무엇입니까?

81 올해 회사 내 組織을 개편할 계획이다.

① 조사　　② 조직
③ 조성　　④ 조율
⑤ 구성

82 임금이 신하들에게 御命을 내렸다.

① 행명　　② 거명
③ 칙명　　④ 어명
⑤ 군명

83 주꾸미 제철은 産卵期의 전후이다.

① 신죽기　　② 점란기
③ 번란기　　④ 산난기
⑤ 산란기

84 그는 자신에게 適當한 일을 찾았다.

① 적당　　② 적절
③ 마땅　　④ 합당
⑤ 감당

85 임금 삭감으로 종업원들이 勤勞 의욕을 잃었다.

① 연수　　② 근무
③ 근로　　④ 노동
⑤ 연구

86 그는 생각하지 않고 輕率하게 일을 처리했다.

① 경쾌　　② 경유
③ 경솔　　④ 신속
⑤ 경중

[87~92] 다음 문장에서 밑줄 친 한자어(漢字語)의
뜻풀이로 적절한 것은 어느 것입니까?

87 교통사고의 원인은 운전자의 운전 未熟으로 밝혀졌다.

① 감독하고 검사함
② 금속의 단단한 정도
③ 익숙하지 못해 서투름
④ 본인의 뜻을 굽히지 않음
⑤ 어떤 일에 끼어들어 관계함

88 삼촌은 군 服務를 마치고 제대하셨다.

① 깊이 연구함
② 혼자 살아감
③ 맡아서 관리함
④ 다른 사람과 겨룸
⑤ 직무나 임무에 힘씀

89 그는 세밀한 것까지 모두 따져 <u>打算</u>해서 계획을 세웠다.

① 다른 사람의 계획
② 직접 보고 평가함
③ 빌린 돈을 모두 갚음
④ 도움이 되는지 따져 봄
⑤ 도움 되는 것만 계획하려고 함

90 가끔씩 두 사람이 <u>密語</u>하는 것을 본다.

① 수화
② 숨바꼭질
③ 공식적인 대화
④ 형식적인 대화
⑤ 비밀히 하는 말

91 범인은 경찰의 <u>追跡</u>을 피해 도망갔다.

① 뒤를 밟아서 도망감
② 바로 앞에서 놓쳐버림
③ 끈질기게 뒤를 밟아서 찾음
④ 도망하는 사람의 뒤를 밟아서 쫓음
⑤ 도망하는 사람의 뒤를 계속 쫓아감

92 오늘따라 작은 소리에도 <u>銳敏</u>하게 반응했다.

① 몹시 두려움
② 의심하고 두려워함
③ 반응이 지나치게 날카로움
④ 따져 헤아리며 깊이 생각함
⑤ 문제나 물음을 내며 주선함

[93~95] 다음 문장에서 빈칸에 들어갈 가장 적절한 한자어(漢字語)는 어느 것입니까?

93 사람들은 탑 주위를 빙빙 돌면서 □□을 빌었다.

① 疏遠　　　② 所願
③ 淸掃　　　④ 訴願
⑤ 收集

94 이번 일을 □□에 두지 마라.

① 鹽斗　　　② 想像
③ 念願　　　④ 念頭
⑤ 思想

95 그의 과거 행적은 동생의 □□를 통하여 드러났다.

① 回顧　　　② 回傳
③ 飜覆　　　④ 回春
⑤ 回信

[96~98] 다음 문장에서 밑줄 친 한자어(漢字語)의 한자표기(漢字表記)가 바르지 않은 것은 어느 것입니까?

96 ① <u>映畫</u>는 ② <u>歷史</u>이며 삶에 대한 ③ <u>記錄</u>이다. 그러나 영화는 ④ <u>丹純</u>히 즐거운 ⑤ <u>娛樂</u>이며 구경거리이기도 하다.

97 오미자차는 ① 渴症 ② 解消에 도움을 줄 뿐만 아니라, 폐의 ③ 氣運도 북돋워 주고 ④ 血液 ⑤ 順換도 원활하게 해준다.

98 교통 ① 混雜과 ② 滯曾 현상은 개인 ③ 輸送 수단의 ④ 普遍化에 따른 ⑤ 當然한 결과이다.

[99~101] 다음 문장에서 밑줄 친 단어(單語)를 한자(漢字)로 바르게 쓴 것은 어느 것입니까?

99 사건의 진위가 판별되고 있었다.
① 判別   ② 判斷
③ 判列   ④ 板別
⑤ 版別

100 그는 올림픽에서 4관왕이 되는 쾌거를 거뒀다.
① 決擧   ② 快據
③ 快擧   ④ 快興
⑤ 快與

101 사람들은 우주에 생물체가 살 것이라고 믿고 있다.
① 宇注   ② 雨宙
③ 宇晝   ④ 宇宙
⑤ 雨注

[102~104] 다음 문장에서 밑줄 친 단어(單語)나 어구(語句)의 뜻을 가장 잘 나타낸 한자(漢字) 또는 한자어(漢字語)는 어느 것입니까?

102 부모님께 새해를 맞이해서 절을 했다.
① 年輩   ② 萬歲
③ 禮拜   ④ 人事
⑤ 歲拜

103 용서를 받으려면 참된 마음으로 자신의 잘못을 시인해야 한다.
① 眞率   ② 實情
③ 調定   ④ 眞情
⑤ 旅情

104 그는 예전부터 알고 있던 사람처럼 낯이 익었지만 초면이었다.
① 正面   ② 舊面
③ 球面   ④ 側面
⑤ 方面

[105~110] 다음 글을 읽고 물음에 답하시오.

자연의 길은 교육의 ㉠ 원천이며, 인간의 본성을 흡족하게 채워주는 밑바탕이다. 자연은 ㉡ 너그럽게 기다리지 않고 결코 서두르지 않는다. 자연스러운 성장을 기다리지 않고 억지로 단어의 순서를 외우게 하는 따위의 학교 교육은 어린이를 ㉢ 겉으로만 반짝이게 할 따름이다. 이 같은 일들은 어린이 속에 깃들어야 할 자연의 힘의 ㉣ 결핍을 안 보이게 덮어 버림으로써, 오늘날과 같은 ㉤ 경박한 시대의 사람들이 가진 ㉥ 허영심이나 채워주는 것에 ㉦ 지나지 않는다.

105 ㉠의 한자표기가 바른 것은?

① 源泉   ② 原川

③ 遠天   ④ 原泉

⑤ 遠泉

106 ㉡을 뜻하는 한자표기가 바른 것은?

① 薄   ② 博

③ 寬   ④ 轉

⑤ 覺

107 ㉢과 가장 관계 깊은 사자성어는?

① 外柔內剛   ② 錦上添花

③ 內憂外患   ④ 千差萬別

⑤ 外華內貧

108 ㉣과 뜻이 비슷한 한자어는?

① 決然   ② 缺如

③ 缺席   ④ 充足

⑤ 無缺

109 ㉤과 ㉥의 한자표기가 바르게 짝지어진 것은?

① 警博 – 處營心

② 輕拍 – 虛營心

③ 輕博 – 處榮心

④ 輕薄 – 虛榮心

⑤ 轉薄 – 虎營心

110 문맥상 ㉦에 가장 알맞은 말은?

① 不知   ② 不在

③ 不過   ④ 不能

⑤ 不易

[111~115] 다음 글을 읽고 물음에 답하시오.

㉠ 독도는 경위도 상으로 북위 37도 14분 23초, 동경 131도 52분 09초 지점(동도 삼각점 기준)에 있는 동해 가운데의 섬이다. 행정 구역 ㉡ 상으로는 경상북도 울릉군 울릉읍 독도리 1~96번지에 ㉢ 속해 있고, 대한민국의 ㉣ 가장 동쪽에 있는 영토이다. 독도는 수산 및 ㉤ 관광 자원이 풍부할 뿐만 아니라 국방상으로도 매우 ㉥ 중요한 ㉦ 요충지이다. 또한, 독도는 한국의 가장 동쪽 끝에 있기 때문에 독도의 경제 수역은 일본의 ㉧ 경제 수역과 연결되어 있다. 따라서 우리 민족의 독도 수호 의지가 약해지면 언제든지 외국의 ㉨ 침탈 ㉩ 야욕의 대상이 되기 쉬운 위치의 섬이라고 할 수 있다. 현재 독도는 일본이 ㉪ 영유권 논쟁을 걸어오고 있는 섬이기도 하다. 일본은 지난 1952년부터 독도를 일본 영토라고 주장하면서 독도를 한국 ㉫ 영토로 ㉬ 인정하지 않고 있다. 그러나 한국 정부는 일본 정부의 항의를 일축하고 지금까지 독도가 한국 영토임을 거듭 확인하고 있다.

〈신용하, "독도는 왜 우리나라 땅인가?"〉

111 ㉠ '독도'의 한자표기로 바른 것은?

① 獨島   ② 篤道

③ 獨道   ④ 獨渡

⑤ 篤島

112 글의 내용으로 보아 ㉡~㉥ 가운데 한자로 바꿀 수 없는 것은?

① ㉡ 상   ② ㉢ 속

③ ㉣ 가장   ④ ㉤ 관광

⑤ ㉥ 중요

113 ㉤ '요충지'를 한자로 표기할 때 '충'자의 부수로 바른 것은?

① 示　　　　② 里
③ 重　　　　④ 彳
⑤ 行

114 ㉱~㉢의 한자표기가 바르지 못한 것은?

① ㉱ 經濟　　② ㉲ 侵奪
③ ㉭ 野慾　　④ ㉡ 領有券
⑤ ㉤ 領土

115 ㉭ '인정'을 한자로 쓸 때 '인' 자와 같은 한자를 사용한 단어는?

① 原因　　② 確認
③ 仁義　　④ 引導
⑤ 忍耐

[116~120] 다음 글을 읽고 물음에 답하시오.

1960년대 일제강점기에 조선에 회사를 세우고자 하는 자는 반드시 회사령에 따라 ㉠總督의 허가를 받아야 했다. 회사령을 ㉡시행한 이후, 우리 민족의 기업 활동은 크게 위축되었다. 게다가 인삼이나 소금과 같이 잘 팔리는 상품은 조선 총독부가 ㉢판매권을 차지하고, 광산업이나 어업도 일본인들이 ㉣소유하면서 민족 ㉤자본이 만들어질 수 있는 길이 막혀 버렸다. 하지만 우리 민족의 반발이 점점 거세지고 일본의 자본이 조선으로 많이 들어오자, 조선 총독부는 1920년에 회사령을 ㉥폐지했다.

116 ㉠의 독음이 바른 것은?

① 총괄　　② 총무
③ 총독　　④ 총장
⑤ 총리

117 ㉡의 한자표기가 바른 것은?

① 申行　　② 放行
③ 時行　　④ 施行
⑤ 試行

118 ㉢ '판매'를 한자로 표기할 때 공통으로 들어가는 부수로 바른 것은?

① 貝　　　　② 八
③ 目　　　　④ 土
⑤ 反

119 ㉣과 ㉤의 한자표기가 바르게 짝지어진 것은?

① 所有 – 慾本
② 所由 – 字本
③ 所有 – 姿木
④ 所由 – 姿本
⑤ 所有 – 資本

120 ㉥의 뜻과 반대(反對)이거나 상대(相對)되는 한자어는?

① 繼續　　② 存續
③ 開業　　④ 開催
⑤ 成功

국가공인 자격검정
제2회 상공회의소 한자 시험 [3급] 문제지

형별	A형	제한 시간	60분	수험번호	성명

※ 다음 중 가장 알맞은 것을 고르시오.

〈제1영역〉 한자(漢字)

[1~2] 다음 필순(筆順)에 대한 설명에 가장 알맞은 한자는 어느 것입니까?

01 삐침이 짧고 가로획이 길면 삐침을 먼저 쓴다.

① 冬 ② 少 ③ 川 ④ 右 ⑤ 才

02 좌우의 모양이 같을 때는 가운데를 먼저 쓴다.

① 大 ② 木 ③ 水 ④ 女 ⑤ 花

[3~4] 다음 한자(漢字)의 획수(劃數)는 모두 몇 획입니까?

03 首

① 6 ② 7 ③ 8 ④ 9 ⑤ 10

04 射

① 10 ② 11 ③ 12 ④ 13 ⑤ 14

[5~6] 다음 한자(漢字)의 부수(部首)는 무엇입니까?

05 難

① 宀 ② 隹 ③ 口 ④ 大 ⑤ 𣥂

06 街

① 土 ② 行 ③ 彳 ④ 刂 ⑤ 止

[7~8] 다음 한자(漢字)와 그 조자(造字)의 방식이 같은 한자는 어느 것입니까?

〈보기〉 日: ① 山   ② 休   ③ 下
　　　　④ 江   ⑤ 回

〈보기〉에 제시된 한자 '日(해의 모습을 본떠서 만들었음)'처럼 구체적인 사물의 모습을 본떠서 만든 상형자(象形字)는 '山(산의 모습을 본떠서 만들었음)'이다. 따라서 정답 ①을 골라 답란에 표기하면 된다.

07 鳥

① 明 ② 問 ③ 頭 ④ 食 ⑤ 記

08 多

① 校 ② 末 ③ 風 ④ 的 ⑤ 漁

[9~14] 다음 한자(漢字)의 음(音)은 무엇입니까?

09 妙
① 무　② 여　③ 묘　④ 속　⑤ 청

10 叔
① 학　② 숙　③ 왕　④ 래　⑤ 진

11 因
① 인　② 린　③ 빈　④ 민　⑤ 신

12 露
① 내　② 불　③ 로　④ 석　⑤ 영

13 煙
① 읍　② 화　③ 증　④ 연　⑤ 질

14 賀
① 가　② 하　③ 축　④ 결　⑤ 경

[15~19] 다음 음(音)을 가진 한자는 무엇입니까?

15 히
① 勇　② 引　③ 往　④ 虎　⑤ 虛

16 응
① 吉　② 未　③ 應　④ 滿　⑤ 量

17 습
① 烏　② 飮　③ 暗　④ 習　⑤ 失

18 강
① 領　② 柳　③ 弱　④ 及　⑤ 講

19 지
① 破　② 忍　③ 只　④ 喜　⑤ 皆

[20~24] 다음 한자(漢字)와 음(音)이 같은 한자는 어느 것입니까?

20 徒
① 綠　② 仰　③ 行　④ 導　⑤ 悅

21 著
① 曾　② 且　③ 低　④ 尺　⑤ 栽

22 賢
① 現　② 觀　③ 監　④ 和　⑤ 呼

23 初
① 喪　② 史　③ 忘　④ 暑　⑤ 招

24 保
① 定　② 種　③ 補　④ 大　⑤ 皮

[25~30] 다음 한자(漢字)의 뜻은 무엇입니까?

25 移 : ① 잃다　② 바꾸다
③ 귀하다　④ 옮기다
⑤ 더하다

26 醫 : ① 도둑   ② 귀신
         ③ 의원   ④ 짐승
         ⑤ 수컷

27 細 : ① 뜨다   ② 멈추다
         ③ 토하다   ④ 성하다
         ⑤ 가늘다

28 給 : ① 굳다   ② 주다
         ③ 끌다   ④ 얻다
         ⑤ 치다

29 取 : ① 마치다   ② 받들다
         ③ 가지다   ④ 통하다
         ⑤ 편하다

30 禁 : ① 싸우다   ② 놀라다
         ③ 금하다   ④ 쪼개다
         ⑤ 훔치다

[31~35] 다음의 뜻을 가진 한자(漢字)는 무엇입니까?

31 물러나다
         ① 退 ② 進 ③ 追 ④ 運 ⑤ 通

32 누이
         ① 修 ② 妹 ③ 姑 ④ 泰 ⑤ 吹

33 도장
         ① 引 ② 因 ③ 印 ④ 寅 ⑤ 認

34 가슴
         ① 肺 ② 頭 ③ 腦 ④ 胸 ⑤ 指

35 얕다
         ① 深 ② 採 ③ 靜 ④ 證 ⑤ 淺

[36~40] 다음 한자(漢字)와 뜻이 비슷한 한자는
         어느 것입니까?

36 赤
         ① 黑 ② 靑 ③ 紅 ④ 黃 ⑤ 綠

37 聽
         ① 最 ② 明 ③ 舞 ④ 聞 ⑤ 例

38 家
         ① 宙 ② 友 ③ 造 ④ 題 ⑤ 章

39 助
         ① 罪 ② 晝 ③ 拾 ④ 于 ⑤ 扶

40 歡
         ① 或 ② 常 ③ 悅 ④ 松 ⑤ 勿

〈제2영역〉 어휘(語彙)

[41~45] 다음 한자어(漢字語)와 발음(發音)이 같은 한자어는 어느 것입니까?

41 在庫 : ① 龍床　② 屢次
　　　　 ③ 再考　④ 類似
　　　　 ⑤ 修了

42 步道 : ① 浮上　② 敎正
　　　　 ③ 高手　④ 報道
　　　　 ⑤ 思考

43 彈性 : ① 最古　② 歎聲
　　　　 ③ 知覺　④ 志願
　　　　 ⑤ 表紙

44 制約 : ① 條理　② 壯觀
　　　　 ③ 依據　④ 印象
　　　　 ⑤ 製藥

45 詩人 : ① 收拾　② 將官
　　　　 ③ 是認　④ 悲報
　　　　 ⑤ 死守

[46~47] 다음 괄호 속 한자(漢字)의 음(音)이 다르게 발음되는 것은 어느 것입니까?

46 ① (殺)到　　　② (殺)害
　 ③ (殺)伐　　　④ 暗(殺)
　 ⑤ (殺)菌

47 ① (見)聞　　　② 謁(見)
　 ③ 意(見)　　　④ 發(見)
　 ⑤ (見)解

[48~57] 다음 단어들의 '□'에 공통으로 들어갈 알맞은 한자(漢字)는 어느 것입니까?

48 暴□, □症, 鼻□
　 ① 結　② 終　③ 熱　④ 政　⑤ 炎

49 □格, 尊□, 戒□
　 ① 經　② 順　③ 決　④ 嚴　⑤ 時

50 □尙, □拜, □高
　 ① 勝　② 承　③ 崇　④ 者　⑤ 朴

51 北□, □樂, □限
　 ① 險　② 極　③ 菊　④ 重　⑤ 的

52 屈□, 初□, □乞
　 ① 伏　② 眞　③ 江　④ 在　⑤ 座

53 閑□, 解□, □文
　 ① 氏　② 詩　③ 散　④ 序　⑤ 抱

54 歡□, □新, □入
　 ① 然　② 仰　③ 說　④ 讀　⑤ 迎

55 □質, □俗, 最□
　 ① 壓　② 低　③ 適　④ 廷　⑤ 休

56 □心, 消□, 賣□
① 患 ② 和 ③ 活 ④ 盡 ⑤ 會

57 □着, □念, □務
① 執 ② 功 ③ 請 ④ 南 ⑤ 放

[58~65] 다음 한자어(漢字語)와 뜻이 반대(反對)이거나 상대(相對)되는 한자어는 어느 것입니까?

58 對話 : ① 設定 ② 平生
③ 獨白 ④ 演劇
⑤ 有能

59 紛爭 : ① 卑近 ② 和解
③ 報恩 ④ 缺字
⑤ 貧富

60 繁榮 : ① 深遠 ② 非番
③ 充實 ④ 衰退
⑤ 超人

61 革新 : ① 全擔 ② 卑語
③ 保守 ④ 歡喜
⑤ 別居

62 騷亂 : ① 靜肅 ② 後輩
③ 削減 ④ 尊稱
⑤ 被殺

63 靈魂 : ① 肉身 ② 優勢
③ 語幹 ④ 必然
⑤ 解止

64 溫暖 : ① 講席 ② 鷄鳴
③ 迎新 ④ 伐採
⑤ 寒冷

65 愚鈍 : ① 眞實 ② 質疑
③ 終聲 ④ 聰明
⑤ 直系

[66~70] 다음 성어(成語)에서 '□'에 들어갈 알맞은 한자(漢字)는 어느 것입니까?

66 □骨難忘
① 鳴 ② 離 ③ 裏 ④ 刻 ⑤ 强

67 寸□殺人
① 是 ② 入 ③ 錦 ④ 行 ⑤ 鐵

68 □禍爲福
① 歲 ② 轉 ③ 保 ④ 普 ⑤ 庶

69 泣□馬謖
① 斬 ② 察 ③ 如 ④ 柳 ⑤ 陽

70 桑田□海
① 兵 ② 碧 ③ 壁 ④ 變 ⑤ 辯

[71~75] 다음 성어(成語)의 뜻풀이로 적절한 것은 어느 것입니까?

71　金科玉條

① 굽히고는 펴지 아니함
② 친구 사이의 두터운 정
③ 몹시 귀중한 법칙이나 규정
④ 정신을 잃고 어리둥절한 모양
⑤ 고국의 멸망에 대한 탄식

72　無所不爲

① 하지 못하는 일이 없음
② 원수에게 덕으로 보답함
③ 우열의 차이가 없이 엇비슷함
④ 친하거나 의지할 사람이 없음
⑤ 환히 통하여 알지 못하는 것이 없음

73　三人成虎

① 뜻밖에 분쟁이 일어남
② 헤아릴 수 없을 만큼 많음
③ 거짓도 여럿이 말하면 사실로 믿기 쉬움
④ 시키거나 요구하지 않아도 제 스스로 함
⑤ 화근이 될 것을 길러서 후환을 당함

74　眼高手卑

① 아침저녁으로 웃어른께 공양함
② 칭찬함과 나무람을 알맞게 잘함
③ 눈은 높으나 실력은 그에 미치지 못함
④ 간사한 꾀로 남을 속이고 농락하는 것
⑤ 공평하여 어느 한쪽으로 치우치지 않음

75　松茂栢悅

① 변명할 말이 없음
② 준비하면 근심할 것이 없음
③ 화를 멀리하고 복을 불러들임
④ 벗이 잘되는 것을 기뻐함
⑤ 굳건한 뜻이 있으면 반드시 이루어냄

[76~80] 다음의 뜻을 가장 잘 나타낸 성어(成語)는 어느 것입니까?

76　결심이 얼마 되지 않아 흐지부지됨

① 水落石出　② 作心三日
③ 一觸卽發　④ 自畫自讚
⑤ 電光石火

77　평범한 사람들

① 竹馬故友　② 晝耕夜讀
③ 鳥足之血　④ 張三李四
⑤ 走馬加鞭

78　대충 보고 지나감

① 春秋筆法　② 焦眉之急
③ 走馬看山　④ 靑天霹靂
⑤ 天佑神助

79　몹시 놀라 어찌할 바를 모름

① 畫龍點睛　② 魂飛魄散
③ 狐假虎威　④ 昏定晨省
⑤ 換骨奪胎

80 작은 일을 하면서 동작이 지나치게 큼

① 燎原之火   ② 愚公移山

③ 龍頭蛇尾   ④ 牛刀割鷄

⑤ 外柔內剛

〈제3영역〉 독해(讀解)

[81~86] 다음 문장에서 밑줄 친 한자어(漢字語)의
음(音)은 무엇입니까?

81 그 사건은 결국 <u>未決</u>로 남았다.

① 미결   ② 가결

③ 속결   ④ 비결

⑤ 척결

82 이 <u>恥辱</u>을 절대 잊지 않을 것이다.

① 행복   ② 적막

③ 치욕   ④ 소원

⑤ 내용

83 음식 종류가 너무 많아서 일일이 <u>列擧</u>할
수가 없다.

① 시식   ② 설명

③ 거론   ④ 열거

⑤ 해설

84 우리는 일본을 <u>經由</u>해서 어제 서울에 도착
했다.

① 경유   ② 경우

③ 경위   ④ 경사

⑤ 경전

85 전쟁으로 수많은 사람이 <u>飢餓</u>에 허덕이고
있다.

① 궁핍   ② 기아

③ 결핍   ④ 부족

⑤ 질병

86 이 컴퓨터는 조립이 <u>容易</u>하다.

① 거북   ② 용이

③ 신중   ④ 불편

⑤ 곤란

[87~92] 다음 문장에서 밑줄 친 한자어(漢字語)의
뜻풀이로 적절한 것은 어느 것입니까?

87 그 얘기는 <u>私的</u>인 자리에서 하자.

① 친구에 관계된 것

② 회사에 관계된 것

③ 가족에 관계된 것

④ 사회에 관계된 것

⑤ 개인에 관계된 것

88 업무 <u>熟達</u>을 위해서 열심히 해야 한다.

① 몰래 숨어서 함

② 물려받아 내려옴

③ 성공할 조짐

④ 익숙하게 통달함

⑤ 남과 힘을 합쳐 구함

89 이 책은 <u>稀貴</u>함을 인정받았다.

① 몰래 숨어서 함

② 깨끗하고 맑음

③ 너덜너덜하고 더러움

④ 드물어서 특이하거나 매우 귀함

⑤ 생각지도 않았는데 얻음

90 어떤 행동을 할 때 <u>違法</u>을 꼭 따져야 한다.

① 법률이나 명령을 어김

② 마땅히 그렇게 하거나 되어야 함

③ 양심에 따라 행동함

④ 말을 바르게 하려고 함

⑤ 손실이 생길 우려가 있음

91 전과 달리 우리 사이는 <u>疏遠</u>해졌다.

① 매우 친근함

② 강하고 야무짐

③ 서로 교제를 끊음

④ 지내는 사이가 도타움

⑤ 지내는 사이가 멀어져 서먹서먹함

92 그의 <u>哭聲</u>이 여기까지 들린다.

① 발소리

② 곡하는 소리

③ 코고는 소리

④ 크게 웃는 소리

⑤ 큰소리치는 소리

[93~95] 다음 문장에서 빈칸에 들어갈 가장 적절한 한자어(漢字語)는 어느 것입니까?

93 둘은 모두의 □□ 속에 결혼했다.

① 敗北   ② 祝賀

③ 快擧   ④ 怠業

⑤ 野球

94 이 책 우리말로 □□된 것 있나요?

① 畫家   ② 敍情

③ 飜譯   ④ 黃色

⑤ 和合

95 누나의 □□일이 하루 앞으로 다가왔다.

① 幸福   ② 絶望

③ 歸國   ④ 氣壓

⑤ 選定

[96~98] 다음 문장에서 밑줄 친 한자어(漢字語)의 한자표기(漢字表記)가 바르지 않은 것은 어느 것입니까?

96 ① <u>獻法</u> 재판소는 ② <u>法令</u>의 위헌 여부를 일정한 ③ <u>訴訟</u> 절차에 따라 ④ <u>審判</u>하기 위해 ⑤ <u>設置</u>한 특별 재판소이다.

97 ① <u>智識</u> 재산권은 산업 ② <u>發展</u>을 목적으로 하는 공업 ③ <u>所有權</u>과 문화 ④ <u>暢達</u>을 목적으로 하는 ⑤ <u>貯作權</u>으로 크게 나뉜다.

98 광해군 ① 末年에 ② 東大門 문루가 북서쪽으로 기울어졌다. 사람들은 ③ 變考의 징조라며 쑥덕거렸는데, ④ 果然 얼마 후 인조 ⑤ 反正이 일어났다.

[99~101] 다음 문장에서 밑줄 친 단어(單語)를 한자(漢字)로 바르게 쓴 것은 어느 것입니까?

99 그것은 나의 오판이었다.
① 吳判　　② 勞判
③ 特定　　④ 評判
⑤ 誤判

100 그가 만든 독창적인 발명품에 감동했다.
① 獨創　　② 獨唱
③ 獨窓　　④ 禿瘡
⑤ 毒瘡

101 안내견은 시각장애인을 안전하게 인도하도록 훈련받았다.
① 人道　　② 印度
③ 引刀　　④ 引導
⑤ 因導

[102~104] 다음 문장에서 밑줄 친 단어(單語)나 어구(語句)의 뜻을 가장 잘 나타낸 한자(漢字) 또는 한자어(漢字語)는 어느 것입니까?

102 오늘 이곳에서 2천 명의 학생이 시험을 보았다.
① 應援　　② 檢屍
③ 應試　　④ 展示
⑤ 切感

103 국가대표 선수가 상처를 입었다는 소식이 뉴스로 전해졌다.
① 浮上　　② 報道
③ 負商　　④ 放送
⑤ 負傷

104 그녀는 고향이 그리워서 힘들다고 했다.
① 鄕愁　　② 哀歡
③ 香水　　④ 回遊
⑤ 處刑

[105~110] 다음 글을 읽고 물음에 답하시오.

3차 산업 ㉠ 혁명은 지구에서 함께 살아가는 다른 사람과 맺는 관계 및 그들에 대한 ㉡ 책임과 관련된 인식을 변화시킨다. 우리 모두가 같은 ㉢ 처지에 있음을 깨닫기 시작하는 것이다. 각 대륙에 걸치는 협력적 공유 공간을 통해 지구의 재생 가능 에너지를 ㉣ 공유하면 인류라는 ㉤ 종의 정체성에 ㉥ 대한 새로운 인식이 움틀 ㉦ 수밖에 없다. 상호 연결성에 대한 자각과 생물권에 함께 소속된 존재라는 인식이 서서히 생겨나면서 삶의 ㉧ 질에 대한 새로운 관점과 꿈이 ㉨ 특히 젊은 세대를 중심으로 이미 ㉩ 등장하기 시작했다.

〈제러미 리프킨, "3차 산업혁명"〉

105 ㉠ '혁명'과 ㉡ '책임'의 한자표기로 바른 것은?

① 革名–法式　　② 革明–策定
③ 革明–責望　　④ 革命–策任
⑤ 革命–責任

106 ㉢ '처지'를 한자로 쓸 때 '처' 자의 총획 수는?

① 9　　　　② 10
③ 11　　　　④ 12
⑤ 13

107 글의 내용으로 보아 ㉣ '공유'를 한자로 쓸 때 '공'자와 같은 한자를 사용한 것은?

① 公證　　　② 共鳴
③ 貴公　　　④ 功效
⑤ 虛空

108 ㉩ '등장'을 한자로 쓸 때 '등'자의 부수로 바른 것은?

① 豆　　　　② 寸
③ 竹　　　　④ 艹
⑤ 癶

109 ㉩ '등장'의 뜻과 반대(反對)이거나 상대(相對)되는 한자어는?

① 潛跡　　　② 潛水
③ 退勤　　　④ 潛入
⑤ 退出

110 글의 내용으로 보아 ㉤~㉩ 가운데 한자로 바꿀 수 없는 것은?

① ㉤ 종　　　② ㉥ 대
③ ㉦ 수　　　④ ㉧ 질
⑤ ㉨ 특

[111~115] 다음 글을 읽고 물음에 답하시오.

㉠ 여행은 ㉡ 무기력하게 ㉢ 일상 속에 사로잡혀 있는 사람들의 의식을 깨운다. 그 깨움은 순간적이어서, 그것이 ㉣ 과연 깨움이었는지 아니었는지 알 수 없을 때가 많다. 그러나 순간적인 깨움이라도 깨움은 깨움이다. 범인으로서는 그 깨움을 ㉤ 지속시키지 못할 뿐이다. 여행이 ㉥ 意識을 깨우는 것은 우리가 흔히 보고 있으면서도 ㉦ 事實은 보고 있지 않은 ㉧ 四物들 때문이다. 일상 ㉨ 生活 속에서 우리는 사물들을 보지 않는다. 주위에 있는 사물들을 ㉩ 利用할 따름이다.

〈김현, "좋은 꿈 꾸기"〉

111 ㉠ '여행'과 ㉡ '무기력'의 한자표기로 바른 것은?

① 旅行 – 無氣力
② 旅行 – 無旣力
③ 餘行 – 無氣力
④ 餘行 – 武氣力
⑤ 汝行 – 無期力

112 ㉢ '일상'을 한자로 쓸 때 '상' 자의 총획 수는?

① 3 　　　② 8
③ 11 　　　④ 12
⑤ 15

113 ㉣ '과연'을 한자로 쓸 때 '과' 자의 부수로 바른 것은?

① 木 　　　② 禾
③ 言 　　　④ 辶
⑤ 田

114 ㉤ '지속'을 한자로 쓸 때 '지' 자와 같은 한자를 사용한 단어는?

① 指章 　　　② 停止
③ 支給 　　　④ 堅持
⑤ 枝葉

115 글의 내용으로 보아 ㉥~㉦ 가운데 한자가 바르게 쓰이지 않은 것은?

① ㉥ 意識 　　　② ㉧ 事實
③ ㉨ 四物 　　　④ ㉩ 生活
⑤ ㉪ 利用

[116~120] 다음 글을 읽고 물음에 답하시오.

> ㉠옛적의 유대 민족 사이에서는 성년이 된 자식을 짝을 지워 집에서 쫓아내는 풍습이 있었다. 협착한 ㉡고향과 아버지의 터전을 벗어나 독립하여 ㉢타관에 가서 삶의 새 가능성을 열어 보라는 관습의 명령이었다. 이렇게 자식을 떠나보냄으로써 좁은 터전에서 대가족이 아웅다웅하는 볼품없는 ㉣정경을 예방할 수 있었다. 아담과 이브가 에덴 동산에서 쫓겨나는 낙원 상실 얘기의 원천을 바로 이러한 유대 민족의 옛 ㉤풍습에서 찾는 학자들도 있다.
>
> 〈유종호, "고향"〉

116 ㉠ '옛적'을 한자어로 표기할 때 가장 바른 것은?

① 科擧 　　　② 經過
③ 過去 　　　④ 前日
⑤ 果然

117 ㉡ '고향'의 한자표기가 바른 것은?

① 故鄕 　　　② 古香
③ 告香 　　　④ 故障
⑤ 古鄕

118 ㉢ '타관'과 반대되는 한자어로 바른 것은?

① 客舍 　　　② 鄕客
③ 故鄕 　　　④ 客鄕
⑤ 望鄕

119 글의 내용으로 보아 ㉣ '정경'의 한자표기
로 바른 것은?

① 正經   ② 情景
③ 庭競   ④ 政經
⑤ 精景

120 ㉤ '풍습'을 한자로 쓸 때 '습' 자의 부수로
바른 것은?

① 冫   ② 貝
③ 羽   ④ 白
⑤ 曰

국가공인 자격검정
제1회 상공회의소 한자 시험 [3급] 정답 및 해설

〈제1영역〉 한자(漢字)

1	④	2	⑤	3	③	4	④	5	①
6	⑤	7	②	8	③	9	③	10	①
11	②	12	④	13	①	14	⑤	15	②
16	③	17	④	18	②	19	②	20	①
21	②	22	④	23	④	24	③	25	①
26	②	27	③	28	⑤	29	③	30	③
31	⑤	32	③	33	①	34	②	35	⑤
36	①	37	②	38	⑤	39	③	40	④

01~06 해설 생략

07 풀이 末 – 지사자
① 田 – 상형자
② 上 – 지사자
③ 川 – 상형자
④ 羊 – 상형자
⑤ 母 – 상형자

08 풀이 仕 – 회의자
① 久 – 지사자
② 注 – 전주자
③ 孝 – 회의자
④ 堂 – 가차자
⑤ 本 – 지사자

09 풀이 富 부자 부

10 풀이 識 알 식/기록할 지

11 풀이 縣 고을 현

12 풀이 應 응할 응

13 풀이 波 물결 파

14 풀이 騷 – 떠들 소

15 풀이 逆 – 거스를 역
① 進 – 나아갈 진
③ 迎 – 맞을 영
④ 連 – 이을 련
⑤ 造 – 지을 조

16 풀이 屋 – 집 옥
① 歷 – 지날 력
② 溫 – 따뜻할 온
④ 密 – 빽빽할 밀
⑤ 烏 – 새 조

17 풀이 湖 – 호수 호
① 治 – 다스릴 치
② 江 – 강 강
③ 流 – 흐를 류
⑤ 沙 – 모래 사

18 풀이 船 – 배 선
① 兆 – 조 조
③ 調 – 고를 조
④ 丹 – 붉을 단
⑤ 榮 – 영화 영

19 풀이 勉 – 힘쓸 면
① 勤 – 부지런할 근
② 動 – 움직일 동
④ 亂 – 어지러울 란
⑤ 武 – 무사 무

20 **풀이** 射 – 쏠 사
① 寺 – 절 사
② 堅 – 벽 벽
③ 暖 – 따뜻할 난
④ 甲 – 갑옷 갑
⑤ 相 – 서로 상/재상 상

21 **풀이** 着 – 붙을 착
① 差 – 다를 차
② 錯 – 어긋날 착
③ 陸 – 뭍 륙
④ 産 – 낳을 산
⑤ 察 – 살필 찰

22 **풀이** 傳 – 전할 전
① 孫 – 손자 손
② 密 – 빽빽할 밀
③ 眞 – 참 진
④ 電 – 번개 전
⑤ 線 – 줄 선

23 **풀이** 詳 – 자세할 상
① 語 – 말씀 어
② 洋 – 큰 바다 양
③ 注 – 물댈 주/부을 주
④ 傷 – 다칠 상
⑤ 述 – 펼 술

24 **풀이** 神 – 귀신 신
① 案 – 책상 안
② 場 – 마당 장
③ 新 – 새로울 신
④ 親 – 친할 친
⑤ 殺 – 줄일 살/빠를 쇄

25 **풀이** 붉다 – 紅(붉을 홍)
② 검다 – 黑(검을 흑)
③ 맑다 – 淸(맑을 청)
④ 묶다 – 束(묶을 속)
⑤ 속이다 – 詐(속일 사)

26 **풀이** 슬프다 – 哀(슬플 애)
① 놀다 – 遊(놀 유)
③ 둥글다 – 圓(둥글 원)
④ 생각하다 – 思(생각 사)
⑤ 의지하다 – 依(의지할 의)

27 **풀이** 조각 – 片(조각 편)
① 종이 – 紙(종이 지)
② 대문 – 門(문 문)
④ 화살 – 矢(화살 시)
⑤ 자리 – 席(자리 석), 座(자리 좌),
　　　　　位(자리 위)

28 **풀이** 연극 – 劇(심할 극/연극 극)
① 그림 – 圖(그림 도), 畫(그림 화)
② 경치 – 景(볕 경/경치 경)
③ 장사 – 商(장사 상), 販(팔 판)
④ 싸움 – 戰(싸움 전), 爭(다툴 쟁),
　　　　　鬪(싸울 투)

29 **풀이** 따르다 – 隨(따를 수)
① 마치다 – 卒(마칠 졸), 終(마칠 종),
　　　　　了(마칠 료), 罷(마칠 파),
　　　　　畢(마칠 필)
② 밝히다 – 明(밝을 명), 昭(밝을 소)
④ 고치다 – 更(고칠 갱), 改(고칠 개),
　　　　　修(닦을 수)
⑤ 부르다 – 叫(부르짖을 규), 唱(부를 창),
　　　　　聘(부를 빙), 김(부를 소),
　　　　　呼(부를 호), 稱(일컬을 칭),
　　　　　徵(부를 징), 招(부를 초)

30 **풀이** 옮기다 - 移(옮길 이)
① 응하다 - 應(응할 응)
② 구하다 - 求(구할 구)
④ 힘쓰다 - 力(힘 력), 勉(힘쓸 면),
務(힘쓸 무), 勵(힘쓸 려),
努(힘쓸 노)
⑤ 지나다 - 過(지날 과), 經(지날 경),
歷(지날 력), 離(떠날 리)

31 **풀이**
① 注 - 물댈 주/부을 주
② 發 - 필 발
③ 商 - 장사 상
④ 種 - 씨 종
⑤ 唱 - 부를 창

32 **풀이**
① 慶 - 경사 경
② 結 - 맺을 결
③ 經 - 지날 경
④ 緣 - 인연 연
⑤ 約 - 맺을 약

33 **풀이**
① 充 - 채울 충
② 忠 - 충성 충
③ 放 - 놓을 방
④ 治 - 다스릴 치
⑤ 備 - 갖출 비

34 **풀이**
① 姜 - 성씨 강
② 講 - 외울 강
③ 計 - 셀 계
④ 說 - 말씀 설/달랠 세/기뻐할 열
⑤ 設 - 베풀 설

35 **풀이**
① 晨 - 새벽 신
② 場 - 마당 장
③ 景 - 볕 경
④ 陽 - 볕 양
⑤ 易 - 바꿀 역/쉬울 이

36 **풀이** 歲 - 해 세
① 年 - 해 년
② 凶 - 흉할 흉
③ 成 - 이룰 성
④ 末 - 끝 말
⑤ 次 - 버금 차

37 **풀이** 遇 - 만날 우
① 曰 - 가로 왈
② 逢 - 만날 봉
③ 危 - 위태할 위
④ 吟 - 읊을 음
⑤ 吾 - 나 오

38 **풀이** 睡 - 잠잘 수
① 眞 - 참 진
② 瞬 - 눈깜짝할 순
③ 願 - 원할 원
④ 眼 - 눈 안
⑤ 眠 - 잘 면

39 **풀이** 傾 - 기울 경
① 科 - 과목 과
② 課 - 공부할 과
③ 斜 - 비낄 사/기울 사
④ 料 - 헤아릴 료
⑤ 斗 - 말 두

40 풀이 淸 – 맑을 청
① 決 – 결단할 결
② 快 – 쾌할 쾌
③ 缺 – 이지러질 결
④ 潔 – 깨끗할 결
⑤ 溪 – 시내 계

43 풀이 指 가리킬 지, 摘 딸 적
① 知 알 지, 識 알 식/기록할 지
② 指 가리킬 지, 導 인도할 도
③ 知 알 지, 的 과녁 적
④ 持 가질 지, 地 땅 지
⑤ 地 땅 지, 質 바탕 질

44 풀이 監 볼 감, 査 조사할 사
① 感 느낄 감, 謝 사례할 사
② 閱 볼 열, 覽 볼 람
③ 監 볼 감, 督 살필 독
④ 試 시험 시, 驗 시험 험
⑤ 檢 검사할 검, 査 조사할 사

〈제2영역〉 어휘(語彙)

41	⑤	42	②	43	③	44	①	45	④
46	③	47	④	48	⑤	49	④	50	①
51	③	52	①	53	⑤	54	④	55	②
56	③	57	①	58	②	59	④	60	③
61	④	62	①	63	②	64	②	65	⑤
66	②	67	③	68	①	69	④	70	①
71	③	72	④	73	②	74	①	75	④
76	③	77	②	78	④	79	③	80	①

41 풀이 繫 맬 계, 屬 무리 속
① 碧 푸를 벽, 羅 벌릴 라
② 殃 재앙 앙, 禍 재앙 화
③ 糖 엿 당, 分 나눌 분
④ 豚 돼지 돈, 舍 집 사
⑤ 繼 이을 계, 續 이을 속

42 풀이 負 질 부, 傷 다칠 상
① 勝 이길 승, 負 질 부
② 副 버금 부, 賞 상줄 상
③ 敗 패할 패, 北 달아날 배/북녘 북
④ 決 결단할 결, 勝 이길 승
⑤ 貧 가난할 빈, 富 부유할 부

45 풀이 敬 공경 경/삼갈 경, 老 늙을 로
① 經 지날 경/글 경, 費 쓸 비
② 警 경계할 경/깨우칠 경, 戒 경계할 계
③ 家 집 가, 事 일 사/섬길 사
④ 經 지날 경/글 경, 路 길 로
⑤ 假 거짓 가/빌릴 가, 定 정할 정

46 풀이
① 惡 악할 악, 臭 냄새 취
② 惡 악할 악, 夢 꿈 몽
③ 憎 미워할 증, 惡 미워할 오
④ 善 착할 선, 惡 악할 악
⑤ 劣 못날 열, 惡 악할 악

47 풀이
① 黑 검을 흑, 糖 엿 당
② 白 흰 백, 糖 엿 당
③ 果 열매 과, 糖 엿 당
④ 雪 눈 설, 糖 엿 탕
⑤ 糖 엿 당, 分 나눌 분/신분 분

48 **풀이** 夫婦(부부), 丈夫(장부), 漁夫(어부)
① 父 - 아비 부
② 仕 - 섬길 사/벼슬 사
③ 想 - 생각 상
④ 殺 - 죽일 살/빠를 쇄
⑤ 夫 - 지아비 부/사나이 부

49 **풀이** 氷雪(빙설), 氷河(빙하), 結氷(결빙)
① 淸 - 맑을 청
② 雨 - 비 우
③ 飛 - 날 비
④ 氷 - 얼음 빙
⑤ 作 - 지을 작

50 **풀이** 解決(해결), 理解(이해), 解散(해산)
① 解 - 풀 해
② 觸 - 닿을 촉
③ 角 - 뿔 각
④ 論 - 논할 논
⑤ 集 - 모을 집

51 **풀이** 割引(할인), 引導(인도), 牽引(견인)
① 牛 - 소 우
② 愛 - 사랑 애
③ 引 - 끌 인
④ 弱 - 약할 약
⑤ 忍 - 참을 인

52 **풀이** 勤勉(근면), 勸勉(권면), 勉學(면학)
① 勉 - 힘쓸 면/부지런할 면
② 乘 - 탈 승
③ 憂 - 근심 우
④ 猶 - 오히려 유
⑤ 已 - 이미 이

53 **풀이** 新鮮(신선), 鮮明(선명), 朝鮮(조선)
① 光 - 빛 광
② 仙 - 신선 선
③ 魚 - 물고기 어
④ 漁 - 고기 잡을 어
⑤ 鮮 - 고울 선

54 **풀이** 缺如(결여), 如前(여전), 或如(혹여)
① 威 - 위엄 위
② 乙 - 새 을
③ 揚 - 날릴 양
④ 如 - 같을 여
⑤ 汝 - 너 여

55 **풀이** 凝集(응집), 凝固(응고), 凝縮(응축)
① 疑 - 의심할 의
② 凝 - 엉길 응
③ 收 - 거둘 수
④ 確 - 굳을 확
⑤ 散 - 흩을 산

56 **풀이** 爭奪(쟁탈), 奪取(탈취), 奪還(탈환)
① 集 - 모을 집
② 返 - 돌이킬 반
③ 奪 - 빼앗을 탈
④ 抗 - 겨룰 항
⑤ 戰 - 싸움 전

57 **풀이** 隱逸(은일), 逸居(일거), 逸群(일군)
① 逸 - 편안할 일
② 鷄 - 닭 계
③ 幽 - 그윽할 유
④ 德 - 덕 덕
⑤ 慢 - 거만할 만

58 [풀이] 節約(절약) ↔ 濫用(남용)

59 [풀이] 單獨(단독) ↔ 共同(공동)

60 [풀이] 眞相(진상) ↔ 誤報(오보)

61 [풀이] 拒絕(거절) ↔ 承諾(승낙)

62 [풀이] 疏遠(소원) ↔ 緊密(긴밀)

63 [풀이] 固定(고정) ↔ 流動(유동)

64 [풀이] 歡樂(환락) ↔ 悲痛(비통)

65 [풀이] 短縮(단축) ↔ 延長(연장)

66 [풀이] 衆寡不敵(중과부적) – 무리가 적으면 대적할 수 없다는 뜻으로, 적은 수효로 많은 수효를 대적하지 못함.
(衆 무리 중, 寡 적을 과, 不 아닐 부, 敵 대적할 적)
① 之 – 어조사 지
③ 夫 – 사내 부
④ 勿 – 말 물
⑤ 否 – 아닐 부

67 [풀이] 牛刀割鷄(우도할계) – 소 잡는 칼로 닭을 잡는다는 뜻으로, 작은 일에 어울리지 아니하게 큰 도구를 씀.
(牛 소 우, 刀 칼 도, 割 벨 할, 鷄 닭 계)
① 力 – 힘 력
② 耳 – 귀 이
④ 生 – 날 생
⑤ 上 – 위 상

68 [풀이] 手不釋卷(수불석권) – 손에서 책을 놓지 아니하고 늘 글을 읽음.
(手 손 수, 不 아닐 불, 釋 풀 석, 卷 책 권)

② 毛 – 털 모
③ 排 – 밀칠 배
④ 足 – 발 족
⑤ 身 – 몸 신

69 [풀이] 朝令暮改(조령모개) – 아침에 명령을 내렸다가 저녁에 다시 고친다는 뜻으로, 법령을 자꾸 고쳐서 갈피를 잡기가 어려움.
(朝 아침 조, 令 명령할 령, 暮 저물 모, 改 고칠 개)
① 今 – 이제 금
② 冷 – 찰 랭
③ 領 – 거느릴 령
⑤ 變 – 변할 변

70 [풀이] 養虎遺患(양호유환) – 범을 길러서 화근을 남긴다는 뜻으로, 화근이 될 것을 길러서 후환을 당하게 됨.
(養 기를 양, 虎 범 호, 遺 남길 유, 患 근심 환)
② 貴 – 귀할 귀
③ 最 – 가장 최
④ 遣 – 보낼 견
⑤ 育 – 기를 육

71 [풀이]
街 거리 가, 談 말씀 담, 巷 거리 항, 說 말씀 설

72 [풀이]
難 어려울 난, 兄 형 형, 難 어려울 난, 弟 아우 제

73 [풀이]
浮 뜰 부, 雲 구름 운, 朝 아침 조, 露 이슬 로

74 풀이

赤 붉을 적, 手 손 수, 空 빌 공,
拳 주먹 권

75 풀이

切 끊을 절, 齒 이 치, 腐 썩을 부,
心 마음 심

76 풀이

① 博覽强記(박람강기) – 동서고금의 서적을
널리 읽고 그 내용을 잘 기억하고 있음.
② 美辭麗句(미사여구) – 좋은 말과 화려한
글귀.
③ 無知蒙昧(무지몽매) – 아는 것이 없이 어
리석음.
④ 物我一體(물아일체) – 외물(外物)과 자아,
객관과 주관, 또는 물질계와 정신계가 어울
려 하나가 됨.
⑤ 發憤忘食(발분망식) – 무엇을 이루려고 끼
니조차 잊고 분발하여 노력함.

77 풀이

① 敬天勤民(경천근민) – 하늘을 공경하고 백
성을 위하여 부지런히 일함.
② 發憤忘食(발분망식) – 무엇을 이루려고 끼
니조차 잊고 분발하여 노력함.
③ 白面書生(백면서생) – 희고 고운 얼굴에
글만 읽는 사람이라는 뜻으로, 세상일에 조
금도 경험이 없는 사람.
④ 電光石火(전광석화) – 번갯불이나 부싯돌
의 불이 번쩍거리는 것과 같이 매우 짧은
시간이나 매우 재빠른 움직임.
⑤ 內柔外剛(내유외강) – 속은 부드러우나 겉
으로 보기에는 강함.

78 풀이

① 見聞一致(견문일치) – 보고 들은 바가 꼭
같음.
② 朝三暮四(조삼모사) – 간사한 꾀로 남을
속여 희롱함.
③ 千載一遇(천재일우) – 천 년 동안 단 한
번 만난다는 뜻으로, 좀처럼 만나기 어려운
좋은 기회.
④ 見事生風(견사생풍) – 일을 당하면 손바람
이 난다는 뜻으로, 일을 빨리 처리함.
⑤ 刻骨難忘(각골난망) – 남에게 입은 은혜가
뼈에 새길 만큼 커서 잊히지 아니함.

79 풀이

① 良藥苦口(양약고구) – 좋은 약은 입에 쓰
다는 뜻으로, 충언은 귀에 거슬리나 자신에
게 이로움.
② 百藥無效(백약무효) – 좋다는 약을 다 써
도 병이 낫지 않음. 온갖 약이 다 효험이
없음.
③ 藥房甘草(약방감초) – 무슨 일이나 빠짐없
이 끼임. 반드시 끼어야 할 사물.
④ 深山幽谷(심산유곡) – 깊은 산속의 으슥한
골짜기.
⑤ 眼高手卑(안고수비) – 눈은 높으나 솜씨는
서투르다는 뜻으로, 이상만 높고 실천이 따
르지 못함.

80 〔풀이〕

① 先公後私(선공후사) - 사(私)보다 공(公)을 앞세움이라는 뜻으로, 공적인 일을 먼저 하고 사사로운 일은 뒤로 미룸.

② 先見之明(선견지명) - 앞을 내다보는 안목이라는 뜻으로, 어떤 일이 일어나기 전에 미리 앞을 내다보고 아는 지혜.

③ 後生可畏(후생가외) - 젊은 후학들을 두려워할 만하다는 뜻으로, 후진들이 선배들보다 젊고 기력이 좋아, 학문을 닦음에 따라 큰 인물이 될 수 있으므로 가히 두려움.

④ 上通下達(상통하달) - 위로 통하고 아래로 전달된다는 뜻으로, 아랫사람의 뜻이 윗사람에게 잘 통하고 윗사람의 뜻이 아랫사람에게 잘 전해짐.

⑤ 率先垂範(솔선수범) - 남보다 앞장서서 행동해서 몸소 다른 사람의 본보기가 됨.

〈제3영역〉 독해(讀解)

81	②	82	④	83	⑤	84	①	85	③
86	③	87	③	88	⑤	89	④	90	⑤
91	④	92	③	93	②	94	④	95	①
96	④	97	④	98	②	99	①	100	①
101	④	102	⑤	103	④	104	②	105	①
106	③	107	⑤	108	②	109	④	110	③
111	①	112	③	113	⑤	114	④	115	②
116	③	117	④	118	①	119	⑤	120	②

81 〔풀이〕 組 짤 조, 織 짤 직

82 〔풀이〕 御 거느릴 어, 命 목숨 명

83 〔풀이〕 産 낳을 산, 卵 알 란, 期 기약할 기

84 〔풀이〕 適 맞을 적, 當 마땅 당

85 〔풀이〕 勤 부지런할 근, 勞 일할 로

86 〔풀이〕 輕 가벼울 경, 率 거느릴 솔

87 〔풀이〕 未 아닐 미, 熟 익을 숙/익숙할 숙

88 〔풀이〕 服 옷 복, 務 힘쓸 무

89 〔풀이〕 打 칠 타, 算 셈 산

90 〔풀이〕 密 비밀할 밀, 語 말씀 어

91 〔풀이〕 追 쫓을 추, 跡 발자취 적

92 〔풀이〕 銳 날카로울 예, 敏 민첩할 민

93 〔풀이〕

① 疏遠(소원) - 지내는 사이가 두텁지 아니하고 거리가 있어서 서먹서먹함.

② 所願(소원) - 어떤 일이 이루어지기를 바람.

③ 淸掃(청소) - 더럽거나 어지러운 것을 쓸고 닦아서 깨끗하게 함.

④ 訴願(소원) - 행정 관청의 위법 또는 부당한 처분으로 권리와 이익을 침해받을 때에, 그 상급 관청에 대하여 처분의 취소 또는 변경을 청구하는 일.

⑤ 收集(수집) - 거두어 모음.

94 〔풀이〕

① 鹽斗(염두) - 소금을 되는 데 사용하는 말.

② 想像(상상) - 실제로 경험하지 않은 현상이나 사물에 대하여 마음속으로 그려 봄.

③ 念願(염원) - 마음에 간절히 생각하고 기원함. 또는 그런 것.

④ 念頭(염두) - 머릿속의 생각. 마음의 속.

⑤ 思想(사상) - 어떠한 사물에 대하여 가지고 있는 구체적인 사고나 생각.

95 **풀이**

① 回顧(회고) - 뒤를 돌아다봄. 지나간 일을 돌이켜 생각함.

② 回傳(회전) - 빌려 온 물건을 돌려보냄. 물음, 서신, 연락 등에 대한 대답을 전함.

③ 飜覆(번복) - 이리저리 뒤집힘. 이리저리 뒤쳐 고침.

④ 回春(회춘) - 봄이 돌아옴. 늙은이의 중한 병이 낫고 다시 건강을 회복함. 다시 젊어짐.

⑤ 回信(회신) - 편지, 전신, 전화 등으로 회답을 함.

96 **풀이** 單純(단순_홑 단, 순수할 순) - 복잡하지 않고 간단함.

① 映畫(영화_비칠 영, 그림 화) - 일정한 의미를 갖고 움직이는 대상을 촬영하여 영사기로 영사막에 재현하는 종합 예술.

② 歷史(역사_지날 역, 역사 사) - 인간이 거쳐 온 모습이나 인간의 행위로 일어난 사실, 또는 그 사실에 대한 기록

③ 記錄(기록_기록할 기, 기록할 록) - 주로 후일에 남길 목적으로 어떤 사실을 적음. 운동 경기 등에서 세운 성적이나 결과를 수치로 나타냄.

⑤ 娛樂(오락_즐길 오, 즐거울 락) - 쉬는 시간에 여러 가지 방법으로 기분을 즐겁게 하는 일. 재미있게 놀아서 기분을 즐겁게 하는 일.

97 **풀이** 循環(순환_돌 순, 고리 환) - 한 차례 돌아서 다시 먼저의 자리로 돌아옴. 돈을 내돌림. 몸 안에서 피나 영양물이 끊임없이 돌아다님.

① 渴症(갈증_목마를 갈, 증세 증) - 목이 말라 물을 마시고 싶은 느낌. 목이 마른 듯이 무언가를 몹시 조급하게 바라는 마음.

② 解消(해소_풀 해, 사라질 소) - 어려운 일이나 문제가 되는 상태를 해결하여 없애 버림. 어떤 관계를 풀어서 없애 버림.

③ 氣運(기운_기운 기, 옮길 운) - 어떤 일이 벌어지려고 하는 분위기.

④ 血液(혈액_피 혈, 진액 액) - 사람이나 동물의 몸 안의 혈관을 돌며 산소와 영양분을 공급하고, 노폐물을 운반하는 붉은색의 액체.

98 **풀이** 滯症(체증_막힐 체, 증세 증) - 교통의 흐름이 순조롭지 아니하여 길이 막히는 상태.

① 混雜(혼잡_섞을 혼, 섞일 잡) - 여럿이 한데 뒤섞여 어수선함.

③ 輸送(수송_보낼 수, 보낼 송) - 기차나 자동차, 배, 항공기 등으로 사람이나 물건을 실어 옮김.

④ 普遍化(보편_넓을 보, 두루 편, 될 화) - 널리 일반인에게 퍼짐. 또는 그렇게 되게 함.

⑤ 當然(당연_마땅 당, 그럴 연) - 일의 앞뒤 사정을 놓고 볼 때 마땅히 그러함.

99 **풀이** 판별 - 判 판단할 판, 別 다를 별

100 **풀이** 쾌거 - 快 쾌할 쾌, 擧 들 거

101 **풀이** 우주 - 宇 집 우, 宙 집 주

102 **풀이** 歲拜(세배_해 세, 절 배)
① 年輩(연배_해 연, 무리 배) – 서로 나이가 비슷한 사람, 서로 비슷한 나이.
② 萬歲(만세_일만 만, 해 세) – 바람이나 경축, 환호 등을 나타내기 위하여 두 손을 높이 들면서 외치는 소리. 썩 많은 햇수, 만년.
③ 禮拜(예배_예도 예, 절 배) – 신이나 부처와 같은 초월적 존재 앞에 경배하는 의식. 또는 그런 의식을 행함.
④ 人事(인사_사람 인, 일 사) – 안부를 묻거나 공경의 뜻을 표하는 일. 서로 알지 못하던 사람끼리 성명을 통하여 자기를 소개하는 일.

103 **풀이** 眞情(진정_참 진, 뜻 정)
① 眞率(진솔_참 진, 거느릴 솔) – 진실하고 솔직함.
② 實情(실정_열매 실, 뜻 정) – 실제의 사정이나 정세.
③ 調定(조정_고를 조, 정할 정) – 조사하여 확실하고 견고하게 함.
⑤ 旅情(여정_나그네 여, 뜻 정) – 여행 때 느끼게 되는 외로움이나 시름 등의 감정.

104 **풀이** 舊面(구면_예 구, 낯 면)
① 正面(정면_바를 정, 낯 면) – 꼭 마주 보이는 편. 에두르지 않고 직접 마주 대함.
③ 球面(구면_공 구, 낯 면) – 공 또는 둥근 물체의 겉면.
④ 側面(측면_곁 측, 낯 면) – 앞뒤에 대하여 왼쪽이나 오른쪽의 면. 사물이나 현상의 한 부분. 또는 한쪽 면.
⑤ 方面(방면_모 방, 낯 면) – 어떤 장소나 지역이 있는 방향. 또는 그 일대. 어떤 분야.

105 **풀이** ㉠ 源泉(원천_근원 원, 샘 천) – 물이 흘러나오는 근원. 사물의 근원.

106 **풀이**
① 薄 엷을 박
② 博 넓을 박
③ 寬 너그러울 관
④ 轉 구를 전
⑤ 覺 깨달을 각

107 **풀이**
① 外柔內剛(내유외강) – 속은 부드러우나 겉으로 보기에는 강함.
② 錦上添花(금상첨화) – 비단 위에 꽃을 더한다는 뜻으로, 좋은 일 위에 또 좋은 일이 더하여짐.
③ 內憂外患(내우외환) – 나라 안팎의 여러 가지 어려움.
④ 千差萬別(천차만별) – 여러 가지 사물이 모두 차이가 있고 구별이 있음.
⑤ 外華內貧(외화내빈) – 겉은 화려하나 속은 빈곤함.

108 **풀이** 缺乏(결핍_이지러질 결, 모자랄 핍) – 있어야 할 것이 없어지거나 모자람.
① 決然(결연_결단할 결, 그러할 연) – 마음가짐이나 행동에 있어 태도가 움직일 수 없을 만큼 확고함.
② 缺如(결여_이지러질 결, 같을 여) – 마땅히 있어야 할 것이 빠져서 없거나 모자람.
③ 缺席(결석_이지러질 결, 자리 석) – 나가야 할 자리에 나가지 않음.
④ 充足(충족_채울 충, 발 족) – 넉넉하여 모자람이 없음.
⑤ 無缺(무결_없을 무, 이지러질 결) – 결함이나 흠이 없음.

109 풀이

ⓜ 경박 – 輕 가벼울 경, 薄 엷을 박

ⓗ 허영심 – 虛 빌 허, 榮 영화 영, 心 마음 심

110 풀이

① 不知(부지) – 알지 못함.

② 不在(부재) – 그곳에 있지 아니함.

③ 不過(불과) – 지나지 않음. 주로 수량을 나타내는 말 앞에 쓰여 그 수량에 지나지 아니한 상태.

④ 不能(불능) – 할 수 없음. 능력이 없음.

⑤ 不易(불역) – 바꾸어 고칠 수 없거나 고치지 않음.

111 풀이 ㉠ 독도 – 獨島(홀로 독, 섬 도)

112 풀이

① ㉡ 상 – 上(위 상)

② ㉢ 속 – 屬(무리 속)

④ ㉣ 관광 – 觀光(볼 관, 빛 광)

⑤ ㉤ 중요 – 重要(무거울 중, 요긴할 요)

113 풀이

要(요긴할 요/覀 덮을 아),

衝(찌를 충/行 다닐 행), 地(땅 지/土 흙 토)

① 示 보일 시

② 里 마을 리

③ 重 무거울 중

④ 彳 조금 걸을 척

114 풀이 ㉥ 領有權(영유권_거느릴 영, 있을 유, 문서 권) – 일정한 영토에 대한 해당 국가의 관할권.

① ㉦ 經濟(경제_지날 경, 건널 제) – 세상을 다스리고 백성을 구제함.

② ㉧ 侵奪(침탈_침노할 침, 빼앗을 탈) – 침범하여 빼앗음.

③ ㉨ 野慾(야욕_들 야, 욕심 욕) – 자기 잇속만 채우려는 더러운 욕심.

⑤ ㉩ 領土(영토_거느릴 영, 흙 토) – 나라의 주권이 미치는 땅의 범위.

115 풀이 ㉪ 인정(認定_알 인, 정할 정) – 확실히 그렇다고 여김. 국가나 지방 자치 단체가 어떤 사실의 존재 여부나 옳고 그름을 판단하여 결정함.

① 原因(원인_근원 원, 인할 인) – 어떤 사물이나 상태를 변화시키거나 일으키게 하는 근본이 된 일이나 사건.

② 確認(확인_굳을 확, 알 인) – 틀림없이 그러한가를 알아보거나 인정함. 또는 그런 인정.

③ 仁義(인의_어질 인, 옳을 의) – 어짊과 의로움.

④ 引導(인도_끌 인, 인도할 도) – 이끌어 지도함. 길이나 장소를 안내함.

⑤ 忍耐(인내_참을 인, 견딜 내) – 괴로움이나 어려움을 참고 견딤.

116 풀이 ㉠ 總督(총독_다 총, 감독할 독) – 어떤 관할 구역 안의 모든 행정을 통할하는 직책. 식민지 통치 기구의 우두머리.

117 풀이 ㉡ 시행(施行_베풀 시, 다닐 행) – 실지로 행함. 법령을 국민에게 널리 알린 뒤에 그 효력을 실제로 발생시키는 일.

118 풀이 販(팔 판/貝 조개 패),
　　　　　 賣(팔 매/貝 조개 패)
　② 八 여덟 팔
　③ 目 눈 목
　④ 土 흙 토
　⑤ 反 돌이킬 반

119 풀이
　ㄹ 소유 − 所 바 소, 有 있을 유
　ㅁ 자본 − 資 재물 자, 本 근본 본

120 풀이　ㅂ 廢止(폐지) ↔ 存續(존속)
　① 繼續(계속) ↔ 中止(중지)/停止(정지)
　③ 開業(개업) ↔ 閉業(폐업)/廢業(폐업)
　⑤ 成功(성공) ↔ 失敗(실패)

제2회 상공회의소 한자 시험 [3급] 정답 및 해설

〈제1영역〉 한자(漢字)

1	④	2	③	3	④	4	①	5	②
6	②	7	④	8	①	9	③	10	②
11	①	12	③	13	④	14	②	15	⑤
16	③	17	④	18	⑤	19	③	20	④
21	③	22	①	23	⑤	24	③	25	④
26	③	27	⑤	28	②	29	③	30	③
31	①	32	②	33	③	34	④	35	⑤
36	③	37	④	38	①	39	⑤	40	③

01~06 해설 생략

07 풀이 鳥(새 조) – 상형자
① 明(밝을 명) – 회의자
② 問(물을 문) – 회의자
③ 頭(머리 두) – 회의자
④ 食(먹을 식/밥 식) – 상형자
⑤ 記(기록할 기) – 회의자

08 풀이 多(많을 다) – 회의자
① 校(학교 교) – 회의자
② 末(끝 말) – 지사자
③ 風(바람 풍) – 상형자
④ 的(과녁 적) – 형성자
⑤ 漁(고기 잡을 어) – 형성자

09 풀이 妙 묘할 묘

10 풀이 叔 아저씨 숙

11 풀이 因 인할 인/까닭 인

12 풀이 露 이슬 로

13 풀이 煙 연기 연

14 풀이 賀 하례할 하

15 풀이 虛 – 빌 허
① 勇 – 날랠 용/용감할 용
② 引 – 끌 인
③ 往 – 갈 왕
④ 虎 – 범 호

16 풀이 應 – 응할 응
① 吉 – 길할 길
② 未 – 아닐 미
④ 滿 – 찰 만/풍족할 만
⑤ 量 – 헤아릴 량/용량 량

17 풀이 習 – 익힐 습
① 烏 – 까마귀 오
② 飮 – 마실 음
③ 暗 – 어두울 암
⑤ 失 – 잃을 실/그르칠 실

18 풀이 講 – 외울 강
① 領 – 거느릴 령
② 柳 – 버들 류
③ 弱 – 약할 약
④ 及 – 미칠 급

19 풀이 只 – 다만 지
① 破 – 깨뜨릴 파
② 忍 – 참을 인
④ 喜 – 기쁠 희
⑤ 皆 – 다 개

20 **풀이** 徒 – 무리 도/헛되이 도
① 綠 – 푸를 록
② 仰 – 우러를 앙
③ 行 – 다닐 행/항렬 항
④ 導 – 인도할 도
⑤ 悅 – 기쁠 열

21 **풀이** 著 – 나타날 저
① 曾 – 일찍 증
② 且 – 또 차
③ 低 – 낮을 저
④ 尺 – 자 척
⑤ 栽 – 심을 재

22 **풀이** 賢 – 어질 현
① 現 – 나타날 현
② 觀 – 볼 관/관념 관
③ 監 – 볼 감
④ 和 – 화할 화
⑤ 呼 – 부를 호

23 **풀이** 初 – 처음 초
① 喪 – 잃을 상
② 史 – 역사 사/사기 사
③ 忘 – 잊을 망
④ 暑 – 더울 서
⑤ 招 – 부를 초

24 **풀이** 保 – 지킬 보
① 定 – 정할 정
② 種 – 씨 종/종류 종
③ 補 – 기울 보/도울 보
④ 夫 – 지아비 부/사나이 부
⑤ 皮 – 가죽 피

25 **풀이** 옮기다 – 移(옮길 이)
① 잃다 – 失(잃을 실), 喪(잃을 상)
② 바꾸다 – 易(바꿀 역), 替(바꿀 체), 換(바꿀 환)
③ 귀하다 – 貴(귀할 귀)
⑤ 더하다 – 加(더할 가), 益(더할 익), 增(더할 증), 添(더할 첨)

26 **풀이** 의원 – 醫(의원 의)
① 도둑 – 盜(도둑 도), 賊(도둑 적)
② 귀신 – 鬼(귀신 귀)
④ 짐승 – 獸(짐승 수), 畜(짐승 축)
⑤ 수컷 – 雄(수컷 웅)

27 **풀이** 가늘다 – 細(가늘 세)
① 뜨다 – 浮(뜰 부)
② 멈추다 – 止(그칠 지/머무를 지)
③ 토하다 – 吐(토할 토)
④ 성하다 – 盛(성할 성), 隆(성할 륭)

28 **풀이** 주다 – 給(줄 급)
① 굳다 – 固(굳을 고), 堅(굳을 견), 硬(굳을 경)
③ 끌다 – 引(끌 인), 牽(끌 견), 提(끌 제), 携(이끌 휴)
④ 얻다 – 得(얻을 득), 獲(얻을 획)
⑤ 치다 – 打(칠 타), 伐(칠 벌), 擊(칠 격), 攻(칠 공), 拍(칠 박)

29 **풀이** 가지다 – 取(취할 취)
① 마치다 – 終(마칠 종), 結(마칠 결), 卒(마칠 졸), 了(마칠 료), 罷(마칠 파), 畢(마칠 필)
② 받들다 – 奉(받들 봉)
④ 통하다 – 通(통할 통), 徹(통할 철), 透(통할 투)
⑤ 편하다 – 安(편안 안), 康(편안 강), 寧(편안할 녕), 逸(편안할 일)

30 [풀이] 금하다 – 禁(금할 금)
① 싸우다 – 戰(싸움 전), 鬪(싸움 투),
　　　　　　　　　　　爭(다툴 쟁)
② 놀라다 – 驚(놀랄 경)
④ 쪼개다 – 析(쪼갤 석)
⑤ 훔치다 – 竊(훔칠 절)

31 [풀이]
① 退 – 물러날 퇴
② 進 – 나아갈 진
③ 追 – 따를 추/쫓을 추
④ 運 – 옮길 운
⑤ 通 – 통할 통

32 [풀이]
① 修 – 닦을 수
② 妹 – 누이 매
③ 姑 – 시어미 고
④ 泰 – 클 태
⑤ 吹 – 불 취

33 [풀이]
① 引 – 끌 인
② 因 – 인할 인
③ 印 – 도장 인
④ 寅 – 범 인
⑤ 認 – 알 인

34 [풀이]
① 肺 – 허파 폐
② 頭 – 머리 두
③ 腦 – 골 뇌
④ 胸 – 가슴 흉
⑤ 指 – 손가락 지

35 [풀이]
① 深 – 깊을 심
② 採 – 캘 채
③ 靜 – 고요할 정
④ 證 – 증거 증
⑤ 淺 – 얕을 천

36 [풀이] 赤 – 붉을 적
① 黑 – 검을 흑
② 靑 – 푸를 청
③ 紅 – 붉을 홍
④ 黃 – 누를 황
⑤ 綠 – 푸를 록

37 [풀이] 聽 – 들을 청
① 最 – 가장 최
② 明 – 밝을 명
③ 舞 – 춤출 무
④ 聞 – 들을 문
⑤ 例 – 법식 례/보기 례

38 [풀이] 家 – 집 가
① 宙 – 집 주
② 友 – 벗 우
③ 造 – 지을 조
④ 題 – 제목 제
⑤ 章 – 글 장/무늬 장

39 [풀이] 助 – 도울 조
① 罪 – 허물 죄
② 晝 – 낮 주
③ 拾 – 주울 습/열 십
④ 于 – 어조사 우
⑤ 扶 – 도울 부

40 **풀이** 歡 – 기쁠 환
① 或 – 혹시 혹
② 常 – 떳떳할 상/항상 상
③ 悅 – 기쁠 열
④ 松 – 소나무 송
⑤ 勿 – 말 물

〈제2영역〉 어휘(語彙)

41	③	42	④	43	②	44	⑤	45	③
46	①	47	②	48	⑤	49	④	50	③
51	②	52	①	53	③	54	⑤	55	②
56	④	57	①	58	③	59	②	60	④
61	③	62	①	63	③	64	⑤	65	④
66	④	67	⑤	68	②	69	①	70	②
71	③	72	①	73	③	74	③	75	④
76	②	77	④	78	③	79	②	80	④

41 **풀이** 在 있을 재, 庫 곳집 고
① 龍 용 룡, 床 평상 상
② 屢 여러 루, 次 버금 차
③ 再 두 재/거듭 재, 考 생각할 고/살필 고
④ 類 무리 류, 似 닮을 사/본뜰 사
⑤ 修 닦을 수, 了 마칠 료

42 **풀이** 步 걸음 보, 道 길 도/도리 도
① 浮 뜰 부, 上 위 상
② 敎 가르칠 교/종교 교, 正 바를 정
③ 高 높을 고, 手 손 수
④ 報 갚을 보/알릴 보, 道 길 도/도리 도
⑤ 思 생각 사, 考 생각할 고/살필 고

43 **풀이** 彈 탄알 탄, 性 성품 성
① 最 가장 최, 古 옛 고/오래될 고
② 歎 탄식할 탄, 聲 소리 성/명예 성
③ 知 알 지, 覺 깨달을 각
④ 志 뜻 지, 願 원할 원
⑤ 表 겉 표, 紙 종이 지

44 **풀이** 制 절제할 제/지을 제, 約 맺을 약
① 條 가지 조/조목 조, 理 다스릴 리/이치 리
② 壯 장할 장, 觀 볼 관/관념 관
③ 依 의지할 의, 據 근거 거/의지할 거
④ 印 도장 인, 象 코끼리 상
⑤ 製 지을 제, 藥 약 약

45 **풀이** 詩 시 시, 人 사람 인
① 收 거둘 수, 拾 주울 습/열 십
② 將 장수 장/장차 장, 官 벼슬 관/관가 관
③ 是 옳을 시/이 시, 認 알 인
④ 悲 슬플 비, 報 갚을 보/알릴 보
⑤ 死 죽을 사, 守 지킬 수

46 **풀이**
① 殺 빠를 쇄, 到 이를 도
② 殺 죽일 살, 害 해할 해
③ 殺 죽일 살, 伐 칠 벌
④ 暗 어두울 암, 殺 죽일 살
⑤ 殺 죽일 살, 菌 버섯 균/세균 균

47 **풀이**
① 見 볼 견, 聞 들을 문
② 謁 뵐 알, 見 뵈올 현
③ 意 뜻 의, 見 볼 견
④ 發 필 발/쏠 발/나타날 발, 見 볼 견
⑤ 見 볼 견, 解 풀 해

48 **풀이** 暴炎(폭염), 炎症(염증), 鼻炎(비염)
① 結 – 맺을 결/마칠 결
② 終 – 마칠 종
③ 熱 – 더울 열
④ 政 – 정사 정/다스릴 정
⑤ 炎 – 불꽃 염

49 **풀이** 嚴格(엄격), 尊嚴(존엄), 戒嚴(계엄)
① 經 – 지날 경/글 경
② 順 – 순할 순/순종할 순
③ 決 – 결단할 결
④ 嚴 – 엄할 엄
⑤ 時 – 때 시

50 **풀이** 崇尙(숭상), 崇拜(숭배), 崇高(숭고)
① 勝 – 이길 승
② 承 – 이을 승
③ 崇 – 높을 숭
④ 者 – 놈 자
⑤ 朴 – 성씨 박/순박할 박

51 **풀이** 北極(북극), 極樂(극락), 極限(극한)
① 險 – 험할 험
② 極 – 극 극
③ 菊 – 국화 국
④ 重 – 무거울 중
⑤ 的 – 과녁 적

52 **풀이** 屈伏(굴복), 初伏(초복), 伏乞(복걸)
① 伏 – 엎드릴 복
② 眞 – 참 진
③ 江 – 강 강
④ 在 – 있을 재
⑤ 座 – 자리 좌

53 **풀이** 閑散(한산), 解散(해산), 散文(산문)
① 氏 – 성씨 씨
② 詩 – 시 시
③ 散 – 흩을 산
④ 序 – 차례 서/실마리 서
⑤ 抱 – 안을 포

54 **풀이** 歡迎(환영), 迎新(영신), 迎入(영입)
① 然 – 그럴 연/불탈 연
② 仰 – 우러를 앙
③ 說 – 말씀 설/달랠 세
④ 讀 – 읽을 독
⑤ 迎 – 맞을 영

55 **풀이** 低質(저질), 低俗(저속), 最低(최저)
① 壓 – 누를 압
② 低 – 낮을 저
③ 適 – 맞을 적
④ 廷 – 조정 정
⑤ 休 – 쉴 휴

56 **풀이** 盡心(진심), 消盡(소진), 賣盡(매진)
① 患 – 근심 환
② 和 – 화할 화
③ 活 – 살 활
④ 盡 – 다할 진
⑤ 會 – 모일 회

57 **풀이** 執着(집착), 執念(집념), 執務(집무)
① 執 – 잡을 집
② 功 – 공 공
③ 請 – 청할 청
④ 南 – 남녘 남
⑤ 放 – 놓을 방

58 **풀이** 對話(대화) ↔ 獨白(독백)

59 풀이 紛爭(분쟁) ↔ 和解(화해)

60 풀이 繁榮(번영) ↔ 衰退(쇠퇴)

61 풀이 革新(혁신) ↔ 保守(보수)

62 풀이 騷亂(소란) ↔ 靜肅(정숙)

63 풀이 靈魂(영혼) ↔ 肉身(육신)

64 풀이 溫暖(온난) ↔ 寒冷(한랭)

65 풀이 愚鈍(우둔) ↔ 聰明(총명)

66 풀이 刻骨難忘(각골난망) - 남에게 입은 은혜가 뼈에 새길 만큼 커서 잊히지 아니함.
(刻 새길 각, 骨 뼈 골, 難 어려울 난, 忘 잊을 망)
① 鳴 - 울 명
② 離 - 떠날 리
③ 裏 - 속 리
⑤ 強 - 강할 강/힘쓸 강

67 풀이 寸鐵殺人(촌철살인) - 한 치의 쇠붙이로도 사람을 죽일 수 있다는 뜻으로, 간단한 말로도 남을 감동하게 하거나 남의 약점을 찌를 수 있음.
(寸 마디 촌, 鐵 쇠 철, 殺 죽일 살, 人 사람 인)
① 是 - 옳을 시/이 시
② 入 - 들 입
③ 錦 - 비단 금
④ 行 - 다닐 행/항렬 항

68 풀이 轉禍爲福(전화위복) - 재앙과 근심, 걱정이 바뀌어 오히려 복이 됨.
(轉 구를 전/옮길 전, 禍 재앙 화, 爲 할 위, 福 복 복)
① 歲 - 해 세
③ 保 - 지킬 보

④ 普 - 넓을 보/두루 보
⑤ 麻 - 삼 마/저릴 마

69 풀이 泣斬馬謖(읍참마속) - 큰 목적을 위하여 자기가 아끼는 사람을 버림.
(泣 울 읍, 斬 벨 참, 馬 말 마, 謖 일어날 속)
② 察 - 살필 찰
③ 如 - 같을 여
④ 柳 - 버들 류
⑤ 陽 - 볕 양

70 풀이 桑田碧海(상전벽해) - 뽕나무밭이 변하여 푸른 바다가 된다는 뜻으로, 세상일의 변천이 심함을 비유적으로 이르는 말.
(桑 뽕나무 상, 田 밭 전, 碧 푸를 벽, 海 바다 해)
① 兵 - 군사 병
② 碧 - 푸를 벽
④ 變 - 변할 변
⑤ 辯 - 말 잘할 변

71 풀이
金 쇠 금, 科 과목 과, 玉 구슬 옥, 條 가지 조/조목 조

72 풀이
無 없을 무, 所 바 소/곳 소, 不 아닐 불/부, 爲 할 위

73 풀이
三 석 삼, 人 사람 인, 成 이룰 성, 虎 범 호

74 풀이
眼 눈 안, 高 높을 고, 手 손 수, 卑 낮을 비/천할 비

75 풀이
松 소나무 송, 茂 무성할 무, 栢 측백 백, 悅 기쁠 열

76 풀이

① 水落石出(수락석출) - 물이 빠지고 나니 돌이 드러난다는 뜻으로, 어떤 일의 흑막이 걷히고 진상이 드러남.

② 作心三日(작심삼일) - 결심이 얼마 되지 않아 흐지부지됨.

③ 一觸卽發(일촉즉발) - 몹시 아슬아슬하고 위급한 상태.

④ 自畫自讚(자화자찬) - 자기가 한 일을 스스로 자랑함을 이르는 말.

⑤ 電光石火(전광석화) - 번갯불이나 부싯돌의 불이 번쩍거리는 것과 같이 매우 짧은 시간이나 매우 재빠른 움직임.

77 풀이

① 竹馬故友(죽마고우) - 어릴 때부터 같이 놀며 자란 벗.

② 晝耕夜讀(주경야독) - 어려운 여건 속에서도 꿋꿋이 공부함.

③ 鳥足之血(조족지혈) - 새 발의 피라는 뜻으로, 매우 적은 분량을 비유적으로 이르는 말.

④ 張三李四(장삼이사) - 이름, 신분 따위가 특별하지 아니한 평범한 사람들을 이르는 말.

⑤ 走馬加鞭(주마가편) - 잘하는 사람을 더욱 장려함.

78 풀이

① 春秋筆法(춘추필법) - ≪춘추≫와 같이 비판적이고 엄정한 필법.

② 焦眉之急(초미지급) - 매우 급함.

③ 走馬看山(주마간산) - 자세히 살피지 아니하고 대충대충 보고 지나감.

④ 靑天霹靂(청천벽력) - 뜻밖에 일어난 큰 변고나 사건.

⑤ 天佑神助(천우신조) - 하늘이 돕고 신령이 도움.

79 풀이

① 畫龍點睛(화룡점정) - 무슨 일을 하는 데에 가장 중요한 부분을 완성함.

② 魂飛魄散(혼비백산) - 몹시 놀라 넋을 잃음.

③ 狐假虎威(호가호위) - 남의 권세를 빌려 위세를 부림.

④ 昏定晨省(혼정신성) - 부모를 잘 섬기고 효성을 다함.

⑤ 換骨奪胎(환골탈태) - ㉠ 고인의 시문의 형식을 바꾸어서 그 짜임새와 수법이 먼저 것보다 잘되게 함. ㉡ 사람이 보다 나은 방향으로 변하여 전혀 딴사람이 됨.

80 풀이

① 破竹之勢(파죽지세) - 적을 거침없이 물리치고 쳐들어가는 기세.

② 愚公移山(우공이산) - 어떤 일이든 끊임없이 노력하면 반드시 이루어짐.

③ 龍頭蛇尾(용두사미) - 처음은 왕성하나 끝이 부진함.

④ 牛刀割鷄(우도할계) - 작은 일에 어울리지 아니하게 큰 도구를 씀.

⑤ 外柔內剛(외유내강) - 겉으로는 부드럽고 순하게 보이나 속은 곧고 굳셈.

81	①	82	③	83	④	84	①	85	②
86	②	87	⑤	88	④	89	④	90	①
91	⑤	92	②	93	②	94	③	95	③
96	①	97	⑤	98	③	99	⑤	100	①
101	④	102	③	103	⑤	104	①	105	⑤
106	③	107	②	108	⑤	109	①	110	③
111	①	112	③	113	①	114	④	115	③
116	③	117	①	118	③	119	②	120	③

81 풀이 未 아닐 미, 決 결단할 결

82 풀이 恥 부끄러울 치, 辱 욕될 욕

83 풀이 列 벌일 렬, 擧 들 거

84 풀이 經 지날 경, 由 말미암을 유

85 풀이 飢 주릴 기, 餓 주릴 아

86 풀이 容 얼굴 용/용서할 용, 易 쉬울 이/바꿀 역

87 풀이 私 사사로울 사, 的 과녁 적

88 풀이 熟 익을 숙/익숙할 숙, 達 통달할 달/이를 달

89 풀이 稀 드물 희, 貴 귀할 귀

90 풀이 違 어긋날 위, 法 법 법

91 풀이 疏 소통할 소/성길 소, 遠 멀 원

92 풀이 哭 울 곡, 聲 소리 성/명예 성

93 풀이
① 敗北(패배) – 겨루어서 짐.
② 祝賀(축하) – 남의 좋은 일을 기뻐하고 즐거워한다는 뜻으로 인사함.
③ 快擧(쾌거) – 통쾌하고 장한 행위.

④ 怠業(태업) – ㉠ 일이나 공부 따위를 게을리함. ㉡ 겉으로는 일을 하지만 의도적으로 일을 게을리함으로써 사용자에게 손해를 줌.
⑤ 野球(야구) – 9명씩으로 이루어진 두 팀이 9회씩 공격과 수비를 번갈아 하며 승패를 겨루는 구기 경기.

94 풀이
① 畫家(화가) – 그림 그리는 것을 직업으로 하는 사람.
② 敍情(서정) – 주로 예술 작품에서, 자기의 감정이나 정서를 그려 냄.
③ 飜譯(번역) – 어떤 언어로 된 글을 다른 언어의 글로 옮김.
④ 黃色(황색) – 익은 벼의 빛깔과 같이 다소 어둡고 탁한 색.
⑤ 和合(화합) – 화목하게 어울림.

95 풀이
① 幸福(행복) – 복된 좋은 운수.
② 絶望(절망) – 바라볼 것이 없게 되어 모든 희망을 끊어 버림.
③ 歸國(귀국) – 외국에 나가 있던 사람이 자기 나라로 돌아오거나 돌아감.
④ 氣壓(기압) – 대기의 압력.
⑤ 選定(선정) – 여럿 가운데서 어떤 것을 뽑아 정함.

96 풀이 憲法(헌법) – 국가 통치 체제의 기초에 관한 각종 근본 법규의 총체.
② 法令(법령) – 법률과 명령을 아울러 이르는 말.
③ 訴訟(소송) – 재판에 의하여 원고와 피고 사이의 권리나 의무 따위의 법률관계를 확정하여 줄 것을 법원에 요구함.

④ 審判(심판) - 어떤 문제와 관련된 일이나 사람에 대하여 잘잘못을 가려 결정을 내리는 일.

⑤ 設置(설치) - 어떤 일을 하는 데 필요한 기관이나 설비 따위를 베풀어 둠.

97 **풀이** 著作權(저작권) - 문학, 예술, 학술에 속하는 창작물에 대하여 저작자나 그 권리 승계인이 행사하는 배타적·독점적 권리.

① 智識(지식) - 어떤 대상에 대하여 배우거나 실천을 통하여 알게 된 명확한 인식이나 이해.

② 發展(발전) - 더 낫고 좋은 상태나 더 높은 단계로 나아감.

③ 所有權(소유권) - 물건을 전면적·일반적으로 지배하는 권리.

④ 暢達(창달) - 의견, 주장, 견해 따위를 거리낌이나 막힘이 없이 자유롭게 표현하고 전달함.

98 **풀이** 變故(변고_변할 변, 예 고) - 갑작스러운 재앙이나 사고.

① 末年(말년_끝 말, 해 년) - 일생의 마지막 무렵. 어떤 시기의 마지막 몇 해 동안.

② 東大門(동대문_동녘 동, 큰 대, 문 문) - 조선 시대에 건립한 한양 도성의 동쪽 정문.

④ 果然(과연_실과 과, 그럴 연) - 아닌 게 아니라 정말로. 결과에 있어서도 참으로.

⑤ 反正(반정_돌이킬 반, 바를 정) - 본래의 바른 상태로 돌아감. 또는 그 상태로 돌아가게 함. 난리를 진압하여 태평한 세상을 만듦. 옳지 못한 임금을 폐위하고 새 임금을 세워 나라를 바로잡음.

99 **풀이** 오판 - 誤 그르칠 오, 判 판단할 판

100 **풀이** 독창 - 獨 홀로 독, 創 비롯할 창/시작할 창

101 **풀이** 인도 - 引 끌 인, 導 - 인도할 도

102 **풀이** 應試(응시_응할 응, 시험 시) - 시험에 응함.

① 應援(응원_응할 응, 도울 원) - 곁에서 성원함. 또는 호응하여 도와줌.

② 檢屍(검시_검사할 검, 주검 시) - 사람의 사망이 범죄로 인한 것인가를 판단하기 위하여 수사 기관이 변사체를 조사하는 일.

④ 展示(전시_펼 전, 보일 시) - 여러 가지 물품을 한곳에 벌여 놓고 보임.

⑤ 切感(절감_끊을 절, 느낄 감) - 절실히 느낌.

103 **풀이** 負傷(부상_질 부, 다칠 상) - 몸에 상처를 입음.

① 浮上(부상_뜰 부, 위 상) - ㉠ 물 위로 떠오름. ㉡ 어떤 현상이 관심의 대상이 되거나 어떤 사람이 훨씬 좋은 위치로 올라섬.

② 報道(보도_알릴 보/갚을 보, 길 도/도리 도) - 대중 전달 매체를 통하여 일반 사람들에게 새로운 소식을 알림.

③ 負商(부상_질 부, 장사 상) - 물건을 등에 지고 다니며 파는 사람.

④ 放送(방송_놓을 방, 보낼 송) - 라디오나 텔레비전 따위를 통하여 널리 듣고 볼 수 있도록 음성이나 영상을 전파로 내보내는 일

104 풀이 鄕愁(향수_시골 향, 근심 수) - 고향을 그리워하는 마음이나 시름.
② 哀歡(애환_슬플 애, 기쁠 환) - 슬픔과 기쁨.
③ 香水(향수_향기 향, 물 수) - 향료를 알코올 따위에 풀어 만든 액체 화장품의 하나.
④ 回遊(회유_돌아올 회, 놀 유) - 물고기가 알을 낳거나 먹이를 찾기 위하여 계절을 따라 일정한 시기에 한곳에서 다른 곳으로 떼지어 헤엄쳐 다니는 일.
⑤ 處刑(처형_곳 처, 형벌 형) - 형벌에 처함.

105 풀이 ㉠ 혁명 - 革 가죽 혁, 命 목숨 명
㉡ 책임 - 責 꾸짖을 책, 任 맡길 임

106 풀이 處地(처지) - 處 곳 처/11획
地 땅 지/6획

107 풀이 ㉣ 共有(공유_함께 공, 있을 유) - 두 사람 이상이 한 물건을 공동으로 소유함.
① 公證(공증_공평할 공, 증거 증) - 국가나 공공 단체의 권한으로 어떤 법적인 사실을 공식적으로 증명하는 일.
② 共鳴(공명_함께 공, 울 명) - 남의 사상이나 감정, 행동 등에 공감하여 자기도 그와 같이 따르려 함.
③ 貴公(귀공_귀할 귀, 공평할 공) - 듣는 이를 문어적으로 높여 이르는 이인칭 대명사.
④ 功效(공효_공 공, 본받을 효) - 공을 들인 보람이나 효과.
⑤ 虛空(허공_빌 허, 빌 공) - 텅 빈 공중.

108 풀이 登(오를 등/癶 필발머리)
場(마당 장/土 흙 토)
① 豆 콩 두
② 寸 마디 촌
③ 竹 대 죽
④ 艹 초두머리

109 풀이 登場(등장) ↔ 潛跡(잠적)/退場(퇴장)

110 풀이
① ㉺ 종 - 種(씨앗 종)
② ㉻ 대 - 對(대할 대)
④ ㉸ 질 - 質(바탕 질)
⑤ ㉾ 특 - 特(특별할 특)

111 풀이
㉠ 여행 - 旅 나그네 려(여), 行 다닐 행
㉡ 무기력 - 無 없을 무, 氣 기운 기,
力 힘 력

112 풀이
日常(일상) - 日 날 일/4획
常 떳떳할 상, 항상 상/11획

113 풀이 果(실과 과/木 나무 목)
然(그럴 연/灬 불 화, 연화발)
② 禾 벼 화
③ 言 말씀 언
④ 辶 쉬엄쉬엄 갈 착
⑤ 田 밭 전

114 풀이 ㉺ 持續(지속_가질 지, 이을 속) - 어떤 상태가 오래 계속됨. 또는 어떤 상태를 오래 계속함.
① 指章(지장_가리킬 지, 글 장) - 도장을 대신하여 손가락에 인주 등을 묻혀 그 지문을 찍은 것.
② 停止(정지_머무를 정, 그칠 지) - 움직이고 있던 것이 멎거나 그침. 또는 중도에서 멎거나 그치게 함. 하고 있던 일을 그만둠.

③ 支給(지급_지탱할 지, 줄 급) - 돈이나 물품 등을 정하여진 몫만큼 내줌. 빚을 갚기 위하여 금전이나 어음 등을 빚을 받을 수 있는 권리를 가진 사람에게 줌.

④ 堅持(견지_굳을 견, 가질 지) - 어떤 견해나 입장 등을 굳게 지니거나 지킴. 굳게 지지함.

⑤ 枝葉(지엽_가지 지, 잎 엽) - 식물의 가지와 잎. 본질적이거나 중요하지 아니하고 부차적인 부분.

115 풀이 ⓒ 事物(사물_일 사, 물건 물) - 일과 물건.

① ⓑ 意識(의식_뜻 의, 알 식) - 깨어 있는 상태에서 자기 자신이나 사물에 대하여 인식하는 작용.

② ⓢ 事實(사실_일 사, 열매 실) - 실제로 있었던 일이나 현재에 있는 일.

④ ⓩ 生活(생활_날 생, 살 활) - 사람이나 동물이 일정한 환경에서 활동하며 살아감.

⑤ 利用(이용_이로울 이, 쓸 용) - 편리하게 씀. 자신을 위하여 남이나 물품을 쓸모 있게 씀.

116 풀이

① 科擧(과거_과목 과, 들 거) - 옛날 문무관을 뽑을 때에 보던 시험.

② 經過(경과_지날 경, 지날 과) - 시간이 지나감. 일이 되어 가는 과정.

③ 過去(과거_지날 과, 갈 거) - 이미 지나간 때. 지나간 일이나 생활.

④ 前日(전일_앞 전, 날 일) - 일정한 날을 기준으로 한 바로 앞 날.

⑤ 果然(과연_실과 과, 그럴 연) - 알고 보니 정말, 정말로, 참말로.

117 풀이 故 연고 고, 鄕 시골 향

118 풀이 他官(타관) ↔ 故鄕(고향)

119 풀이 情 뜻 정, 景 볕 경

120 풀이 風(바람 풍/風 바람풍)
習(익힐 습/羽 깃우)

① 冫 이수변
② 貝 조개패
④ 白 흰백
⑤ 曰 가로왈

memo

往者不可諫, 來者猶可追.

"지나간 일은 되돌릴 수 없으나, 다가올 일은 결정할 수 있다."

－≪논어≫, 〈미자(微子)〉

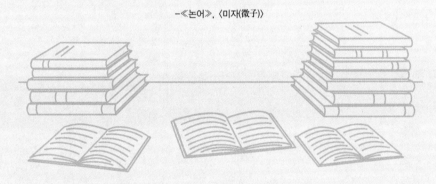

2025 시대에듀 상공회의소 한자 3급 2주 격파

개정11판1쇄 발행	2025년 02월 10일 (인쇄 2024년 12월 27일)
초 판 발 행	2014년 03월 20일 (인쇄 2014년 02월 14일)
발 행 인	박영일
책 임 편 집	이해욱
편 저	한자문제연구소
편 집 진 행	박시현
표지디자인	김도연
편집디자인	장하늬 · 임창규
발 행 처	(주)시대고시기획
출 판 등 록	제10-1521호
주 소	서울시 마포구 큰우물로 75 [도화동 538 성지 B/D] 9F
전 화	1600-3600
팩 스	02-701-8823
홈 페 이 지	www.sdedu.co.kr

I S B N	979-11-383-8486-5 (13710)
정 가	19,000원

상공회의소 한자

상공회의소 한자 1급 2주 격파

- 스피드 합격! 2주 필승 전략
- 9~1급 배정한자 수록
- 최신 기출 동형 모의고사 3회분 제공
  (교재 2회 + CBT 1회)
- ALL DAY 쪽지시험 PDF 제공
- 시험 직전 막판 뒤집기(빅데이터 빈출 한자)

상공회의소 한자 2급 2주 격파

- 스피드 합격! 2주 필승 전략
- 9~2급 배정한자 수록
- 최신 기출 동형 모의고사 3회분 제공
  (교재 2회 + CBT 1회)
- ALL DAY 쪽지시험 PDF 제공
- 시험 직전 막판 뒤집기(빅데이터 빈출 한자)

상공회의소 한자 3급 2주 격파

- 스피드 합격! 2주 필승 전략
- 9~3급 배정한자 수록
- 최신 기출 동형 모의고사 3회분 제공
  (교재 2회 + CBT 1회)
- ALL DAY 쪽지시험 PDF 제공
- 시험 직전 막판 뒤집기(빅데이터 빈출 한자)

※ 도서의 이미지는 변동될 수 있습니다.

어문회 한자능력검정시험 2급 한 권으로 끝내기

어문회 2급을 '한자 3박자 연상 학습법'으로 쉽고 확실하게!

- 한자능력검정시험 2급 배정한자 2,355자 수록
- 생생한 '어원 풀이'로 2급 한자 마스터!
- 다양한 출제 유형에 맞춰 정리한 '한자 응용하기'
- 출제 경향 완벽 분석! '최신 기출 동형 모의고사' 4회분 제공
- 빈출 한자만 모았다! '빅데이터 합격 한자'

어문회 한자능력검정시험 3급 한 권으로 끝내기

어문회 3급을 '한자 3박자 연상 학습법'으로 쉽고 재미있게!

- 한자능력검정시험 3급 배정한자 1,817자 수록
- 생생한 '어원 풀이'와 '한자 구조 풀이'로 3급 한자 마스터!
- 다양한 출제 유형에 맞춰 정리한 '한자 응용하기'
- 출제 경향 완벽 분석! '최신 기출 동형 모의고사' 3회분 제공
- 빈출 한자만 모았다! '빅데이터 합격 한자'

※ 도서의 이미지는 변동될 수 있습니다.

진흥회 한자

진흥회 한자자격시험 2급 한 권으로 끝내기

진흥회 2급을 '한자 3박자 연상 학습법'으로 쉽고 확실하게!

- 한자자격시험 2급 선정한자 2,300자 수록
- 생생한 어원 풀이로 2급 한자 마스터!
- 다양한 출제 유형에 맞춰 정리한 '한자 응용하기'
- 출제 경향 완벽 분석! '최신 기출 모의고사' 5회분 제공
- 저자가 직접 출제한 '실전 모의고사' 1회분 제공
- 빈출 한자만 모았다! '빅데이터 합격 한자 750'

진흥회 한자자격시험 3급 한 권으로 끝내기

진흥회 3급을 '한자 3박자 연상 학습법'으로 쉽고 확실하게!

- 한자자격시험 3급 선정한자 1,800자 수록
- 생생한 어원 풀이로 3급 한자 마스터!
- 다양한 시험 유형에 맞춰 정리한 '한자 응용하기'
- 출제 경향 완벽 분석! '최신 기출 모의고사' 5회분 제공
- 빈출 한자만 모았다! '빅데이터 합격 한자 450'

※ 도서의 이미지는 변동될 수 있습니다.